Apprendre l'Internet et le World Wide Web

VISUEL

Une collection

3-D Visuel

First Interactive

IDG BOOKS Worldwide

IDG Books Worldwide, Inc.
An International Data Group Company
Foster City, CA • Indianapolis • Chicago • Dallas

maranGraphics™

Apprendre l'Internet et le World Wide Web

Publié par
IDG Books Worldwide, Inc.
Une société de International Data Group
919 E. Hillsdale Blvd., Suite 400
Foster City, CA 94404

Edition française publiée en accord avec IDG Books Worldwide par :

© Éditions First Interactive
13-15 rue Buffon
75005 PARIS – France
Tél. 01 55 43 25 25
Fax 01 55 43 25 20
Minitel : 3615 AC3*F1RST
E-mail : firstinfo@efirst.com
Web : www.efirst.com

ISBN : 2-84427-112-X
Dépôt légal : 4ème trimestre 1999

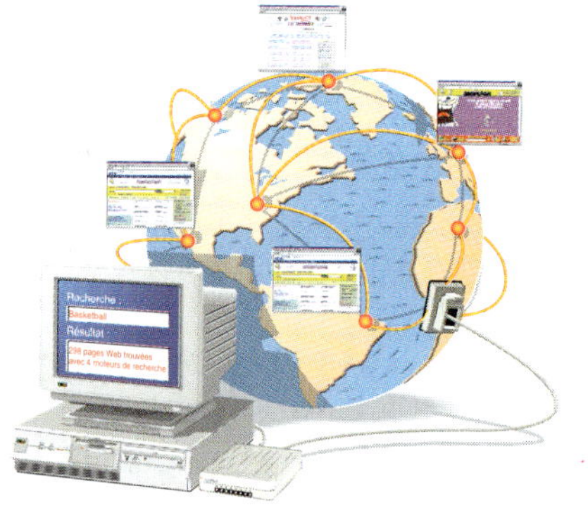

À propos des éditions First Interactive

Félicitations pour avoir acheté ce livre !

Nous avons fait le maximum pour qu'il corresponde à vos attentes.

Chez First Interactive, nous sommes passionnés par notre métier et mettons la satisfaction de nos lecteurs en tête de liste de nos priorités. Notre objectif est que chacun de nos ouvrages soit conçu pour vous apporter une réelle valeur ajoutée.

Nos livres sont écrits par des auteurs qui se sentent vraiment concernés par vos préoccupations et vos besoins particuliers. Derrière chacun d'eux, il y a une équipe d'éditeurs, de traducteurs, de maquettistes qui ont acquis des années d'expérience dans l'édition, le journalisme, le conseil ou l'enseignement. Bref, nous sommes très attentifs à nos livres, et par conséquent, nous recrutons les meilleurs collaborateurs pour les concevoir et les réaliser.

Nous portons un soin tout particulier à la maquette intérieure, aux illustrations, aux icônes, aux encadrés, au déroulement des chapitres, à l'index, à la table des matières. Bref à tout ce qui vous permet de lire plus vite, plus facilement, et vous offre ainsi la possibilité de retourner rapidement à la mise en œuvre d'un concept ou de réaliser la tâche que vous venez de découvrir.

Aujourd'hui, comme demain, vous pouvez compter sur nous pour vous apporter des ouvrages de haute qualité à des prix compétitifs, sur les sujets qui vous sont utiles.

N'hésitez pas à nous faire part de vos remarques, de vos critiques et de vos besoins. Chaque jour nous recevons des e-mails du Québec, de Belgique, de Suisse, de France, d'Haïti, du Maroc ou d'Algérie : nous avons toujours plaisir à dialoguer avec vous. Car nos lecteurs sont aussi nos amis.

Serge Martiano
Directeur Général

e-mail firstinfo@efirst.com

Chaque ouvrage maranGraphics est le fruit de l'extraordinaire travail d'équipe d'une famille unique en son genre : la famille Maran de Toronto, au Canada.

Derrière (de gauche à droite) : *Sherry Maran, Rob Maran, Richard Maran, Maxine Maran, Jill Maran.*

Devant (de gauche à droite) : *Judy Maran, Ruth Maran.*

Richard Maran est le fondateur de la société et son principal concepteur. Depuis plus de 20 ans, il met en œuvre sa vision d'une communication plus efficace fondée sur la fusion entre le texte et l'image, permettant aux lecteurs de saisir instantanément les concepts exposés.

Ruth Maran est à la fois l'auteur et l'architecte des ouvrages, un rôle défini par Richard, mais sur lequel elle a aujourd'hui imposé sa marque. Ruth crée la structure textuelle et visuelle qui sert de base aux ouvrages.

Judy Maran est responsable de la publication. Elle travaille en collaboration avec Ruth, Richard et la très talentueuse équipe maranGraphics, composée d'illustrateurs, de graphistes et de rédacteurs.

Rob Maran est l'expert technique et le chargé de production. Il s'assure que la technologie de pointe utilisée pour la réalisation des ouvrages fonctionne toujours de manière satisfaisante.

Sherry Maran est responsable de l'accueil, du service des commandes et de nombre de domaines exigeant une disponibilité et une efficacité immédiate.

Jill Maran est le joker de la maison et son moteur de secours, intervenant là où on a besoin d'elle dès que ses études lui en laissent le temps.

Maxine Maran dirige l'entreprise et représente le sage de la famille. Garante de l'ordre aussi bien dans le domaine professionnel que familial, elle s'assure que tout fonctionne de manière harmonieuse.

ONT COLLABORÉ À CE LIVRE

maranGraphics™

Auteurs

Kelleigh Wing
Paul Whitehead
Ruth Maran

Responsable de projet

Judy Maran

Développement et Édition

Roxanne Van Damme
Raquel Scott
Jason M. Brown
Janice Boyer
Michelle Kirchner
James Menzies
Emmet Mellow
Frances Lea

Coordination

Jenn Hillman

Mise en page

Treena Lees

Illustrations

Russ Marini
Sean Johannesen
Steven Schaerer
Peter Grecco
Jamie Bell
Jimmy Tam

Post Production

Robert Maran

ADAPTATION FRANÇAISE

Traduction

Paul Durand Degranges

Mise en page et adaptation graphique

Catherine Kédémos
Voy'elles

TABLE DES MATIÈRES

Chapitre 1

Qu'est-ce que l'Internet ?

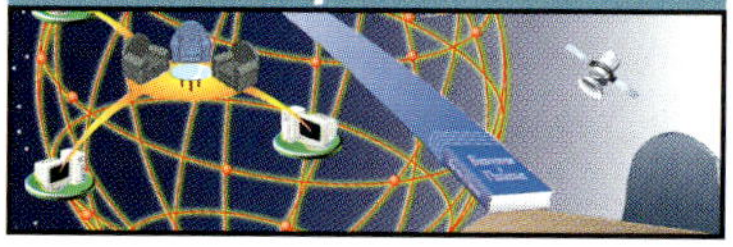

Chapitre 2

Se connecter à l'Internet

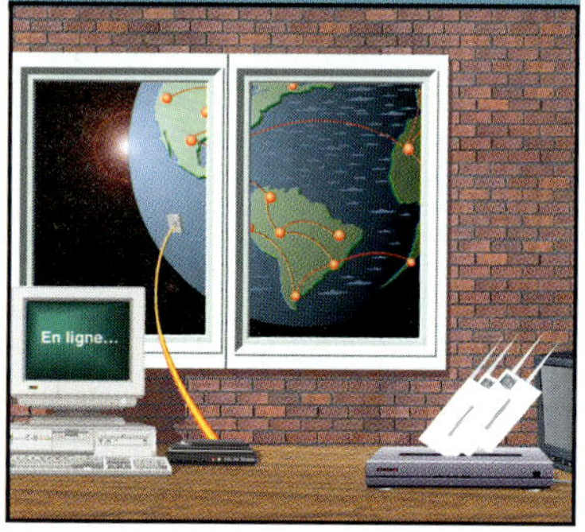

Chapitre 3

Le World Wide Web

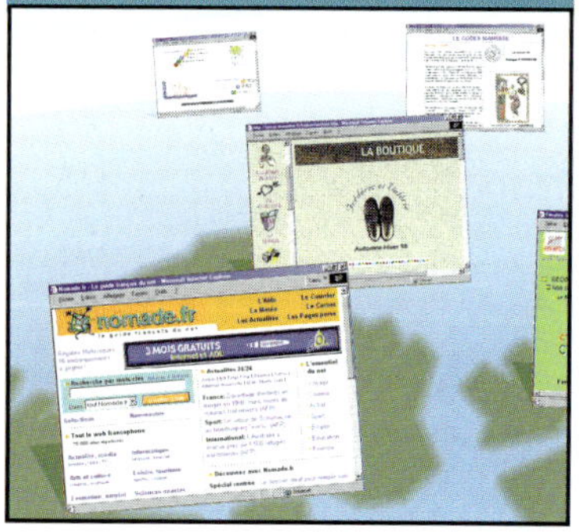

Chapitre 4

Pages Web enrichies

Chapitre 5

Chercher sur le Web

TABLE DES MATIÈRES

Chapitre 6

Créer des pages Web

Chapitre 7

Télécharger des informations

Chapitre 8

Courrier électronique

Chapitre 9

Listes de diffusion

Chapitre 10

Groupes de discussion

Chapitre 11

Conversation

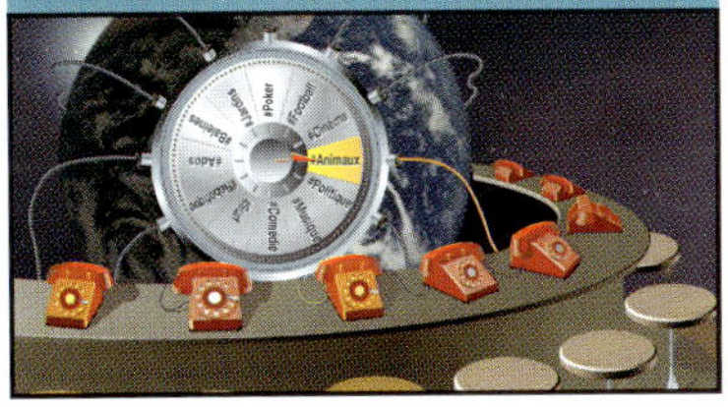

TABLE DES MATIÈRES

Chapitre 12

Jouer sur l'Internet

Chapitre 13

Intranets

Chapitre 14

Sites Web à découvrir

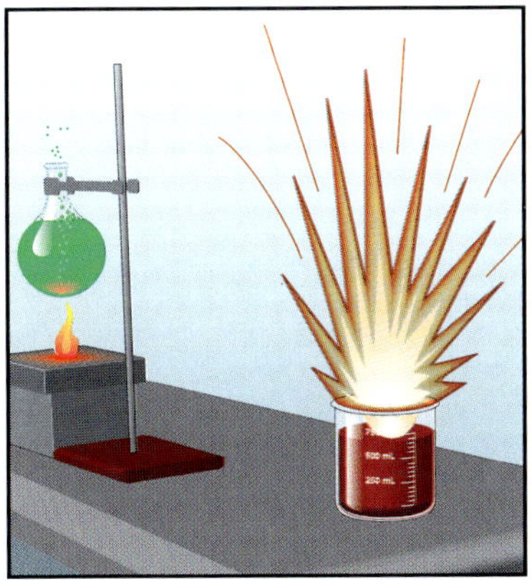

Qu'est-ce que l'Internet ?

Vous êtes curieux d'en savoir plus sur l'Internet ? Ce chapitre vous propose une description de l'Internet et de son fonctionnement.

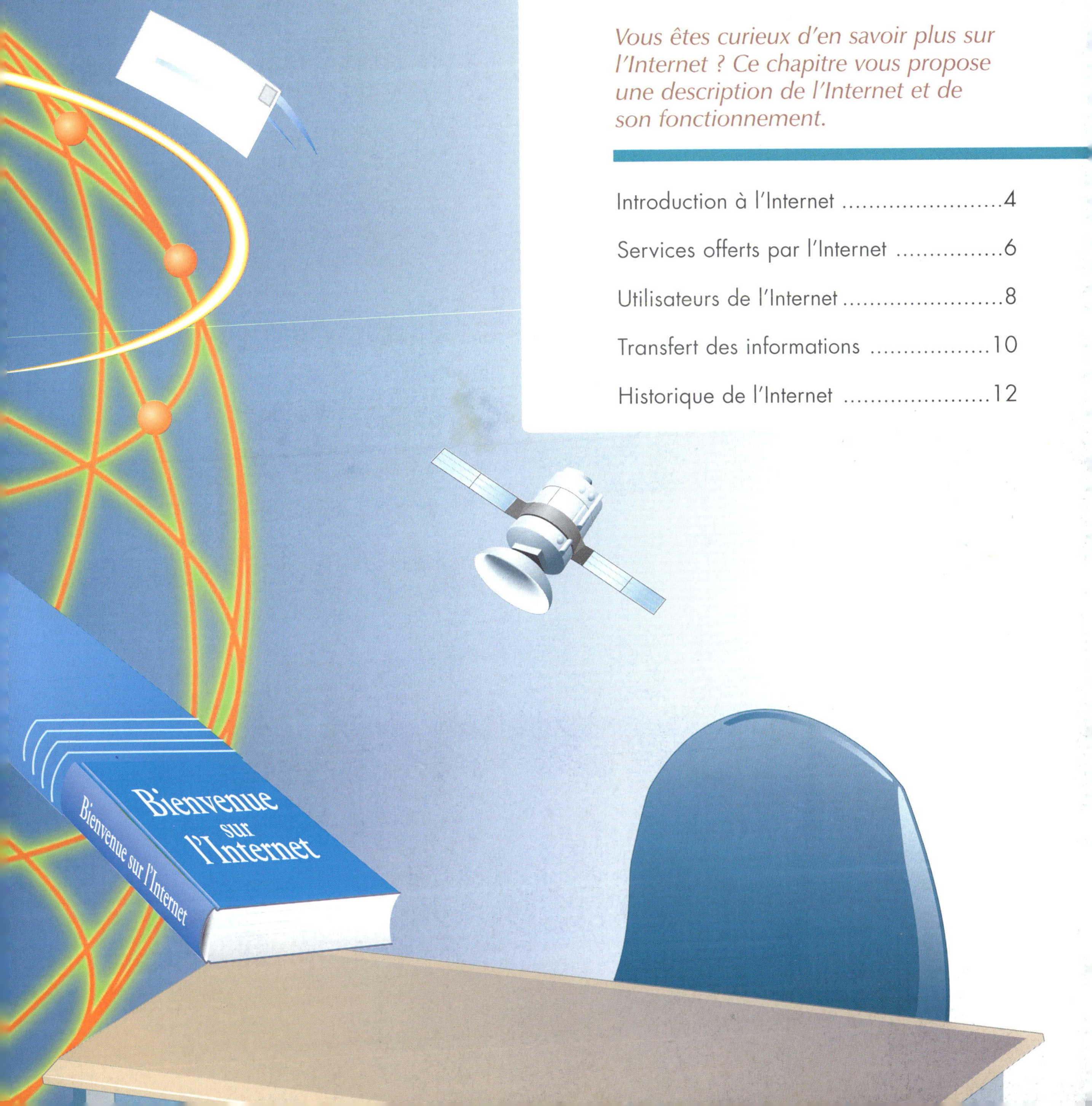

INTRODUCTION À L'INTERNET

L'Internet représente le plus grand réseau d'ordinateurs du monde.

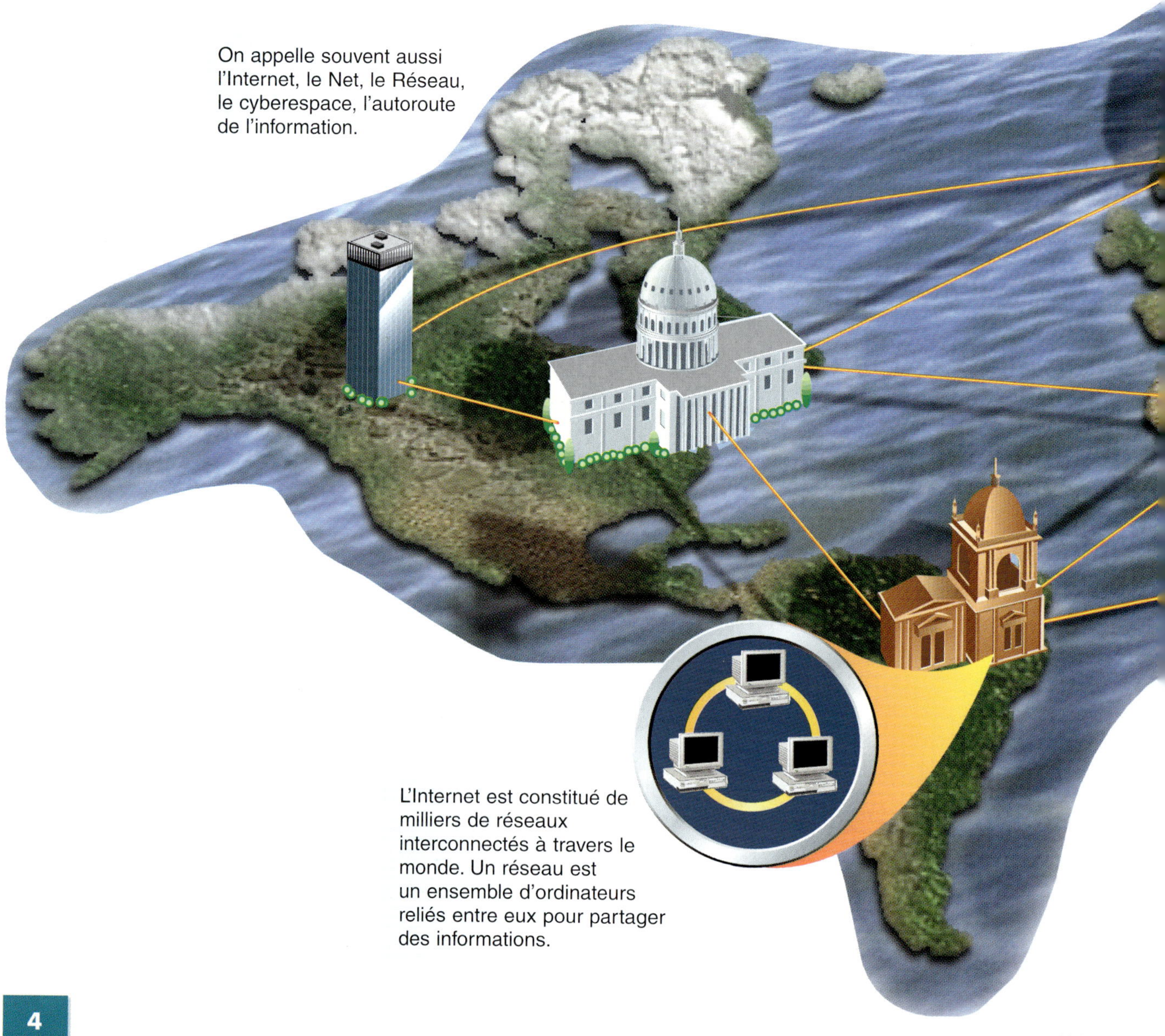

On appelle souvent aussi l'Internet, le Net, le Réseau, le cyberespace, l'autoroute de l'information.

L'Internet est constitué de milliers de réseaux interconnectés à travers le monde. Un réseau est un ensemble d'ordinateurs reliés entre eux pour partager des informations.

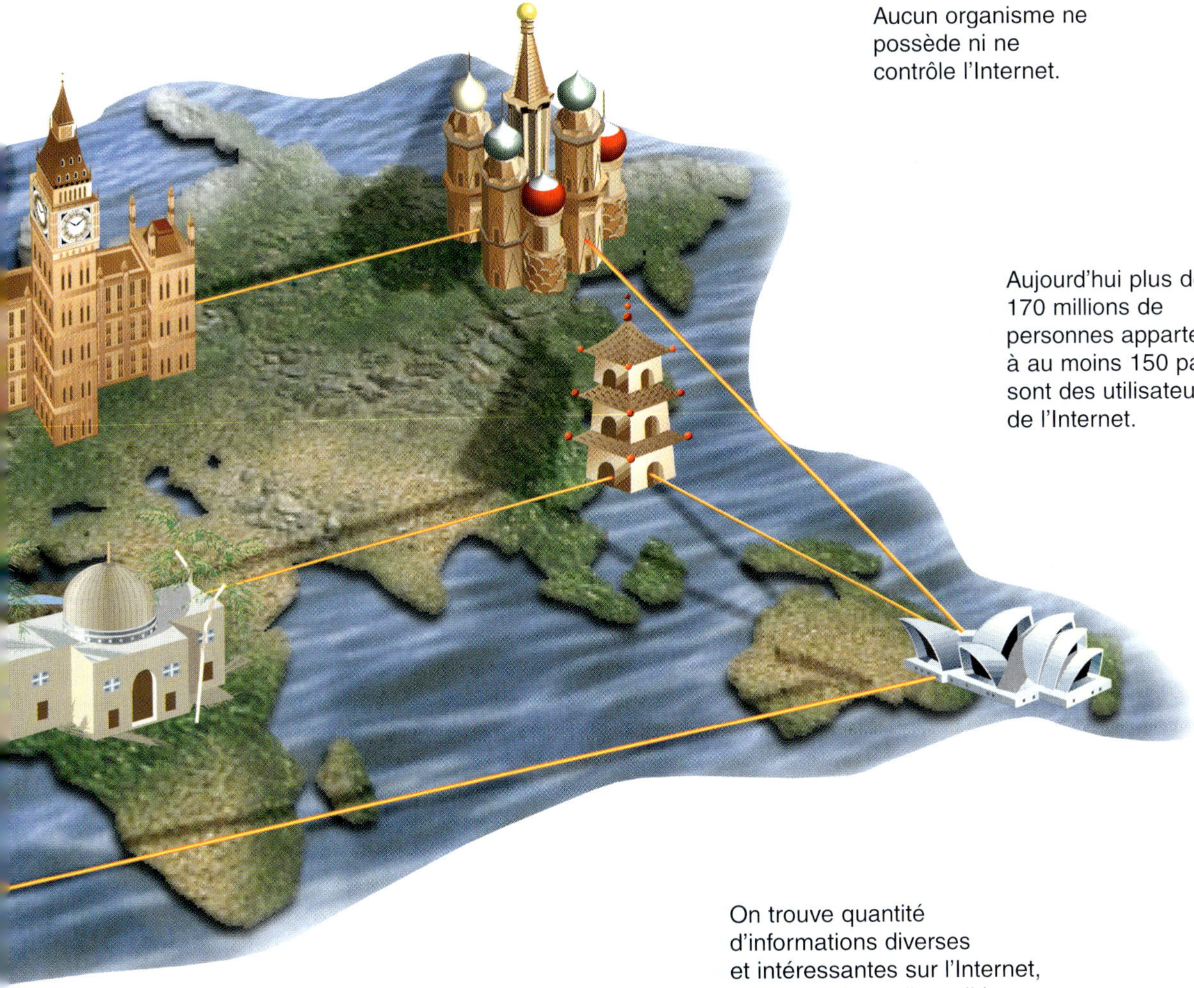

Aucun organisme ne possède ni ne contrôle l'Internet.

Aujourd'hui plus de 170 millions de personnes appartenant à au moins 150 pays sont des utilisateurs de l'Internet.

On trouve quantité d'informations diverses et intéressantes sur l'Internet, la plupart étant disponibles gratuitement. Le plus souvent, elles traversent le monde en une fraction de seconde.

Chaque gouvernement, chaque société, école et université est responsable de la maintenance de son réseau sur l'Internet. Toutes les fois que vous transmettez une information par le Net, ces organismes vous permettent de passer par leurs réseaux gratuitement – ce qui vous évite des frais de communication longue distance.

SERVICES OFFERTS PAR L'INTERNET

MESSAGERIE ÉLECTRONIQUE

Le service le plus connu disponible sur l'Internet est la messagerie électronique *(e-mail)*. Vous pouvez échanger du courrier électronique avec des personnes du monde entier, que ce soient des amis, des membres de votre famille, des collègues, des clients ou d'autres gens rencontrés sur l'Internet. Envoyer un message électronique est rapide, facile, gratuit et économise le papier.

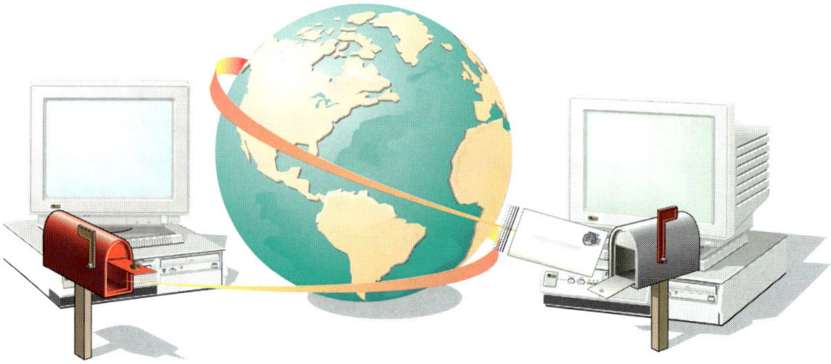

INFORMATIONS

L'Internet vous ouvre un accès à l'information sur tout sujet possible et imaginable, ce qui en fait un outil de recherche des plus valables. Vous pouvez consulter des journaux, des magazines, des contributions universitaires, des dictionnaires et encyclopédies, des guides de voyage, des documents officiels, des discours célèbres, des recettes, des offres d'emploi, des horaires d'avion.

LOISIRS

L'Internet offre diverses formes de divertissement, chaînes de radio et de télévision, films et musiques. Vous pouvez découvrir les images des films les plus récents, regarder des interviews en direct de vos vedettes favorites, écouter des morceaux de musique avant qu'ils ne soient commercialisés, et jouer aussi en réseau avec des internautes du monde entier.

GROUPES DE DISCUSSION

Vous pouvez faire partie de groupes de discussion sur l'Internet pour rencontrer des personnes du monde entier partageant les mêmes centres d'intérêt, en posant des questions, discutant de problèmes et en lisant des anecdotes intéressantes. Il existe des milliers de groupes de discussion sur des sujets tels que l'environnement, l'alimentation, l'humour, la musique, les animaux domestiques, la photographie, la politique, la religion, le sport, la télévision.

CONVERSATION

La fonction *Chat* (conversation) permet d'échanger sur l'Internet des messages tapés au clavier et qui apparaissent en temps réel sur l'écran de votre correspondant. Il est possible de bavarder avec une ou plusieurs personnes à la fois.

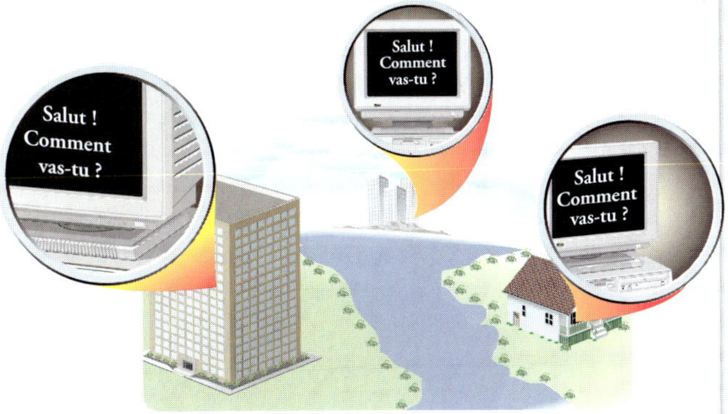

PROGRAMMES

Vous pouvez trouver des programmes à installer sur votre ordinateur, tels que des traitements de texte, des programmes de dessin, des jeux. Il existe aussi des programmes appelées *sharewares*, qui sont disponibles gratuitement pour un temps limité. Si ces programmes vous conviennent, vous pouvez continuer à les utiliser en payant l'auteur.

ACHATS EN LIGNE

Vous pouvez commander des produits sur l'Internet sans pour autant sortir de chez vous : des livres, des fleurs, des CD audio, des pizzas, des actions, des voitures d'occasion.

UTILISATEURS DE L'INTERNET

Des personnes de tout âge et de tout milieu utilisent l'Internet.

ENFANTS

L'Internet permet aux enfants d'améliorer leur technique de lecture et de communication. Ils peuvent envoyer des messages électroniques à leurs amis et parcourir les informations sur l'Internet. Différents systèmes de sécurité permettent aux enfants d'accéder à l'Internet sans qu'ils s'exposent à des informations inappropriées.

CHEZ SOI

De nombreux services et ressources sont disponibles pour ceux qui se servent de l'Internet chez eux. On peut l'utiliser pour accéder à des informations locales, par exemple un journal, à des programmes de télévision et des horaires de cinéma. L'Internet permet également de trouver des critiques de restaurants ou d'acheter des billets pour des manifestations sportives.

ÉTUDIANTS

Bien des élèves accèdent à l'Internet à partir de leur école. Ils trouvent sur l'Internet de nombreuses informations utiles pour leurs projets. Ils peuvent également utiliser l'Internet pour communiquer avec des élèves du monde entier afin d'apprendre de nouvelles langues et connaître d'autres cultures. Les étudiants peuvent utiliser l'Internet pour trouver des informations sur les universités qui les intéressent.

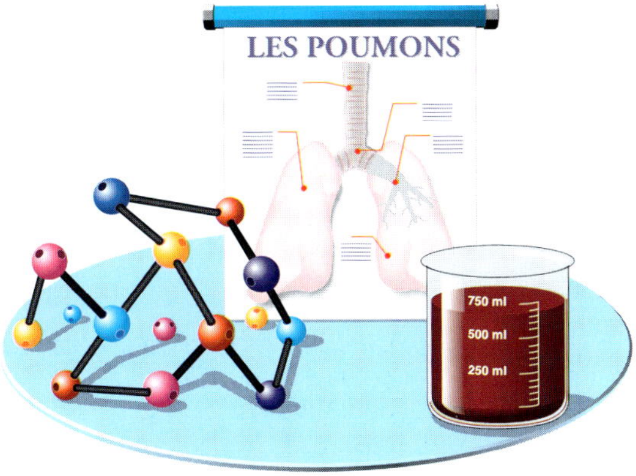

CHERCHEURS

L'une des utilisations à l'origine de l'Internet était de permettre aux chercheurs et aux scientifiques du monde entier d'échanger des informations sur des projets communs. Les informations se trouvant sur l'Internet autorisent les chercheurs des différentes parties du monde à travailler ensemble.

DANS L'ENTREPRISE

De nombreuses personnes utilisent l'Internet au travail. On peut communiquer avec des collaborateurs ou des clients en utilisant le courrier électronique ou la vidéo-conférence. L'Internet s'utilise également pour effectuer de nombreuses tâches, par exemple, passer une commande à d'autres sociétés, préparer l'envoie de colis ou effectuer des transactions bancaires.

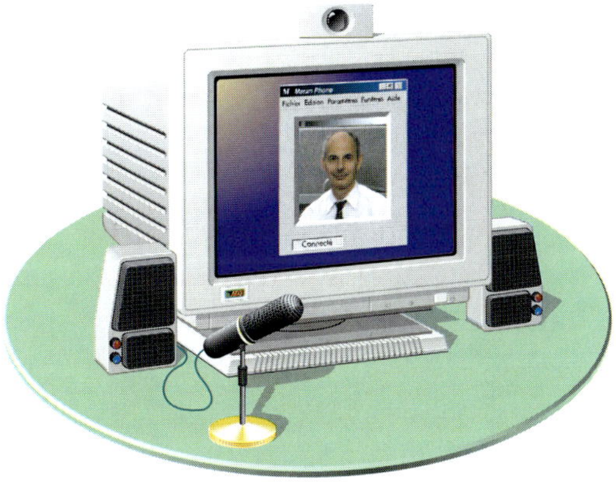

TRANSFERT DES INFORMATIONS

Tous les ordinateurs œuvrent ensemble pour transmettre les informations à travers le monde.

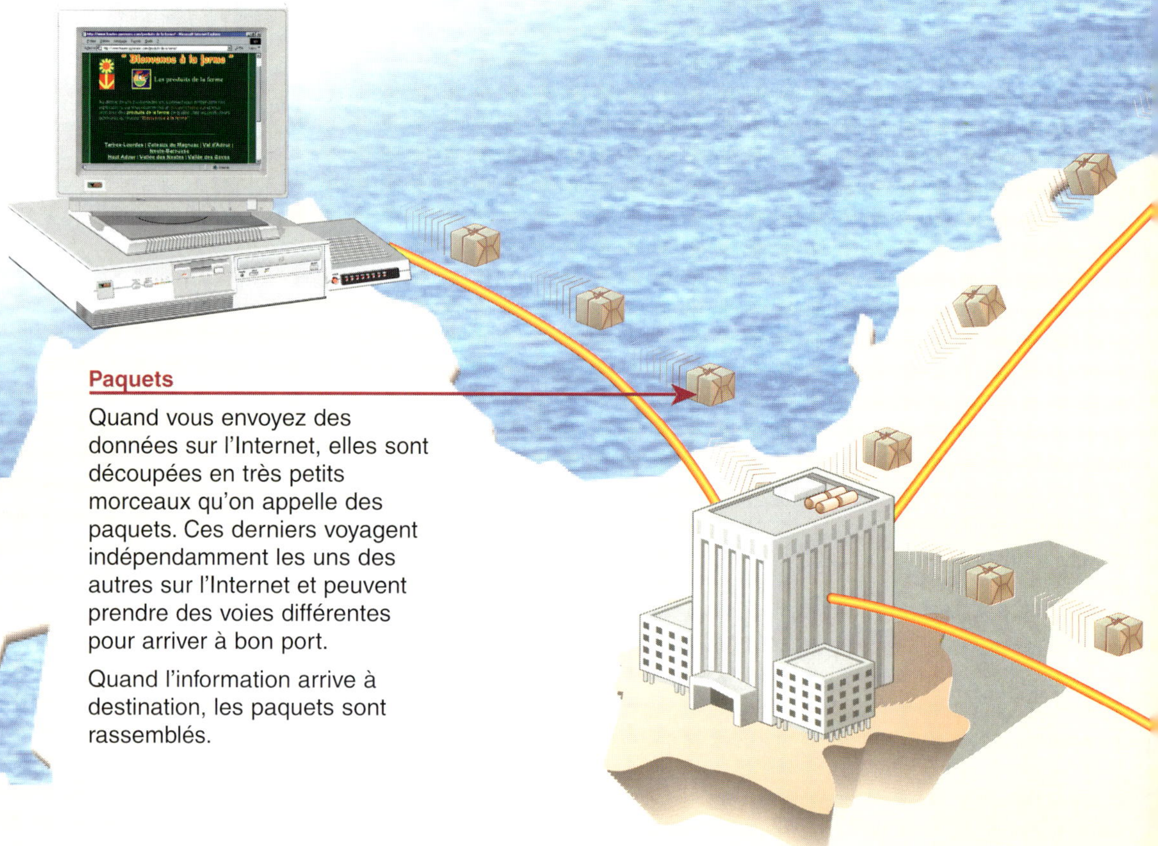

Paquets

Quand vous envoyez des données sur l'Internet, elles sont découpées en très petits morceaux qu'on appelle des paquets. Ces derniers voyagent indépendamment les uns des autres sur l'Internet et peuvent prendre des voies différentes pour arriver à bon port.

Quand l'information arrive à destination, les paquets sont rassemblés.

TCP/IP

Le protocole TCP/IP *(Transmission Control Protocol/Internet Protocol)* est le langage employé par les ordinateurs sur l'Internet pour communiquer entre eux. Il fractionne en paquets les données que vous envoyez et les achemine *via* l'Internet. Quand l'information arrive à destination, il vérifie que les paquets sont tous arrivés correctement.

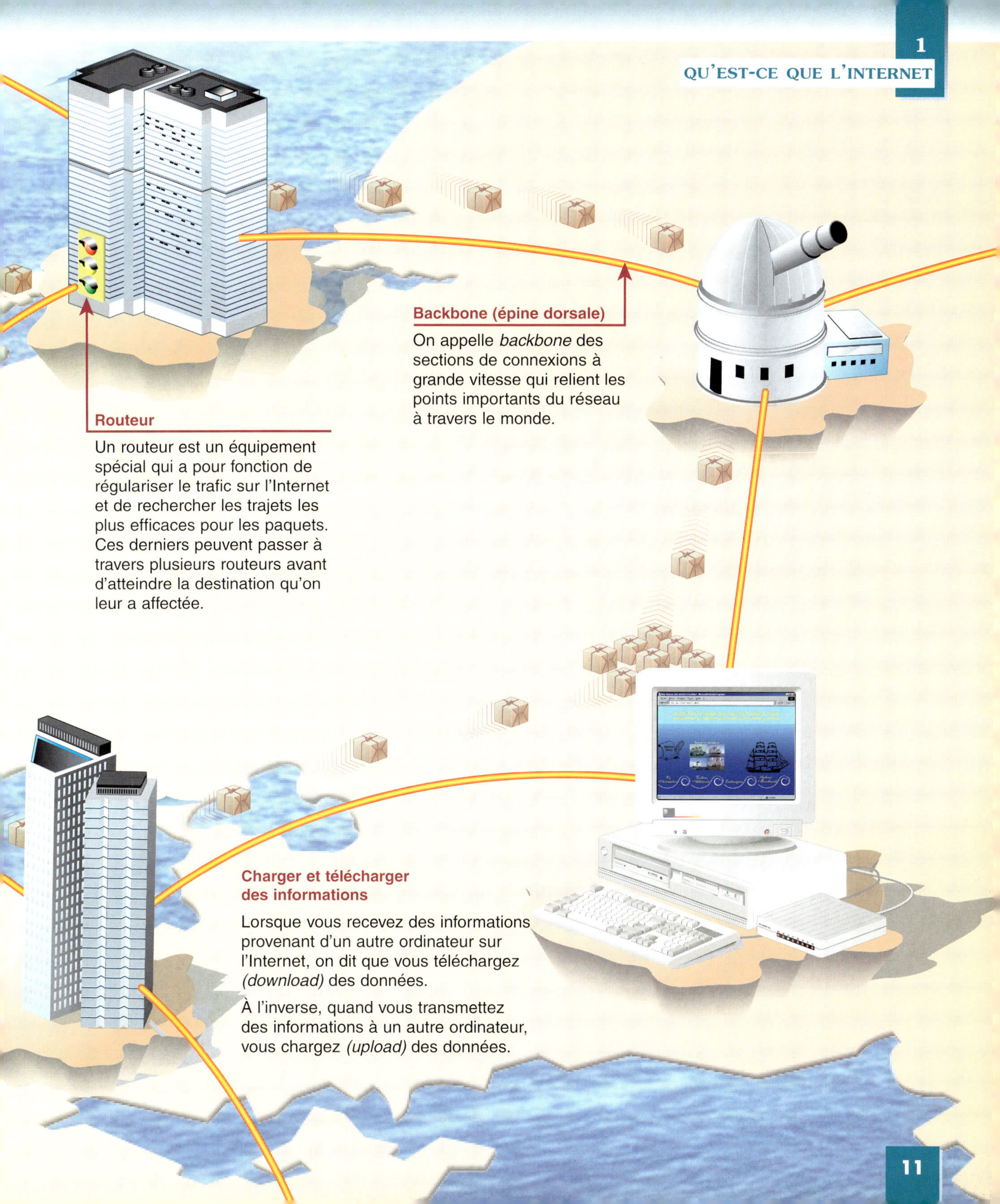

Backbone (épine dorsale)

On appelle *backbone* des sections de connexions à grande vitesse qui relient les points importants du réseau à travers le monde.

Routeur

Un routeur est un équipement spécial qui a pour fonction de régulariser le trafic sur l'Internet et de rechercher les trajets les plus efficaces pour les paquets. Ces derniers peuvent passer à travers plusieurs routeurs avant d'atteindre la destination qu'on leur a affectée.

Charger et télécharger des informations

Lorsque vous recevez des informations provenant d'un autre ordinateur sur l'Internet, on dit que vous téléchargez *(download)* des données.

À l'inverse, quand vous transmettez des informations à un autre ordinateur, vous chargez *(upload)* des données.

HISTORIQUE DE L'INTERNET

L'Internet est né de la mise en commun des idées et des talents d'un grand nombre de personnes. Des organismes et des individus ont travaillé ensemble pendant un certain nombre d'années pour que l'Internet soit la valeur sûre qu'il est devenu aujourd'hui.

ARPANET

À la fin des années 1960, le ministère de la Défense des États-Unis a créé un réseau pour interconnecter les ordinateurs militaires. Ce réseau nommé ARPANET fut conçu de façon que, si une section du réseau tombait en panne, les autres ordinateurs soient en mesure de communiquer entre eux.

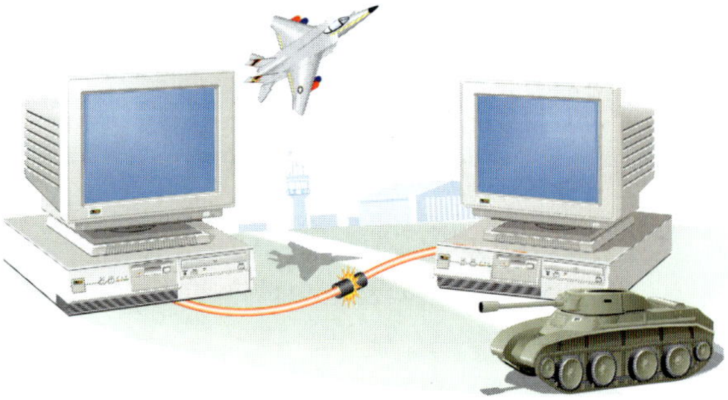

NSFNET

La National Science Foundation créa au milieu des années 1980 le réseau NSFNET, qui reprenait la technologie mise en œuvre pour ARPANET, pour permettre aux écoles et universités de se connecter entre elles. Quand, en 1987, MSFNET ne fut plus en mesure de supporter la masse d'informations à transférer, la National Science Foundation transforma le réseau pour améliorer ses capacités. C'est ce nouveau réseau qui devint l'Internet.

ACCÈS PUBLIC

Dans les années 1980, la plupart des personnes qui accédaient à l'Internet étaient des scientifiques et des chercheurs. Au début des années 1990, beaucoup de sociétés commencèrent à permettre aux particuliers d'accéder à l'Internet : tous ceux qui possédaient un ordinateur et un modem purent alors se connecter.

LE WORLD WIDE WEB

Le World Wide Web fut créé au début des années 1990 par le CERN (Centre Européen de Recherche Nucléaire), pour permettre aux chercheurs de travailler en commun et d'accéder facilement aux informations disponibles. Le premier site accessible au public date de 1991.

SITES COMMERCIAUX

Vers le milieu des années 1990, quelque 30 millions de personnes avaient accès à l'Internet. Pour atteindre ce marché énorme, les grosses sociétés ont créé leur propre site sur le Web afin de fournir des informations sur leurs produits ou les vendre. On trouve maintenant des milliers de sociétés présentes sur le Web.

En ligne…
56K Fax Modem

Se connecter à l'Internet

Vous voulez vous connecter à l'Internet ? Tous les équipements et démarches nécessaires sont décrits dans ce chapitre.

POUR SE CONNECTER

Vous avez besoin d'un fournisseur d'accès Internet, d'un périphérique et d'un logiciel pour vous connecter à l'Internet.

FOURNISSEUR D'ACCÈS INTERNET

Fournisseur d'accès Internet et service en ligne

Les fournisseurs d'accès Internet (FAI) et les services en ligne sont des sociétés qui vendent un accès à l'Internet. Assurez-vous que vous choisissez un FAI (ou un service en ligne) qui vous raccorde à un numéro de téléphone local pour éviter de payer des communications téléphoniques moyenne ou longue distance.

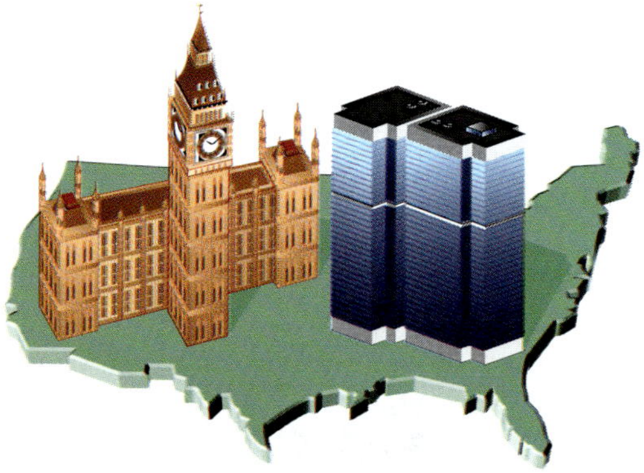

Université, entreprise ou bibliothèque

Il existe de nombreuses solutions pour accéder gratuitement à l'Internet. Les universités et les établissements d'enseignement fournissent souvent aux étudiants et élèves un accès gratuit à l'Internet. Dans beaucoup de sociétés, les employés peuvent se connecter librement. Une bibliothèque publique peut également offrir un accès à l'Internet.

ORDINATEUR

Vous pouvez utiliser n'importe quel type d'ordinateur, compatible PC ou Macintosh, pour vous connecter à l'Internet.

Certains systèmes d'exploitation permettent de se connecter à l'Internet par l'intermédiaire d'un seul ordinateur situé sur un réseau. Cela s'avère pratique si tous les ordinateurs du réseau partagent une seule et même connexion.

MODEM OU CONNEXION À HAUT DÉBIT

Il est nécessaire de disposer d'un modem ou d'une connexion à haut débit pour vous connecter à l'Internet. Pour plus d'informations, consultez les pages 18 à 21.

PROGRAMMES

La plupart des ordinateurs sont fournis avec les logiciels nécessaires pour accéder à l'Internet. Par exemple, les ordinateurs vendus avec Windows 98 contiennent l'assistant de connexion Internet.

Vous avez aussi besoin d'un programme, appelé navigateur Web, pour accéder aux informations. La plupart des ordinateurs récents en possèdent un.

NOM D'UTILISATEUR ET MOT DE PASSE

Vous devez entrer un nom d'utilisateur (qu'on appelle aussi *login*) et un mot de passe au moment de vous connecter à l'Internet – ce qui prouve que vous êtes bien le possesseur du compte. Votre fournisseur d'accès vous attribue le plus souvent un nom d'utilisateur et un mot de passe.

MODEMS

Les modems sont des périphériques qui permettent aux ordinateurs de communiquer entre eux par l'intermédiaire des lignes téléphoniques. Les modems constituent un moyen facile d'accéder à l'Internet.

TYPES DE MODEMS

Un modem interne se présente sous la forme d'une carte électronique située à l'intérieur de l'ordinateur. Un modem externe est un petit boîtier relié à l'arrière de l'ordinateur par un câble. Le premier type de modem est moins cher mais plus difficile à configurer.

VITESSE

La vitesse d'un modem définit celle à laquelle il envoie et reçoit des données par l'intermédiaire des lignes téléphoniques. La vitesse d'un modem est mesurée en kilobits par seconde (Kbps). Achetez un modem dont la vitesse est au moins de 56 Kbps.

LIGNE TÉLÉPHONIQUE

Vous pouvez utiliser la même ligne pour vos appels téléphoniques et pour vos transmissions par modem. Quand vous utilisez le modem pour accéder à l'Internet, vous ne pourrez pas dans le même temps téléphoner. Si vous utilisez la même ligne pour téléphoner et pour accéder à l'Internet, prenez soin de désactiver la commande signal d'appel, sinon cette dernière risque de couper la connexion modem en cours.

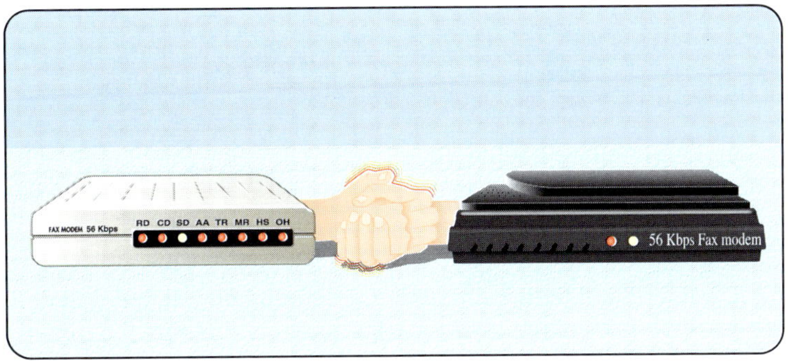

POIGNÉE DE MAINS

Quand votre modem entre en contact avec un autre modem, vous entendez une série de signaux (*handshake*) – cela peut être assimilé à une poignée de mains. Exactement comme deux personnes qui se serrent la main pour se saluer, les modems agissent de cette façon pour définir la façon dont ils vont échanger des informations.

EN LIGNE

Vous êtes en ligne quand votre modem a réussi à se connecter à l'autre modem. Ceci signifie que les modems sont prêts à échanger des informations. Lorsque votre modem n'est pas connecté, vous être hors ligne.

CONNEXIONS À HAUT DÉBIT

Il existe plusieurs connexions à haut débit que vous pouvez utiliser pour vous connecter à l'Internet, à la place d'une connexion classique par modem.

Utiliser une ligne à haut débit ne mobilise pas votre ligne téléphonique pendant que vous êtes connecté à l'Internet, ce qui vous permet de téléphoner ou de vous servir de votre fax tout en étant connecté à l'Internet.

RNIS

Une ligne du Réseau Numérique à Intégration de Services (RNIS) est une ligne téléphonique (Numéris, France Télécom) à transmission numérique intégrale. Ce type de ligne transmet les informations à une vitesse comprise entre 56 et 128 Kbps.

MODEM-CÂBLE

Un modem-câble permet de se connecter à l'Internet au moyen des mêmes canaux de transmission que votre téléviseur câblé. Un modem-câble peut transférer des informations à une vitesse supérieure à 3 000 Kbps. Prenez contact avec votre câblo-opérateur pour savoir s'il propose une connexion à l'Internet.

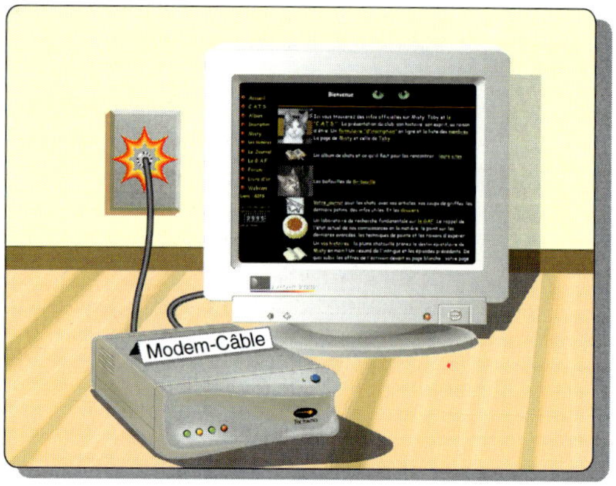

DSL

Le procédé DSL *(Digital Subscriver Line)* permet de faire transiter l'information sur des lignes téléphoniques numériques à une vitesse dépassant 1 mégabit par seconde (Mbps). L'ADSL *(Asymetric DSL)* exploite cette technologie en privilégiant le débit descendant (vers l'usager). Cette technique est appelée à concurrencer celle du câble.

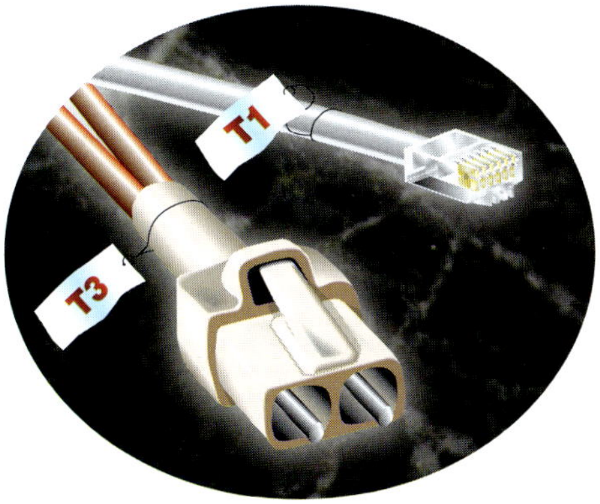

LIGNE DIRECTE

Une connexion directe permet de relier directement l'ordinateur à l'Internet. Les deux vitesses de lignes directes les plus courantes sont T1 et T3. Les lignes T1 permettent de transférer les informations entre l'ordinateur et le fournisseur d'accès à l'Internet à une vitesse de 1 500 Kbps, les lignes T3 offrent un transfert allant jusqu'à 44 000 Kbps.

TECHNOLOGIES DU FUTUR

Il existe d'autres technologies qui sont amenées à se développer dans l'avenir : des satellites ou même des lignes électriques pourront être connectés à l'Internet et transmettre des informations. Avec ces types de connexions à haut débit, il sera facile de participer à des conférences en direct ou de regarder des films sur l'Internet avec une très bonne qualité de réception.

CONNEXIONS SANS FIL

Vous pouvez utiliser un modem sans fil pour accéder à des informations sur le Net sans utiliser de ligne téléphonique ou autre connexion physique.

Un accès sans fil à l'Internet permet de consulter votre messagerie électronique ou de visiter votre site Web favori en attendant l'avion à l'aéroport, lors d'un changement de train ou même dans les embouteillages.

ONDES RADIO

Certains modems sans fil utilisent une technologie de transmission par onde radio pour transférer des informations entre deux ordinateurs. Un modem sans fil communique grâce à des récepteurs radio souvent montés sur des poteaux d'éclairage public ou des monuments. Aujourd'hui, il n'est possible d'accéder à l'Internet grâce à cette technologie que dans certaines villes, sur le campus de quelques universités et dans les grands aéroports.

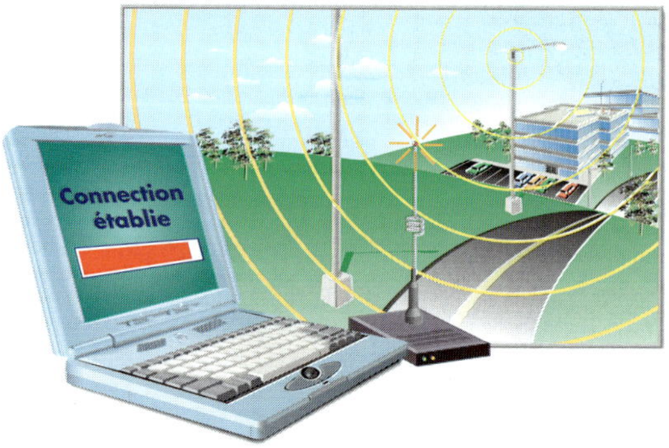

TÉLÉPHONIE CELLULAIRE

Certains modems sans fil se connectent à l'Internet en utilisant les mêmes réseaux cellulaires que ceux utilisés par la téléphonie mobile. Les réseaux cellulaires existant dans la plupart des pays développés, il est plus facile d'accéder à l'Internet sans fil par cette technologie que par ondes radio.

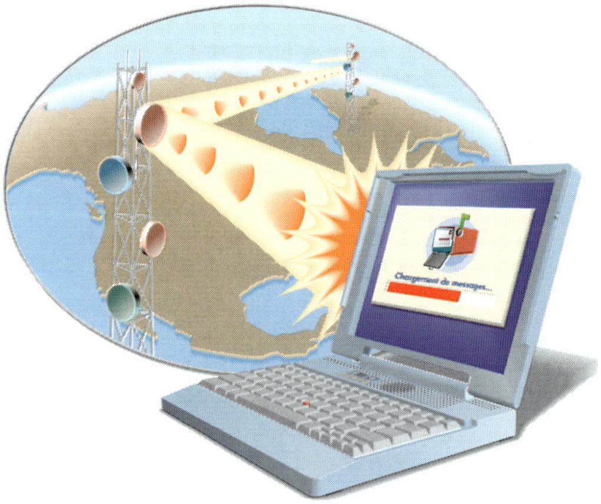

APPAREILS SANS FIL

TÉLÉPHONES MOBILES

Certains fabricants commencent à intégrer des fonctions Internet à leur téléphones mobiles. Par exemple, vous pouvez vous servir de votre téléphone mobile pour accéder à vos messages électroniques ou chercher une information à base de texte sur l'Internet. Les téléphones peuvent aussi stocker des informations telles qu'une liste de contacts, des notes, ou un emploi du temps.

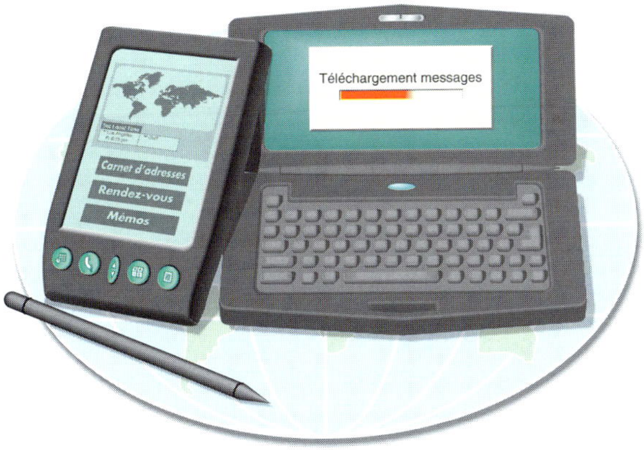

ORDINATEURS DE POCHE

Il est très possible d'utiliser un ordinateur de poche pour échanger des messages électroniques ou consulter des informations sur l'Internet. Ces ordinateurs sont aussi capables de stocker des milliers d'adresses, rendez-vous et mémos. Certains possèdent un clavier, alors que d'autres utilisent un stylet ou crayon électronique pour saisir des données.

ORDINATEURS PORTABLES

Les ordinateurs portables ont, le plus souvent, les mêmes fonctionnalités que les ordinateurs de bureau, et peuvent exécuter les mêmes programmes. Les ordinateurs portables peuvent utiliser une connexion sans fil pour se connecter à l'Internet, mais ils disposent habituellement d'un modem intégré qui peut être branché à une prise de téléphone standard quand un accès sans fil n'est pas possible.

FOURNISSEURS D'ACCÈS INTERNET

Un fournisseur d'accès Internet (FAI) est une société qui vous fournit un accès à l'Internet contre le paiement d'un abonnement (généralement).

CHOISIR SON FOURNISSEUR D'ACCÈS INTERNET

Demandez à vos amis, relations ou collègues de votre région quel fournisseur d'accès ils utilisent et s'ils en sont satisfaits. Vous pouvez aussi consulter l'annuaire téléphonique pour obtenir la liste des fournisseurs d'accès de votre région.

NUMÉROS D'ACCÈS

La plupart des fournisseurs d'accès Internet permettent une connexion à l'aide d'un numéro de téléphone local. Certains fournisseurs de services utilisent des numéros de téléphone dont la facturation n'est pas locale. Vérifiez cela auprès de votre FAI.

COÛT

Un fournisseur d'accès Internet peut vous facturer l'abonnement de différentes façons, selon le temps que vous passez sur l'Internet. Certains fournissent un certain nombre d'heures de connexion par mois contre une redevance – si vous dépassez ce nombre d'heures, vous payez pour chaque heure connectée supplémentaire.

D'autres FAI offrent un accès illimité à l'Internet contre un forfait fixe. Assurez-vous d'avoir pris connaissance de toutes les taxes et conditions cachées.

REMISES

Vérifiez auprès du fournisseur d'accès Internet qui vous intéresse s'il accorde des remises. Certains d'entre eux font des réductions si l'on paie une année complète au lieu d'un règlement mensuel. Certains fournisseurs de services fournissent même un ordinateur si l'on s'abonne pendant une période donnée.

PÉRIODE D'ESSAI

Certains fournisseurs d'accès Internet permettent aux clients potentiels d'utiliser gratuitement leurs services pendant une durée limitée. Cela permet d'évaluer les avantages et les points faibles avant de s'engager.

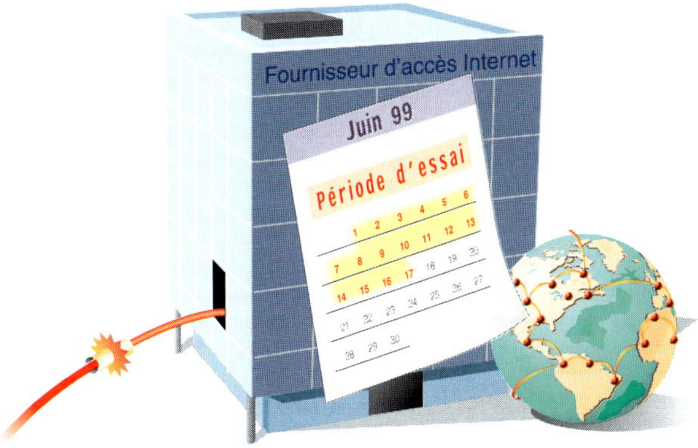

FOURNISSEURS D'ACCÈS INTERNET (SUITE)

SIGNAL LIGNE OCCUPÉE

Si vous utilisez un modem pour vous connecter à un FAI, demandez à ce dernier quel est le degré d'encombrement des lignes lors des plages horaires les plus sollicitées, le soir ou les week-ends par exemple. Quand vous entendez le signal « ligne occupée », vous ne pouvez pas obtenir à cet instant l'accès à l'Internet.

SERVICE CLIENTS

Configurer une connexion à un fournisseur d'accès Internet peut être assez délicat. Regardez si votre FAI offre un service clients *(hot-line)* qui fonctionne en soirée et le week-end, comme aux heures de bureau.

PUBLICATION DE PAGES WEB

La plupart des fournisseurs d'accès vous permettent de publier et de maintenir votre page Web gratuitement. Vous pouvez créer un site Web pour partager des informations professionnelles ou personnelles avec des internautes du monde entier.

PROGRAMME

La plupart des fournisseurs de services Internet offrent des programmes gratuits qui permettent d'accéder aux informations sur l'Internet. On trouve généralement un logiciel qui permet d'échanger du courrier électronique et un autre qui permet de naviguer sur le Web.

SERVICES FAMILIAUX

Certains FAI offrent des services qui permettent de bloquer l'accès aux informations choquantes voire illégales que l'on trouve sur l'Internet. Si le type d'informations à laquelle peut accéder votre famille vous concerne, vérifiez que votre fournisseur de services peut bloquer certaines informations.

ADRESSES E-MAIL MULTIPLES

De nombreux fournisseurs de services proposent de gérer plusieurs adresses de courrier électronique pour un abonnement à l'Internet. Cela est pratique lorsque vous souhaitez que chaque membre de votre famille possède sa propre adresse.

SERVICES EN LIGNE

Un service en ligne est un prestataire qui offre des services de nature commerciale pour accéder à l'Internet et à ses propres banques de données.

AOL *(America Online)* est le plus connu des prestataires de service en ligne.

DES INFORMATIONS BIEN STRUCTURÉES

Les services en ligne fournissent une énorme masse d'informations et de services très bien organisés, tels que bulletins d'information, météo, encyclopédies, « salles de conversation »…

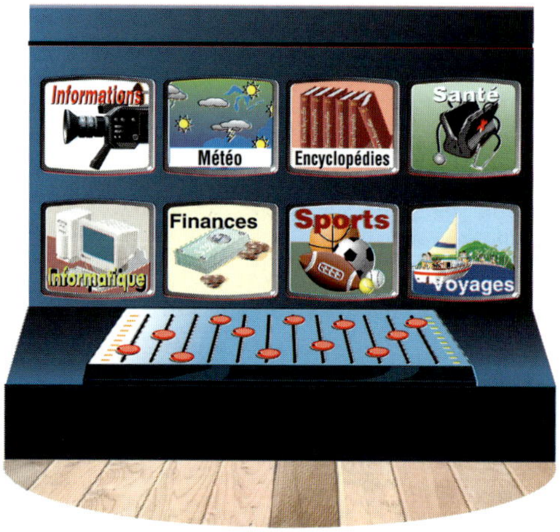

FACILITÉ D'EMPLOI

Les services en ligne sont conviviaux et faciles à utiliser. La plupart permettent d'utiliser le même programme pour toutes les fonctions du service, telles que les salles de conversation *(Chat)*, l'Internet et la messagerie électronique.

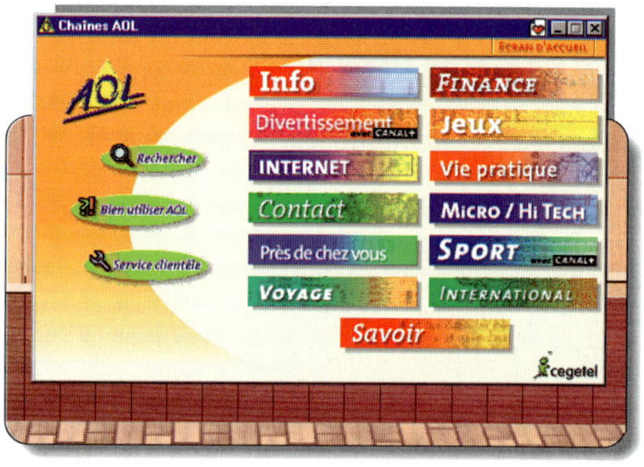

PROGRAMME

La plupart des services en ligne fournissent un programme qui simplifie votre connexion. Il est généralement très facile d'installer ce programme sur l'ordinateur. Vous pouvez également en obtenir la dernière version lorsque vous êtes connecté au service.

ACCÈS À L'INTERNET

Les services en ligne réunissent leurs membres dans une « communauté en ligne » où il est possible d'accéder aux informations et rencontrer de nouveaux internautes, mais les services offrent aussi un accès à tout l'Internet, y compris la messagerie électronique et l'information sur le World Wide Web.

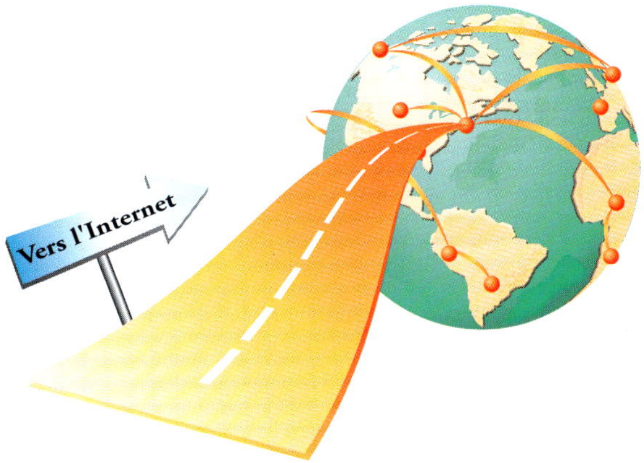

CONNEXION INTERACTIVE

Les échanges instantanés sont très répandus dans les services en ligne. Vous pouvez communiquer en temps réel avec d'autres personnes connectées au service en tapant simplement et en répondant.

La plupart des services en ligne organisent aussi des événements en direct, au cours desquels les membres peuvent échanger des commentaires et des questions avec des invités prestigieux, tels que des sportifs et des stars de cinéma.

NOMS DE MEMBRE

La plupart des services en ligne permettent d'utiliser un nom de membre pour vous identifier sur le service. Vous utilisez ce nom pour accéder aux services et vous identifier dans les messages électroniques, les groupes de discussion et les salles de conversation. Il est généralement possible de créer un nom de membre pour chaque personne de votre famille.

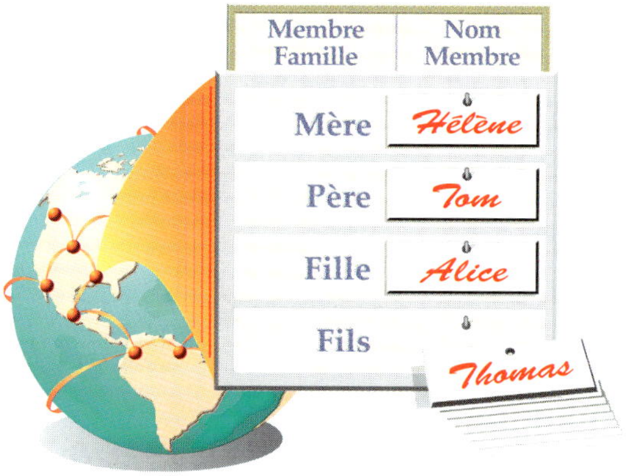

ACCÈS POUR LES ENFANTS

De nombreux services en ligne proposent des programmes simples d'utilisation qui permettent aux enfants d'accéder aux informations du service en ligne et de l'Internet. Les enfants peuvent se divertir en parcourant l'Internet et en rencontrant de nouveaux amis. Les parents peuvent configurer des restrictions sur les comptes afin que les enfants ne puissent pas accéder à des informations choquantes.

SERVICE CLIENTS

Configurer une connexion à un service en ligne n'offre pas de difficultés particulières. Ce type de fournisseur d'accès offre généralement un bon service clients pour répondre à toutes vos questions. Le service clients doit être disponible le soir et pendant le week-end, mais également pendant les heures de bureau.

COÛT

La plupart des services en ligne permettent d'essayer leurs services gratuitement pendant quelques mois. Après cette période d'essai, ils fournissent un certain nombre d'heures de connexion contre le paiement d'un abonnement.

Si vous dépassez le nombre d'heures alloué, vous devrez payer pour chaque heure supplémentaire.

SERVICES COMPLÉMENTAIRES

Certains services en ligne fournissent des services complémentaires, dont vous pouvez bénéficier en payant un supplément. Vérifiez le montant qui vous sera facturé pour les services avant d'y souscrire.

ACCÈS MONDIAL

De nombreux services en ligne sont disponibles dans la plupart des pays du monde. Cela les rend idéal pour les personnes qui voyagent fréquemment et qui ont besoin d'un accès à des services, par exemple, le courrier électronique. De nombreuses sociétés utilisent des services en lignes pour communiquer entre leurs bureaux répartis à travers le monde.

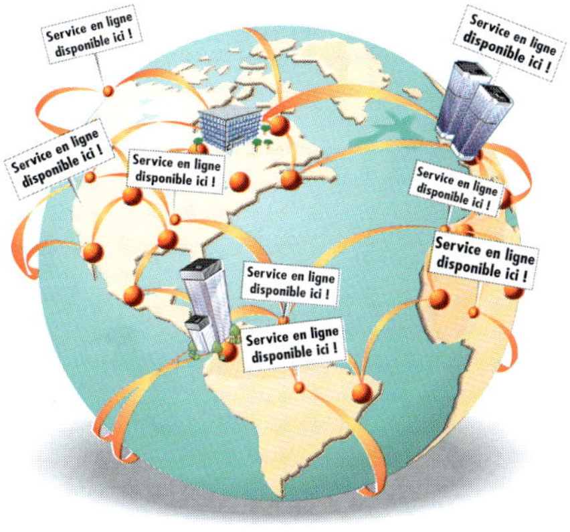

SE CONNECTER AU TRAVAIL

De nombreuses sociétés possèdent un réseau informatique connecté à l'Internet. Vous pouvez utiliser l'ordinateur de votre travail pour accéder à l'Internet.

RESTRICTIONS

La plupart des entreprises reliées à l'Internet n'offrent pas un accès à toutes les fonctionnalités existantes. Certaines peuvent restreindre le type d'informations auxquelles peuvent accéder les employés ou limiter l'usage de l'Internet à l'échange de courrier électronique. Vérifiez auprès de l'administrateur réseau de votre entreprise les parties de l'Internet auxquelles vous avez accès.

À PARTIR DU DOMICILE

De nombreuses sociétés permettent aux employés d'utiliser un ordinateur équipé d'un modem pour accéder au réseau de l'entreprise. Si une société possède un accès à l'Internet, les employés peuvent utiliser le réseau de l'entreprise pour accéder à l'Internet à partir de leur domicile.

CONNEXION À L'ÉCOLE

De nombreuses personnes accèdent pour la première fois à l'Internet lorsqu'elles sont à l'école. On trouve de plus en plus d'établissements connectés à l'Internet.

ÉCOLES ÉLÉMENTAIRES ET COLLÈGES

La plupart des écoles qui permettent d'accéder à l'Internet en enseignent la pratique aux élèves. Elles mettent également en place des restrictions d'accès à certains types d'informations. Certaines écoles demandes également aux élèves de signer un contrat spécifiant qu'ils ne tenteront pas d'accéder à des données inadaptées.

LYCÉES ET UNIVERSITÉS

De nombreux lycées et universités fournissent aux étudiants et aux professeurs un accès à l'Internet. Les étudiants peuvent utiliser les ordinateurs de l'école ou bien leur propre ordinateur pour accéder à l'Internet à l'aide du compte de l'établissement.

Certains lycées et universités limitent les accès à l'Internet. Par exemple, les étudiants peuvent être autorisés à utiliser l'Internet pendant un nombre d'heure précis par semaine ou uniquement à certaines heures de la journée.

GLOSSAIRE DE L'INTERNET

Il existe de nombreux termes que vous devez comprendre avant de connecter votre ordinateur à l'Internet.

NUMÉRO D'ACCÈS

Le numéro d'accès est le numéro de téléphone que vous composez pour vous connecter à l'Internet. Vous devez vous assurer qu'il est facturé au tarif d'un appel local. Dans le cas contraire, vous pourriez payer des sommes importantes pour le temps passé sur l'Internet.

CONNEXIONS

Lorsque vous utilisez un modem et une ligne téléphonique pour vous connecter à votre fournisseur d'accès Internet, vous utilisez une connexion à distance.

Lorsque vous utilisez une connexion à haut débit, votre ordinateur est connecté à l'Internet 24 heures sur 24. Vous n'avez pas à établir de connexion à distance avec votre fournisseur d'accès Internet chaque fois que vous souhaitez accéder à l'Internet.

SERVEUR

Un serveur est un ordinateur qui stocke les informations auxquelles accèdent les utilisateurs. La plupart des informations disponibles sur l'Internet sont stockées sur des serveurs. Généralement, un serveur possède un nom qui indique le type d'information qu'il contient. Par exemple, le nom d'un serveur stockant des e-mails commence par « mail. »

TCP/IP

Pour échanger des fichiers et des informations, chaque ordinateur sur l'Internet doit utiliser le même langage. Le TCP/IP *(Transmission Control Protocol/Internet Protocol)* est le langage utilisé par les ordinateurs pour transférer les informations sur l'Internet.

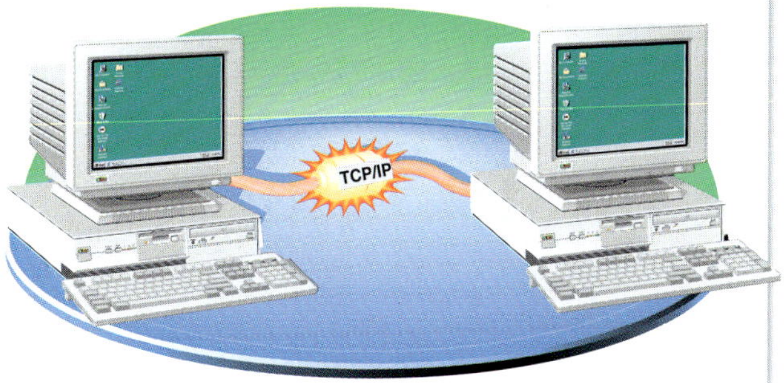

ADRESSE IP

Chaque ordinateur connecté à l'Internet est identifié par un numéro unique, appelé adresse IP *(Internet Protocole)*. Cette dernière est composée de quatre nombres séparés par des points, par exemple, 254.234.123.65.

Nom de domaine

Les adresses IP n'étant pas faciles à retenir, la plupart des ordinateurs possèdent également un nom, par exemple, « entreprise.com », qui est plus simple à comprendre. Lorsque l'on se connecte à un ordinateur, on peut saisir son adresse IP ou le nom de cet ordinateur.

ACCÈS INTERNET PAR LA TÉLÉVISION

Avoir accès à l'Internet sur sa télévision est possible grâce à un périphérique qui se présente sous la forme d'un boîtier.

Ces boîtiers sont aussi appelés décodeurs. Pour en savoir plus sur ce sujet, vous pouvez consulter le site Web suivant :

www.webtv.net

FONCTIONS TV

La plupart de ces boîtiers Internet permettent de regarder les programmes de télévision alors que vous surfez sur l'Internet. Vous pouvez utiliser les liens hypertexte pour visiter des sites Web et des salles de conversation en relation avec l'émission en cours. Vous pouvez aussi, grâce à cette technologie, consulter les programmes plusieurs jours à l'avance et faire votre choix.

SERVICES DE COURRIER ÉLECTRONIQUE

Les boîtiers ou décodeurs Internet permettent de recevoir et d'envoyer des messages électroniques en utilisant votre télévision et un clavier. Vous pouvez aussi vous servir d'un clavier sans fil de façon à rester confortablement assis à distance de l'écran de votre téléviseur tout en tapant vos messages.

Le plus souvent, il est possible que chaque membre de la famille possède sa propre adresse de messagerie électronique.

LOGICIEL

Le boîtier Internet comprend le programme nécessaire à l'accès à l'Internet. Chaque procédé possède ses programmes permettant de surfer sur le Web et d'échanger du courrier électronique. Ces programmes doivent être souvent mis à jour.

MODEM

La plupart des boîtiers Internet ont un modem intégré doté d'une vitesse de 56 Kbps. Avant de l'utiliser, vous devez connecter cet appareil à la ligne téléphonique. Quand vous vous connectez à l'Internet, le numéro est composé automatiquement et vous êtes relié à votre fournisseur d'accès.

AFFICHAGE

Certaines pages Web affichées sur l'écran de télévision ne paraissent pas aussi nettes que si elles étaient vues sur le moniteur d'un ordinateur. Les écrans d'ordinateur affichent des résolutions plus élevées et plus de couleurs que les écrans de télévision.

TÉLÉCOMMANDE

La plupart des boîtiers Internet sont fournis avec une télécommande. Vous pouvez vous en servir pour parcourir le Web, en lieu et place d'une souris.

LE CODEX MANESSE
LA BOUTIQUE
Frédéric et Valérie
Automne-Hiver 98
Fimatex: la bourse accessible à tous - Microsoft Internet Explorer
Fimatex
Investissez-vous en toute confiance
DECOUVREZ-NOUS
NOS SERVICES
Le Nasdaq
C'est loin, l'Amérique ?...
C'est chez Fimatex !
e.fr - Le guide français du net - Microsoft Internet Explorer
nomade.fr
le guide français du net
L'Aide
La Météo
Les Actualités
Le Courrier
Le Carnet
Les Pages perso
3 MOIS GRATUITS
Internet et AOL
Actualités 24/24
L'essentiel du net
Voyage
Cinéma
Achat
Sport
Emploi
Education
Finance
Découvrez avec Nomade.fr
Spécial rentrée : Le dossier idéal pour remplir son
Adelys epicerie fine - Microsoft Internet Explorer
Adelys.com : découvrez les terroirs français
Adélys ?
Informations
Livraisons
Recherche
Biscuits
Chocolats
Confiserie
Confitures
Miel
Salaisons
Foie Gras
Plats cuisinés
Terrines
Champagnes
Fromages
Boissons
Vins
Spiritueux
Huiles
Français
English
日本語
Offre Spéciale
Terminé, mais il existe des erreurs sur la page.
AbcVoyage, soldes et promotions - Microsoft Internet Explorer
ABCVOYAGE
Services complémentaires accessiblespar minitel
3615 ABCVOYAGE
Les Promotions
Des Professionnels du Tourisme
Dernières minutes
Devis groupes sur mesure
Formalités, visas, etc.
Vous êtes en transit
sur la plate-forme de regroupement
des promotions des professionnels du tourisme
au départ de France.
Sélectionnez un
AirWay
I-BOURSE

Le World Wide Web

Vous aimeriez en savoir plus sur le World Wide Web ? Ce chapitre constitue une bonne introduction au Web et à ses ressources.

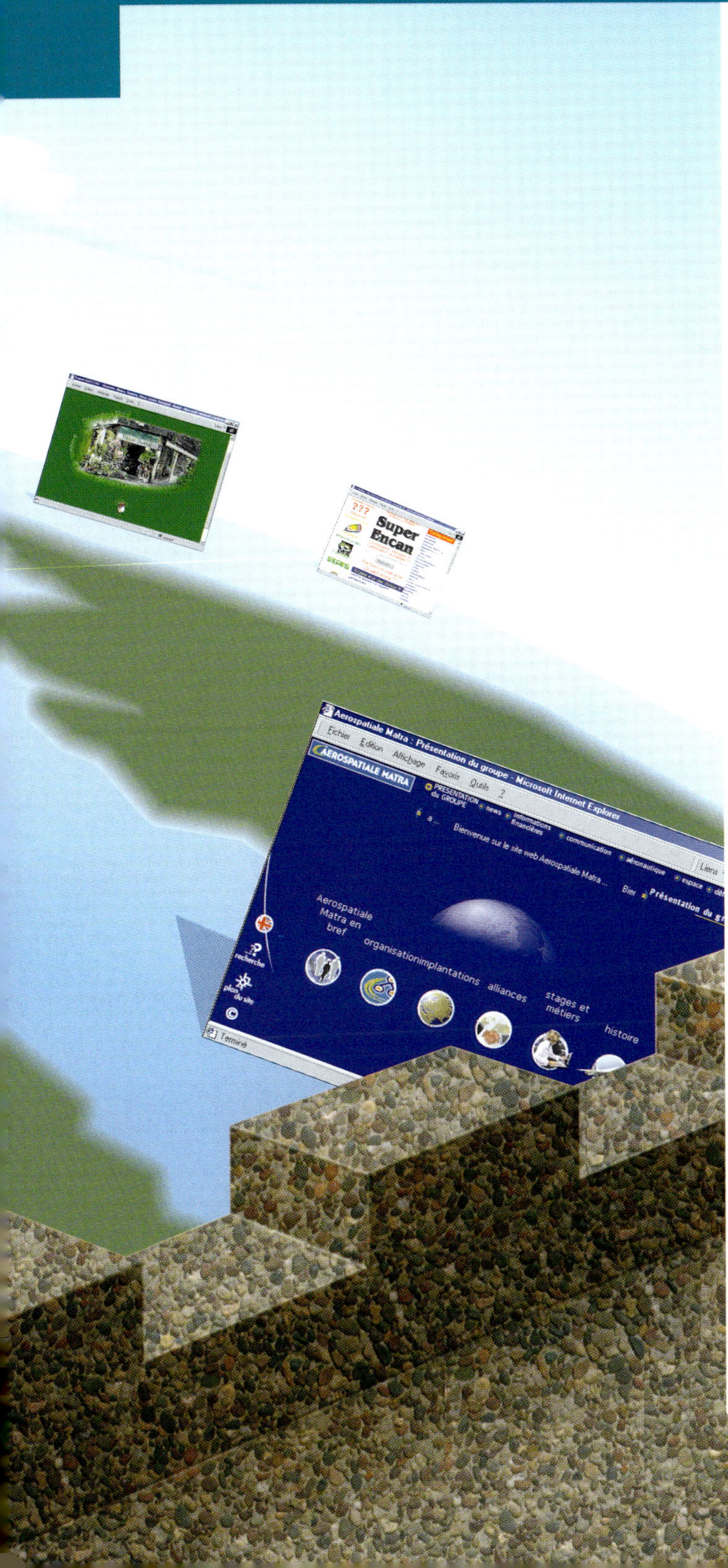

INTRODUCTION AU WEB

Le World Wide Web est une partie de l'Internet. Il consiste en un gigantesque ensemble de documents stockés sur des ordinateurs dispersés dans le monde entier.

Le World Wide Web est aussi appelé simplement le Web, ou la Toile.

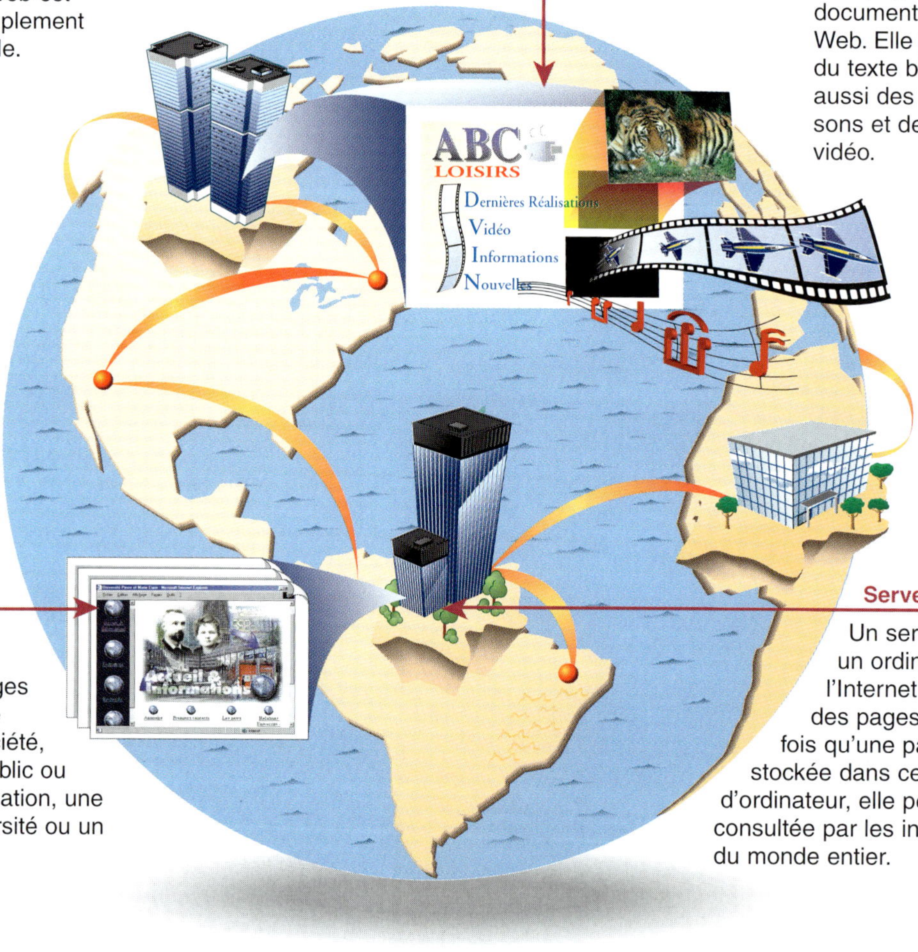

Page Web

Une page Web est un document stocké sur le Web. Elle peut contenir du texte bien sûr, mais aussi des images, des sons et des séquences vidéo.

Site Web

Un site Web est constitué d'un ensemble de pages Web ; il peut être géré par une société, un organisme public ou privé, une association, une école, une université ou un particulier.

Serveur Web

Un serveur Web est un ordinateur relié à l'Internet qui stocke des pages Web. Une fois qu'une page est stockée dans ce type d'ordinateur, elle peut être consultée par les internautes du monde entier.

URL

Chaque page Web possède une adresse unique, appelée URL *(Uniform Resource Locator)*. Si vous connaissez son URL, vous pouvez instantanément afficher n'importe quelle page Web.

L'adresse d'une page Web commence par **http** *(HyperText Transfer Protocol)* qui indique qu'il s'agit d'une page HTML, et comprend **le nom du serveur**, **le chemin d'accès** et **le nom de fichier de la page**.

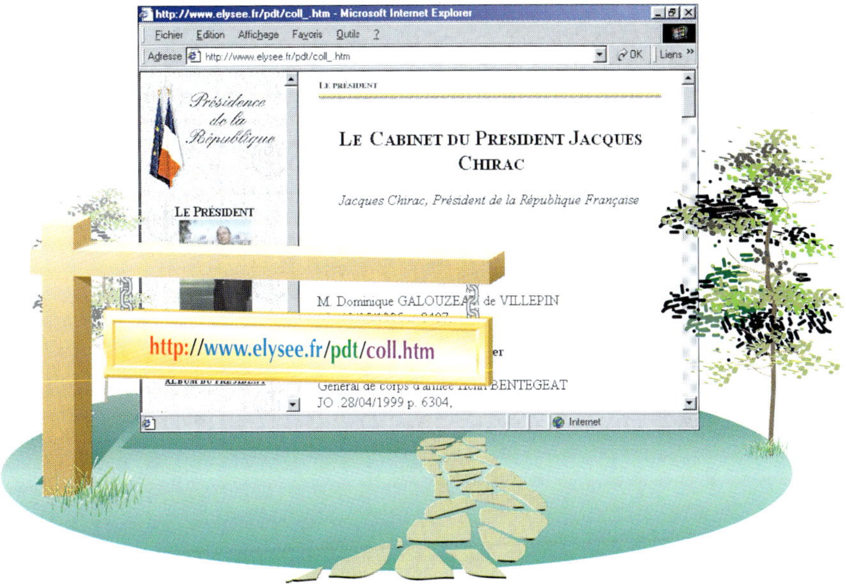

LIENS HYPERTEXTE

Les pages Web contiennent des mots ou expressions soulignés (et des images), appelés liens hypertexte, qui conduisent à d'autres pages sur le Web. Ces liens vous permettent de vous déplacer facilement à travers l'immense masse d'informations du Web en sautant d'une page à une autre. En sélectionnant un lien hypertexte, vous pouvez vous déplacer vers une page Web placée sur le même serveur ou sur tout autre serveur situé dans une autre ville ou un autre pays du monde.

Les liens hypertexte sont également appelés des hyperliens ou simplement des liens.

Vous identifierez très facilement un texte support d'un lien hypertexte dans une page Web, car il apparaît souligné et en couleur.

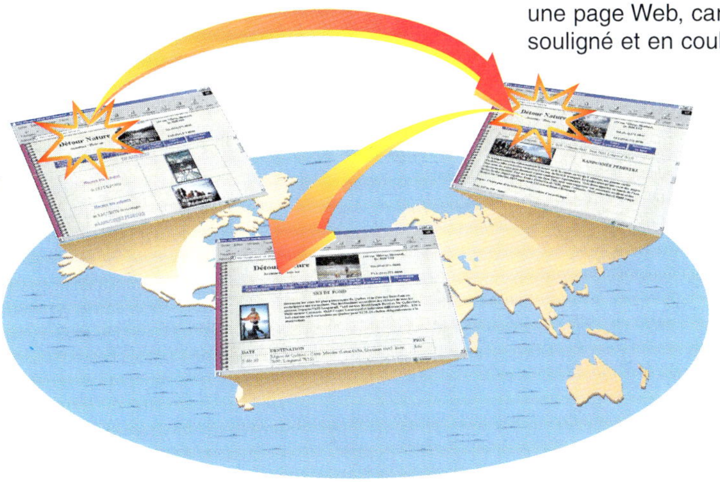

NAVIGATEURS

Un navigateur Web est un programme qui permet d'afficher et de rechercher des informations sur le Web.

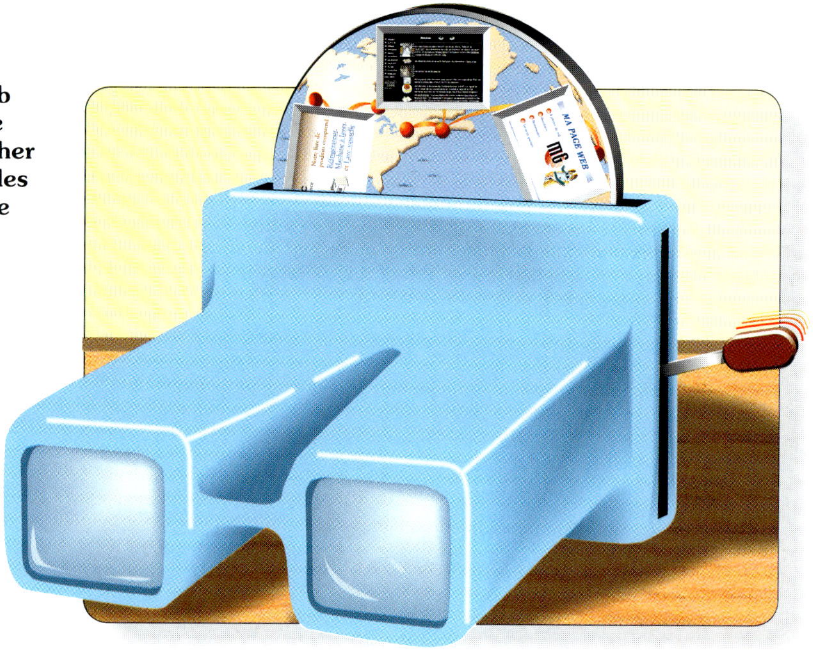

Microsoft Internet Explorer et Netscape Navigator sont deux navigateurs Web célèbres. Pour plus d'informations sur ces deux navigateurs Web, consultez les pages 44 et 45.

SUPPORT HTML

Les navigateurs Web affichent des pages Web qui sont des documents créés en utilisant un langage informatique appelé HTML *(HyperText Markup Language)*. Chacune des nouvelles versions de HTML permet de créer des pages Web contenant plus de fonctionnalités, par exemple le multimédia ou la sécurité. Si un navigateur Web ne prend pas en charge la dernière version de HTML, il peut ne pas être en mesure d'utiliser les fonctions récentes. La dernière version de HTML est la 4.0.

VERSION BÊTA

La version bêta d'un navigateur Web est une version qui n'est pas encore prête à être commercialisée. De nombreuses sociétés permettent aux utilisateurs de tester les versions bêta de leur navigateur Web avant de lancer la version officielle. Les versions bêta des navigateurs Web contiennent parfois des erreurs.

PAGE DE DÉMARRAGE

La page de démarrage est la page Web qui apparaît à l'écran chaque fois que vous lancez votre navigateur. Vous pouvez choisir une page quelconque sur le Web comme page de démarrage. Prenez soin de choisir une page qui soit un bon point de départ pour explorer le Web.

SIGNETS

La plupart des navigateurs possèdent une fonction appelée Signets (Netscape) ou Favoris (Internet Explorer). Cette commande vous permet de stocker les adresses de pages Web que vous visitez fréquemment. Les signets vous évitent de mémoriser et de retaper constamment les adresses de vos pages favorites.

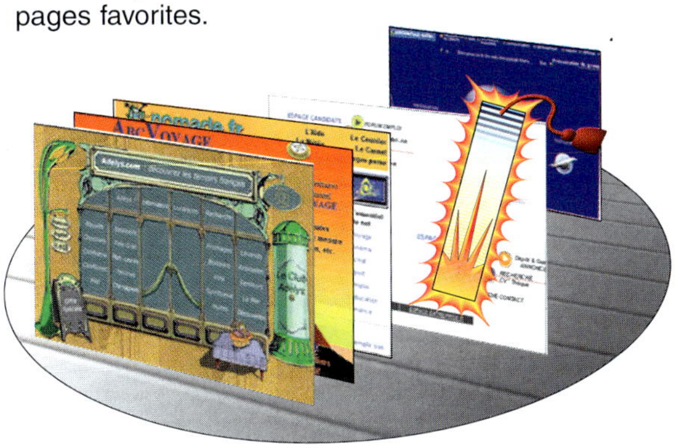

LISTE DE L'HISTORIQUE

Quand vous naviguez à travers les pages du World Wide Web, il est difficile de garder une trace de la localisation des sites que vous avez visités. La plupart des navigateurs comportent une fonction nommée Historique, qui répertorie la liste des pages visitées récemment et permet d'y retourner rapidement.

BOUTONS DE NAVIGATION

La plupart des navigateurs Web contiennent des boutons qui permettent de se déplacer dans les informations contenues sur le Web. On peut se déplacer en avant ou en arrière dans les pages Web que l'on a affichées ou arrêter le transfert d'une page qui prend trop de temps pour apparaître.

Actuellement, Microsoft Internet Explorer est le navigateur Web le plus répandu.

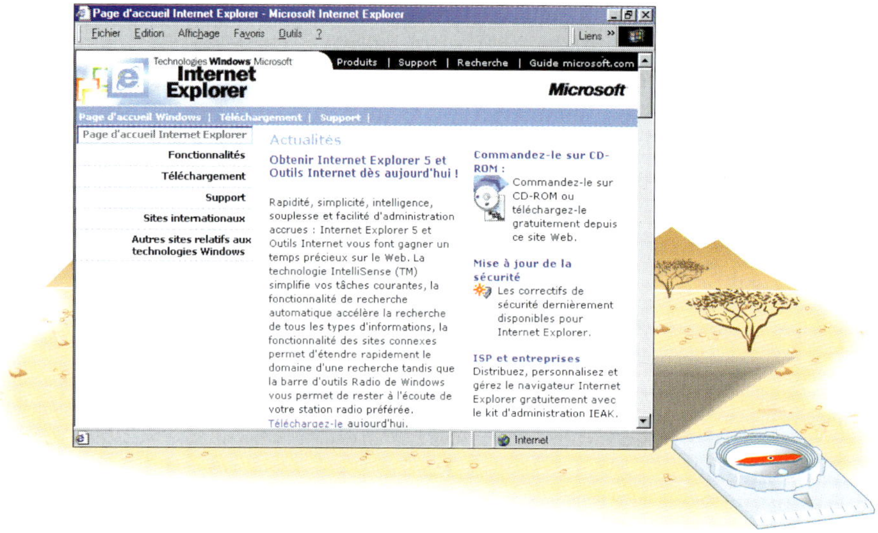

Internet Explorer est fourni avec le système d'exploitation Windows 98. Vous pouvez également vous le procurer gratuitement sur le site Web suivant :

www.microsoft.com/France/ie/default.htm

FACILITÉ D'UTILISATION

Internet Explorer a été conçu par la société qui a créé le système d'exploitation Windows. L'aspect d'Internet Explorer est donc semblable à celui des programmes Windows. Si vous êtes habitué à d'autres programmes Windows, vous trouverez qu'il est facile d'apprendre à utiliser le navigateur Web.

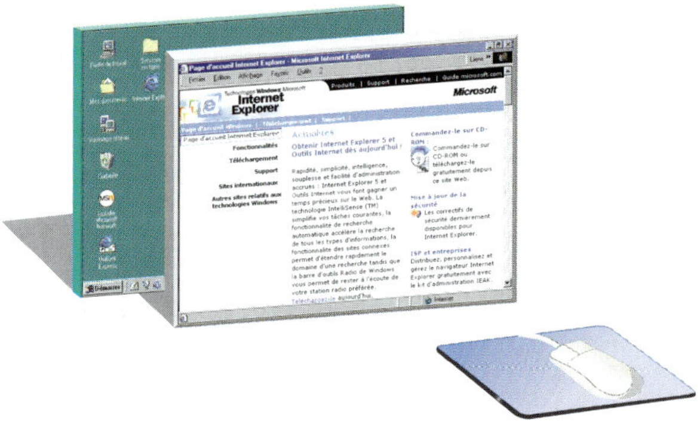

FONCTIONNALITÉS D'INTERNET EXPLORER

Internet Explorer offre de nombreuses fonctions qui vous permettent de travailler efficacement sur le Web. Par exemple, la fonction Recherche d'Internet Explorer permet de trouver rapidement l'information que l'on recherche. On peut également personnaliser Internet Explorer.

NETSCAPE NAVIGATOR

Netscape Navigator est un navigateur Web célèbre. Netscape Navigator était un des premiers navigateurs utilisé sur le Web.

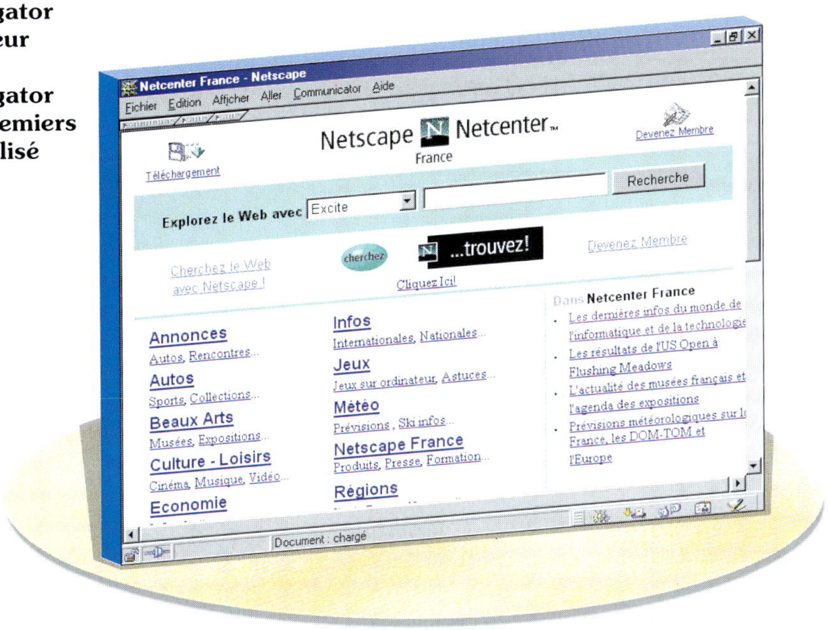

Netscape Navigator contient de nombreuses fonctions qui réduisent le temps passé à rechercher des informations que le Web.

VERSATILE

Navigator est disponible pour des ordinateurs fonctionnant avec différents systèmes d'exploitation, dont Windows, Macintosh et Unix. On peut obtenir Navigator en tant que programme séparé ou inclus dans la suite Netscape Communicator, qui contient de nombreux autres programmes utiles pour l'Internet. Vous pouvez obtenir gratuitement Netscape Navigator sur le site Web suivant :

www.fr.netscape.com/fr/

EXTENSIONS NETSCAPE

HTML *(HyperText Markup Language)* est le nom du langage de programmation utilisé pour créer des pages Web. Netscape apporte sans cesse des améliorations, appelées extensions Netscape, au HTML. Ces améliorations permettent d'ajouter des fonctionnalités aux pages Web, par exemple la vidéo ou le son.

MESSAGES D'ERREUR

Un message d'erreur apparaît lorsque le navigateur Web ne peut pas afficher correctement une page Web.

MESSAGES D'ERREUR COURANTS

403 INTERDIT

Le message d'erreur 403 Interdit apparaît lorsque vous essayez d'ouvrir une page Web à laquelle vous n'avez pas le droit d'accéder. Vous ne pouvez pas afficher cette page sans autorisation.

404 NON TROUVÉ

Le message d'erreur 404 Non trouvé apparaît lorsque le navigateur Web ne trouve pas la page spécifiée. Cette page peut avoir été déplacée ou son nom peut avoir été changé.

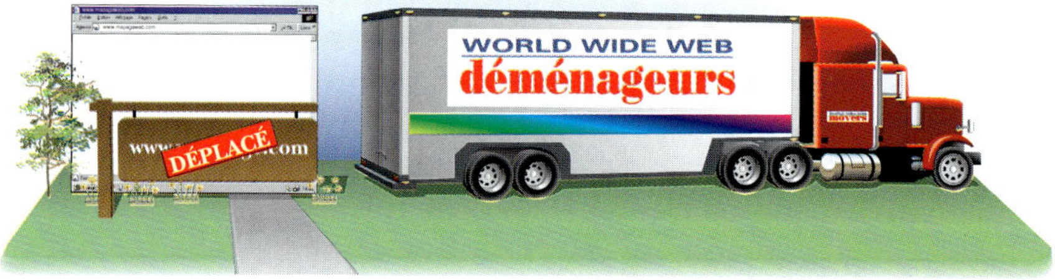

SERVEUR NON TROUVÉ

Le message d'erreur Serveur non trouvé apparaît lorsque le navigateur Web ne peut pas accéder au serveur spécifié. Un serveur est un ordinateur stockant les informations sur l'Internet. Ce serveur peut être occupé, temporairement arrêté ou ne pas exister.

Lorsqu'un message d'erreur apparaît à l'écran, vous pouvez essayer une des options suivantes pour voir la page Web que vous souhaitez afficher.

OPTIONS

VÉRIFIER LES FAUTES DE FRAPPE

Si vous avez saisi l'adresse d'une page, vous devez vérifier qu'elle ne comporte pas de faute de frappe. C'est une des raisons majeures du non-affichage d'une page.

ESSAYER DE NOUVEAU

Parfois le navigateur Web ne parvient pas à ouvrir une page au premier essai. Vous pouvez essayer de cliquer le bouton Actualiser ou Recharger de votre navigateur Web pour tenter de charger à nouveau la page Web.

UTILISER LES HEURES CREUSES

Vous pouvez essayer d'ouvrir la page Web plus tard. Le meilleur moment pour tenter d'afficher une page Web célèbre reste les heures creuses, par exemple la nuit et les week-ends. C'est-à-dire quand peu de personnes naviguent sur l'Internet.

VÉRIFIER LA CONNEXION À L'INTERNET

Si vous ne parvenez toujours pas à ouvrir de pages Web, assurez-vous que vous êtes connecté à l'Internet. Parfois, une perturbation sur la ligne peut déconnecter votre ordinateur.

LES ENFANTS ET LE WEB

Les enfants doivent être surveillés lorsqu'ils utilisent le Web.

La plupart des informations sur le Web ont pour but d'instruire ou de divertir. Toutefois certaines informations ne sont pas adaptées pour les enfants.

TYPES D'INFORMATIONS INADAPTÉES

IMAGES

Il existe, sur le Web, de nombreux sites qui affichent des images pour adultes. La plupart des sites pour adultes vérifient que les utilisateurs sont des adultes, mais la première page de ces sites affichent souvent des images d'exemple.

FICHIERS TEXTE

Il existe de nombreux fichiers sur le Web indiquant, par exemple, comment commettre des sottises à l'école voire comment fabriquer une bombe. Ces types de fichiers texte attirent souvent les adolescents et ne possèdent aucun système contrôlant les personnes qui les consultent.

MOYENS DE RESTREINDRE LES ACCÈS

SUPERVISION D'UN ADULTE

La supervision constante d'un adulte reste le meilleur moyen de s'assurer qu'un enfant n'accède pas à des informations inadaptées sur le Web. Avant que l'enfant passe son temps à naviguer, vous devez discuter de l'objectif de la session avec lui afin d'établir des règles.

Vous pourriez placer l'ordinateur dans le salon ou dans la cuisine afin de pouvoir surveiller les informations auxquelles accède votre enfant.

RESTRICTIONS DES NAVIGATEURS WEB

Certains navigateurs Web intègrent des fonctions de restriction. Les utilisateurs peuvent afficher uniquement les sites qui ont été approuvés par un système de classement semblable à celui utilisé pour classer les films. Vous décidez du niveau de filtrage approprié pour vos enfants.

PROGRAMMES DE FILTRAGE

Il existe des programmes qui permettent de restreindre l'accès à certaines informations sur l'Internet.

Vous trouverez notamment ces programmes sur les sites Web suivants :

Cyber Patrol

www.cti.fr/cp.htm

Cyber Snoop

www.pearlsw.com/

Il existe aussi d'autres programmes, **Net Nanny**, **Cyber Sitter**.

PORTAILS

Un portail est un site Web qui fournit un excellent point de départ pour explorer l'Internet.

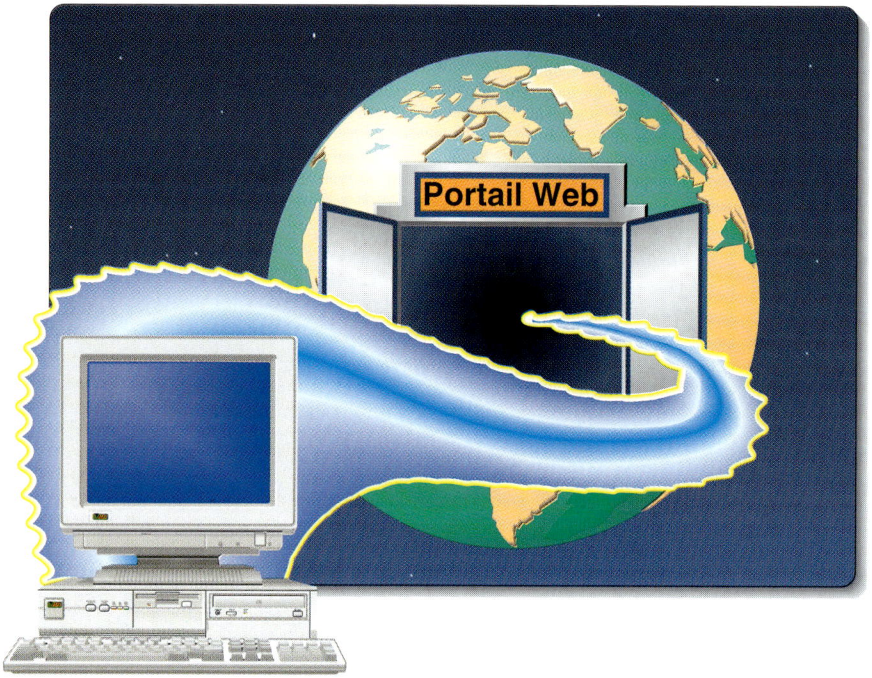

Vous trouverez les portails les plus connus sur les sites Web suivants :

www.yahoo.fr

www.club-internet.fr/

www.nomade.fr/

CATÉGORIES

Les portails Web permettent de parcourir des catégories, Sports, Économie par exemple, pour rechercher l'information qui vous intéresse. Ils permettent aussi de saisir un mot ou une phrase pour trouver rapidement les éléments que vous recherchez.

ACTUALITÉS

La plupart des portails affichent les grands titres des sujets d'actualité touchant aussi bien le sport que les cours de la Bourse. Vous pouvez sélectionner un titre pour lire l'article complet qui s'y rapporte. Certains portails possèdent aussi des séquences vidéo et audio sur des sujets d'actualité.

SHOPPING

Un grand nombre de portails vous donnent accès à des sites d'achat en ligne. Vous pouvez acheter des vêtements, des articles de sport, des livres et toutes sortes d'équipements domestiques.

MESSAGERIE ÉLECTRONIQUE GRATUITE

Les portails offrent habituellement des services de messagerie électronique gratuits, qui permettent d'envoyer du courrier électronique et d'en recevoir de tout ordinateur qui a accès à l'Internet.

CONVERSATION (CHAT)

Les portails ont, la plupart du temps, des services de conversation qui permettent de communiquer en temps réel avec des personnes du monde entier.

RECHERCHER DES PARTICULIERS

Les portails, pour la plupart, permettent de rechercher dans des annuaires « pages blanches » des numéros de téléphone et des adresses, ainsi que des adresses de courrier électronique.

CARTES

Beaucoup de portails possèdent des cartes de circulation routière. Par exemple, elles permettent de trouver la distance et le meilleur trajet entre deux villes.

JEUX

La plupart des portails proposent des jeux – échecs, mots croisés, par exemple. Vous pouvez jouer « contre » votre ordinateur ou contre d'autres joueurs qui visitent ce portail.

PERSONNALISER

Vous pouvez très bien personnaliser votre portail pour afficher les informations qui vous sont utiles. Par exemple, vous pouvez modifier votre portail pour qu'il affiche la météo de votre région.

SÉCURITÉ SUR LE WEB

Il existe différents moyens pour s'assurer que les informations personnelles envoyées sur l'Internet sont sécurisées.

Beaucoup de personnes pensent qu'il est dangereux de donner par l'Internet un numéro de carte bancaire. En fait, envoyer ce type de renseignement à un site Web sécurisé est moins dangereux que de le donner à un inconnu par téléphone.

PAGES WEB SÉCURISÉES

Les pages Web sécurisées fonctionnent avec les navigateurs pour créer un système de sécurité pratiquement inviolable. Quand vous envoyez des informations par l'Internet, elles peuvent passer par de nombreux ordinateurs avant d'arriver à destination. Si vous n'êtes pas connecté à un site sécurisé, des personnes sont en mesure de prendre connaissance de ces informations.

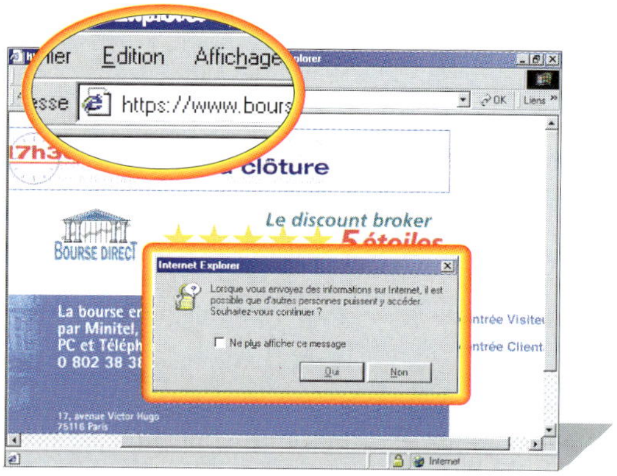

Visiter des pages Web sécurisées

Les adresses de pages Web sécurisées commencent d'habitude par **https** au lieu de **http**.

Quand vous allez sur un site Web sécurisé, votre navigateur affiche habituellement un verrou ou une clé à l'écran pour indiquer que la page est sécurisée. Beaucoup de navigateurs affichent aussi une boîte de dialogue vous signalant que vous êtes sur un site sécurisé.

COOKIES

Un cookie est un petit fichier texte stocké sur votre ordinateur. Les informations de ce fichier sont utilisées par un site Web pour conserver une trace des personnes qui y accèdent. Par exemple, lorsque vous visitez un site Web, celui-ci crée un cookie pour stocker votre nom. Lorsque vous retournez sur ce site, votre navigateur Web accède au cookie stocké sur votre ordinateur et affiche votre nom sur la page Web.

Partage d'un ordinateur

Si vous partagez un ordinateur avec d'autres personnes au travail, vous devez prendre garde aux cookies stockés sur votre ordinateur. Par exemple, si vous utilisez l'ordinateur pour acheter un produit sur un site Web, les informations de votre carte bancaire peuvent être enregistrées dans un cookie. Si un collaborateur utilise le même ordinateur pour visiter le même site, il peut acheter des produits en utilisant les informations de votre carte bancaire. De nombreux navigateurs Web permettent de désactiver l'utilisation des cookies.

PARE-FEU

Un pare-feu est un programme qui filtre les informations qui passent entre deux réseaux. De nombreuses entreprises utilisent des pare-feu pour éviter l'intrusion d'utilisateurs de l'Internet sur leur réseau privé. Si votre entreprise utilise un pare-feu, vous devez peut-être contacter l'administrateur système pour accéder à l'Internet à partir de votre bureau.

SHOPPING SUR LE WEB

Vous pouvez acheter des produits et des services sur le Web sans avoir à sortir de chez vous.

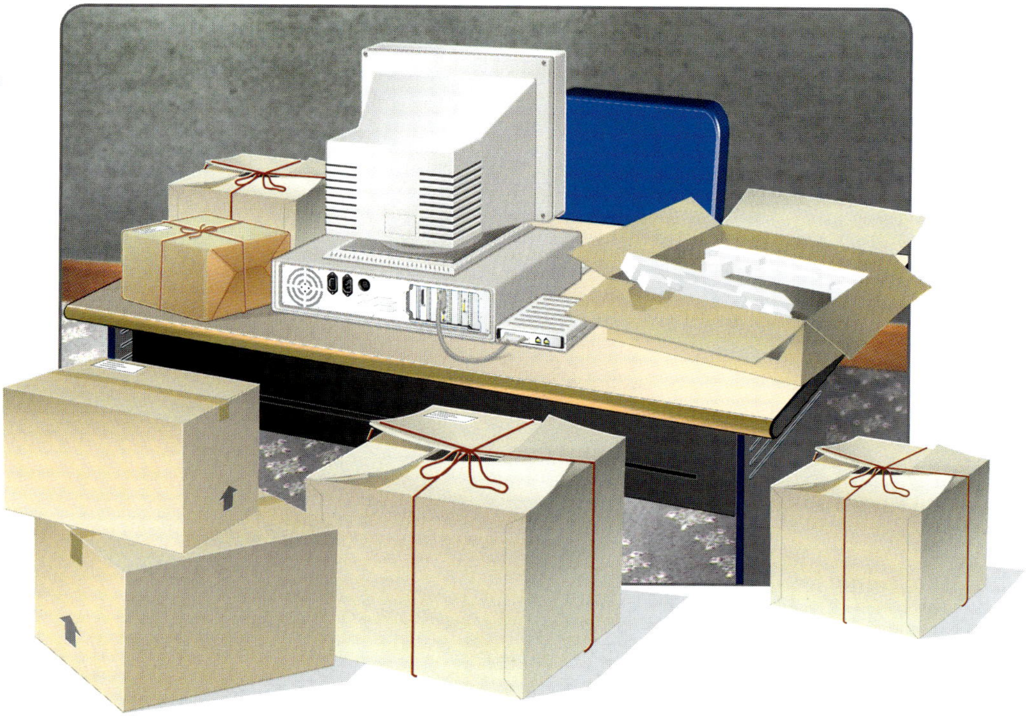

PRODUITS DISPONIBLES

Des milliers de produits sont à vendre sur des sites, tels que des vêtements, mobilier de bureau, programmes informatiques, alimentation. Le Web est aussi un grand pourvoyeur d'articles rares, tels que des livres épuisés, des objets pour collectionneurs.

CARNET D'ACHAT

Comme dans beaucoup de magasins classiques, vous pouvez vous servir d'un carnet d'achat qui liste les articles que vous souhaitez acquérir. Ce carnet conserve les données relatives à chaque article sélectioné, pendant que vous continuez à parcourir le site d'achat en ligne. Quand vous avez fini de faire votre choix, vous pouvez commander tous les articles qui se trouvent sur la liste en une seule fois.

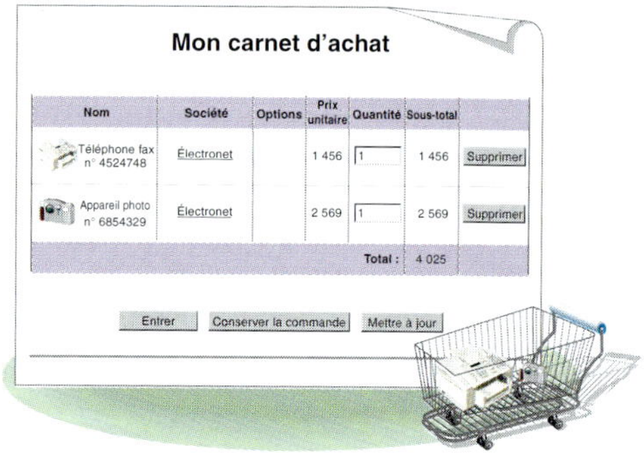

CONSIDÉRATIONS

LIVRAISON

Une fois l'achat réalisé, l'article commandé vous est habituellement livré à domicile. La plupart des sociétés faisant payer la livraison, pensez à vous enquérir de ce coût avant de commander.

RETOUR

Gardez à l'esprit que vous pouvez commander à des sociétés situées n'importe où dans le monde. Cela peut compliquer le retour d'un article s'il ne convient pas. Vous devez vérifier les règles de retour avant d'acheter un produit.

CARTE BANCAIRE

Beaucoup de personnes pensent qu'il est dangereux de donner par l'Internet leur numéro de carte bancaire. En fait, envoyer ce type de renseignement à un site Web sécurisé est moins dangereux que de le donner à un inconnu par téléphone. Pour plus d'informations sur les pages Web sécurisées, consultez la page 52.

SHOPPING SUR LE WEB (SUITE)

AVANTAGES DU SHOPPING EN LIGNE

PRATIQUE

Faire du shopping sur le Web peut être plus pratique que dans les magasins traditionnels. Vous pouvez acheter sur le Web 24 heures sur 24 et 7 jours sur 7.

Si vous habitez en zone rurale, vous n'avez peut-être pas un grand choix de boutiques. Le Web vous donne accès à des produits du monde entier.

INFORMATIONS À JOUR

La plupart des sites Web offrent plus d'informations sur les produits et les prix qu'un catalogue ou un prospectus. Vous pouvez aussi utiliser les ressources du Web pour trouver des tests et des commentaires sur les produits que vous voulez acheter. Cela vous permet de prendre votre décision en toute connaissance de cause.

RECHERCHER DES SOCIÉTÉS

Lorsque vous achetez sur le Web, vous pouvez utiliser les ressources de l'Internet pour chercher des informations sur les sociétés qui vous intéressent. Vous pourrez trouver l'avis d'autres clients et connaître la réputation des sociétés.

CENTRE COMMERCIAL

De nombreux sites Web permettent d'acheter différentes catégories de produits au même endroit. Vous pouvez acheter des livres, des vêtements, de l'électroménager et des cadeaux sur le même site Web.

Vous pouvez même trouver des bons et coupons électroniques pour de nombreux articles sur les sites suivants :

www.choix.com/

www.colmar-online.com/

BAS PRIX

Les prix des articles vendus sur le Web sont en général plus bas que ceux que vous trouveriez dans un magasin traditionnel, parce que les sociétés de ventes sur le Net n'ont pas de frais généraux, tels que loyers ou salaires des vendeurs. Beaucoup de magasins virtuels accordent également des rabais quand vous effectuez des achats.

Vous pouvez même trouver des bons et coupons électroniques pour de nombreux articles sur les sites suivants :

www.self-coupons.com/

members.xoom.com/coup onsparis/

COMPARATIFS

Vous pouvez recourir au Web pour comparer les produits et les prix. Beaucoup de sites marchands effectueront des comparatifs à votre place. Quand vous cherchez un article, le site Web affiche une liste de produits correspondants avec leurs prix et des liens pour commander.

Vous trouverez des outils vous permettant d'effectuer des comparatifs sur les sites suivants :

www.buycentral.com/fr/

www.acheter-moins-cher.com/

VENTES AUX ENCHÈRES SUR LE WEB

Vous pouvez participer à des enchères sur le Web et faire une offre sur des produits tels que des ordinateurs, des bijoux, des timbres, des bibelots.

TYPES D'ENCHÈRES

DE PARTICULIER À PARTICULIER

Les enchères de particulier à particulier rassemblent vendeurs et acheteurs dans un espace virtuel. Beaucoup d'enchères de ce type ressemblent à de gigantesques marchés aux puces et sont parfaites pour dénicher l'objet rare.

Vous pouvez trouver des enchères de particulier à particulier sur les sites suivants :

www.qxl.fr/

www.superencan.com/

www.aucland.fr/

PROFESSIONNELS

Certaines entreprises recourent à des professionnels pour vendre aux enchères leur marchandise. Ces enchères offrent souvent des produits de déstockage ou du matériel d'occasion, tels que des ordinateurs, de l'électroménager ou des articles de sport.

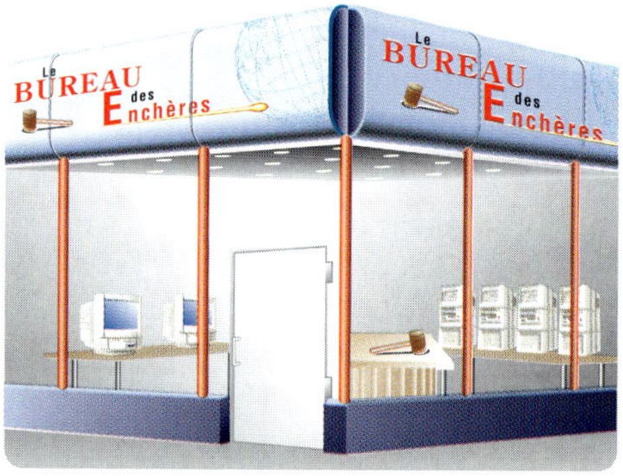

Vous pouvez trouver des sites d'enchères effectuées par des intermédiaires aux adresses suivantes :

www.auctionva.com/cgi-bin/auction.pl?CMD=99

www.onsale.com

fr.auctions.yahoo.com/

ENCHÈRES TRADITIONNELLES

Quelques sociétés d'enchères traditionnelles, telles que Sotheby's, commencent à organiser des ventes sur le Web. Elles sont spécialisées dans les antiquités, les bibelots, les bijoux, les objets de collection.

Vous trouverez le site de Sotheby's à l'adresse :

www.sothebys.com

FORMES D'ENCHÈRES

ENCHÈRE HOLLANDAISE OU DÉGRESSIVE

Dans une enchère à la hollandaise, le vendeur offre plusieurs lots d'un même article et définit la soumission minimale qu'il acceptera. L'enchère dure un temps limité. Le prix baisse tout au long de la vente jusqu'au moment où un des participants décide d'acheter, donc d'interrompre la vente. Si le prix baisse au-delà de la limite que s'est fixée le vendeur, le lot est retiré de la vente.

ENCHÈRE AVEC PRIX DE RÉSERVE

Lors d'une enchère avec prix de réserve, le vendeur précise le prix minimal qu'il est prêt à accepter pour vendre l'objet. Si ce prix minimal n'est pas atteint, le vendeur retire l'objet de la vente.

AVANT D'ENCHÉRIR

COMPARER LES PRIX

Avant de faire une offre sur un produit, parcourez le Web pour voir quelles sociétés mettent en vente des articles similaires. Vous pouvez ainsi tenter d'acquérir ce type d'objet au prix le plus bas.

FRAIS DE LIVRAISON

Les frais de livraison peuvent notablement augmenter le prix d'un objet. Prenez-en connaissance avant de soumissionner.

TRANSACTIONS FERMES

Toutes les transactions sont fermes sur les sites de ventes aux enchères. Lors d'enchères effectuées par des professionnels, si vous remportez l'enchère, votre carte bancaire est aussitôt débitée.

VOYAGER PAR LE WEB

Le Web représente un excellent moyen d'organiser un voyage. Vous pouvez réserver des billets d'avion, des chambres d'hôtel et louer une voiture.

INFORMATIONS

Les sites de voyages constituent une très bonne source d'informations sur la ville que vous voulez visiter : les attractions culturelles, les restaurants et un calendrier des manifestations prévues pendant votre séjour.

Vous pouvez également lire les commentaires et suggestions d'autres voyageurs, qui pourraient vous être utiles.

SITES DE VOYAGE CONNUS

Il existe de nombreux sites de voyage sur le Web. Les sites suivants sont d'excellents points de départ :

www.look.fr/

www.abcvoyage.com/

www.lcdv.com/

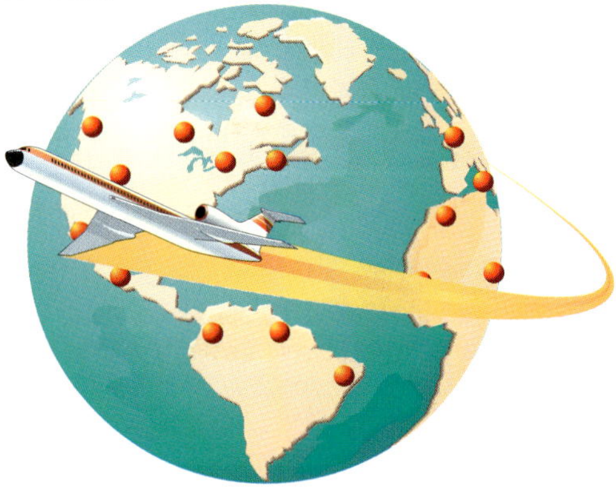

PRIX BAS

Les prix sur le Web sont généralement inférieurs à ceux des agences de voyage traditionnelles parce que les sites ne supportent pas de frais généraux tels que les loyers. Vous pouvez également utiliser les sites de voyage pour comparer les prix et vous assurer d'obtenir le meilleur. Par ailleurs, vous bénéficierez souvent de réductions sur les hôtels et les locations de voiture.

ENCHÈRE

Certains sites vous permettent d'indiquer la somme maximale que vous voulez dépenser pour votre billet d'avion ou votre hébergement. En fonction de ces renseignements, le voyagiste contacte les compagnies aériennes et les hôtels et leur soumet vos exigences. Le site suivant propose ce genre de service :

www.contre-encheres.degriftour.net/

CONFORT

Il peut être plus facile d'organiser ses voyages sur le Web plutôt que de passer par une agence classique. Sur le Web, vous pouvez réserver vos vols et vos hôtels 24 heures sur 24 et 7 jours sur 7. Les sites de voyages facilitent la planification en fournissant de nombreux outils. Par exemple, on y trouve souvent des cartes, des convertisseurs de monnaie et des prévisions météo.

VOTRE BANQUE SUR LE WEB

La plupart des grandes banques vous permettent d'accéder à des informations concernant votre compte bancaire. Vous pouvez payer des factures, effectuer des virements et même obtenir un prêt.

SÉCURITÉ

Les informations touchant les comptes bancaires sont parmi les plus confidentielles. Les banques utilisent des sites Web sécurisés pour que les informations vous concernant restent privées.

Pour plus d'informations sur la sécurité des sites, consultez la page 52.

SOUPLESSE

Vous pouvez accéder à vos comptes bancaires quand cela vous convient, 24 heures sur 24 et 7 jours sur 7. Vous pouvez utiliser le Web pour planifier vos factures avant leur échéance. Cela se révèle pratique si vous partez en vacances ou si vous êtes en déplacement.

RECEVOIR LES FACTURES EN LIGNE

De nombreuses entreprises émettent maintenant leurs factures sur l'Internet au lieu d'utiliser le courrier classique. Comme avec une facture traditionnelle, lorsque vous recevez une facture en ligne, vous avez une date d'échéance, le montant à payer et les détails de la facture. La réception et le paiement des factures sur l'Internet permet de réduire le temps passé à payer vos factures chaque mois.

LOGICIELS DE GESTION FINANCIÈRE

Beaucoup de particuliers utilisent un programme de gestion financière personnelle. La plupart des banques possèdent aussi ces programmes. Au lieu de saisir vos transactions bancaires chaque mois, vous pouvez télécharger ces informations depuis le site Web de votre banque, directement dans le programme de gestion personnelle qui se trouve sur votre ordinateur.

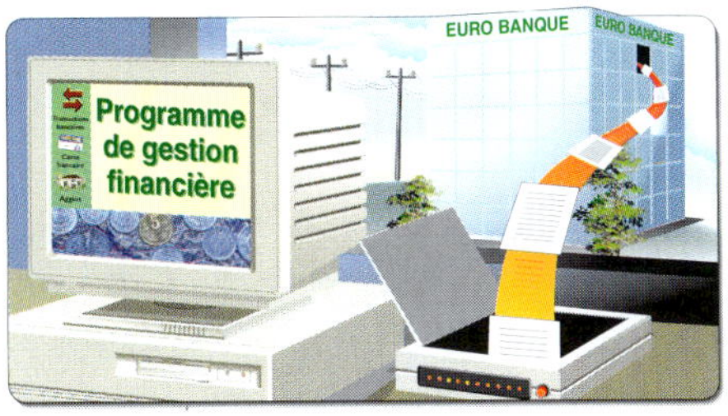

Vous trouverez des programmes de ce type aux adresses suivantes :

Intuit Quicken

www.intuit.com/quicken_store

Microsoft Money

www.microsoft.com/france/money/

SERVICES FINANCIERS

De nombreuses banques fournissent des services financiers sur leurs sites Web. Par exemple, vous pouvez demander un crédit sur le Web. Vous pouvez également utiliser une calculatrice en ligne pour estimer le montant mensuel de vos remboursements d'emprunt.

INVESTIR SUR LE WEB

Vous pouvez acheter et vendre des actions, des obligations et des fonds de pension sur le Web. Vous pouvez aussi, en surfant, apprendre à bien placer votre argent.

Sites Web d'investissement

www.finance-net.com/

www.multimania.com/jessix/finance.html

www.boursedirect.com/

AVANTAGES D'UN INVESTISSEMENT SUR LE WEB

INFORMATIONS ABONDANTES ET DIVERSIFIÉES

Le Web offre des informations sur les placements, des bulletins quotidiennement mis à jour, des cotations d'actions en temps réel et des données financières détaillées sur les sociétés. Certains de ces sites font payer un abonnement pour accéder à l'information. Visitez-en quelques-uns aux adresses suivantes :

bourse.victoire.fr/

www.ibourse.fr/

www.quicken.ca/fra/

CRÉER UN PORTEFEUILLE

Vous pouvez créer plusieurs portefeuilles d'investissement et surveiller leur évolution sur le Web. Beaucoup de sites financiers vous permettent de simuler un portefeuille d'actions pour que vous appreniez à mener des transactions financières sur le Web – cela peut se révéler utile avant de placer « pour de vrai » votre propre argent.

AVANT D'INVESTIR SUR LE WEB

Lors d'achat et de vente d'actions sur le Web, vous devrez garder à l'esprit que vos ordres peuvent ne pas être pris en compte immédiatement. Des retards peuvent survenir lors des transmissions des données sur l'Internet, ce qui peut être lourd de conséquence quand on sait que le cours d'une action peut varier considérablement en quelques minutes.

TYPES DE PASSAGES D'ORDRE

La plupart des types d'ordres sont des ordres au prix du marché ou des ordres à cours limite. Les premiers sont habituellement exécutés aussitôt par le broker qui les reçoit. Le donneur d'ordre court cependant quelques risques si le prix des actions change avant que l'ordre ait été reçu par le broker.

Un ordre limite vous permet de spécifier le prix maximal que vous désirez payer pour une action donnée ou le prix minimal que vous êtes prêt à accepter pour vendre une action donnée.

INTRADAY

L'intraday concerne l'achat et la vente d'actions minute par minute, avec l'objectif de gagner beaucoup d'argent rapidement. Ce procédé comporte plus de risques qu'un investissement à long terme, mais la masse d'informations disponibles par le Web sur ce type d'investissement le rend plus facile à mettre en pratique.

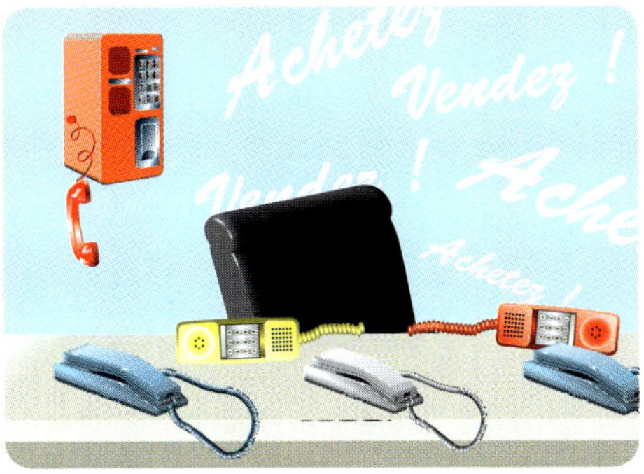

EMPLOI SUR LE WEB

Il existe des milliers de sites Web qui peuvent vous aider à trouver un emploi.

PLAN DE CARRIÈRE

Il existe de nombreux organismes qui vous permettent de réfléchir à votre carrière. Vous pouvez remplir un questionnaire d'auto-évaluation pour évaluer votre niveau et consulter une liste des qualifications nécessaires pour le travail de vos rêves. Vous pouvez également trouver des astuces sur la manière de trouver un travail, d'écrire un curriculum vitæ et de passer un entretien.

SITE DES SOCIÉTÉS

Beaucoup de groupes et sociétés présents sur le Web offrent une page avec des informations sur la société ainsi que les postes à pourvoir. La plupart proposent une adresse de courrier électronique ou postale à utiliser pour poser sa candidature. Le site d'une société permet également de trouver des informations avant de se rendre à un entretien.

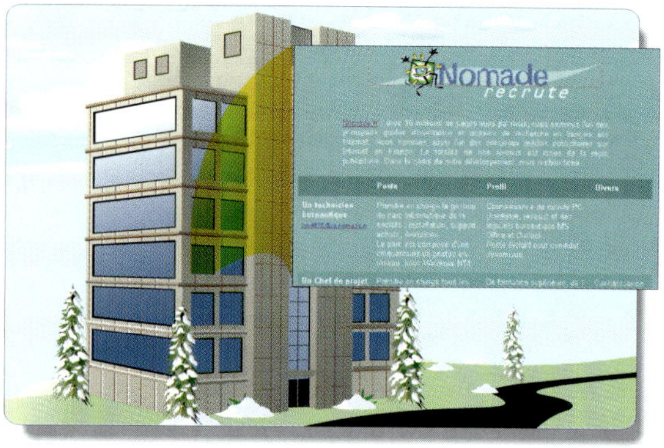

RECHERCHER UN EMPLOI

RECHERCHE D'EMPLOI

La plupart des sites d'emploi permettent de chercher un poste dans une ville ou une région précise. Vous pouvez également rechercher un emploi dans une entreprise particulière. Lors de vos recherches, vous pouvez spécifier la catégorie d'emploi qui vous intéresse, par exemple l'administration ou la fabrication, ou saisir un mot clé tel que responsable ou éditeur.

Parmi les sites les plus connus on trouve :

www.lycos.fr/webguides/emploi/

www.careermosaic.tm.fr/

www.apr-job.com/

ENVOYER UN CURRICULUM VITÆ

De nombreux sites permettent de stocker votre curriculum vitæ afin qu'un employeur potentiel le lise. Sur certains sites Web, vous pouvez indiquer si vous souhaitez que certaines sociétés n'accèdent pas à votre curriculum vitæ.

SURVEILLER LES NOUVELLES OFFRES

Certains sites Web permettent de préciser vos souhaits. Le site Web surveille alors les nouvelles offres et vous avertit lorsque l'une d'elles répond à vos critères.

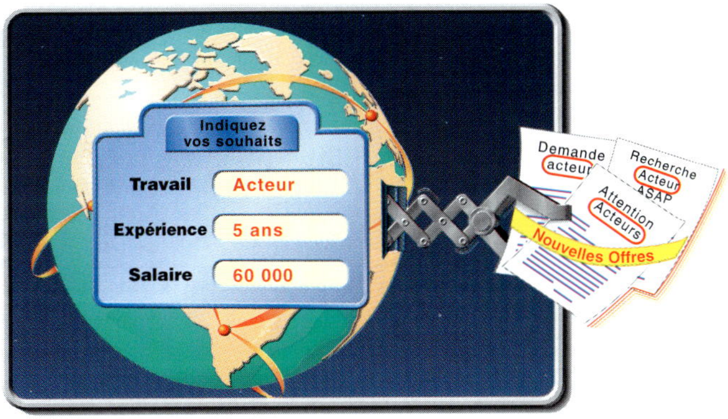

ÉDUCATION SUR LE WEB

De nombreuses ressources permettent d'apprendre sur différents sujets. Vous pouvez même suivre des cours d'université ou d'autres niveaux sur le Web.

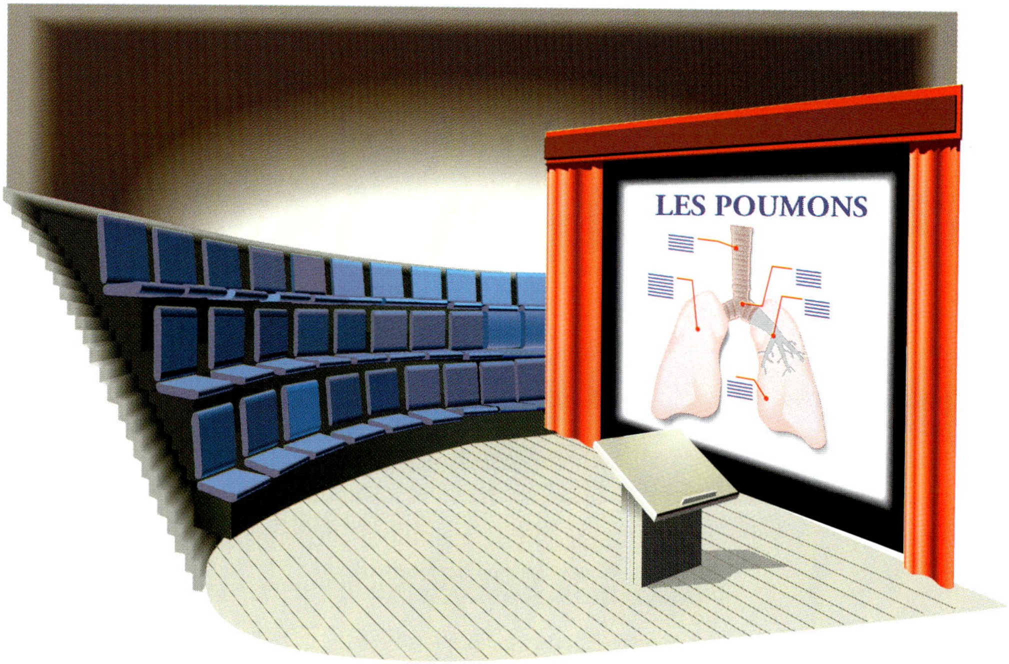

SUPPORT PRODUIT

De nombreuses sociétés utilisent le Web pour fournir un support à leur client. Cela signifie que les clients n'utilisent plus d'anciennes méthodes, par exemple le téléphone ou le courrier classique, pour obtenir un support produit. Il est souvent possible d'obtenir le manuel ou les spécifications d'un produit sur le Web.

OUTILS DE RÉFÉRENCE

Il existe de nombreux types d'outils de référence sur le Web. Vous trouverez des dictionnaires pour de nombreuses langues, des services de traduction, des encyclopédies, des ouvrages de citation, et plus encore. La plupart des outils de référence sur le Web sont disponibles gratuitement.

INSTRUCTIONS ÉTAPE PAR ÉTAPE

Les documents sur le Web peuvent être réunis dans un ordre précis à l'aide de liens hypertexte. Le Web est donc très pratique pour des guides d'instruction étape par étape. Chaque étape peut être afficher sur un seul document. Vous pouvez vous déplacer d'une étape à l'autre à votre propre rythme. Vous pouvez également imprimer chacun des documents et utiliser ces pages par la suite.

ÉCOLE

De nombreuses écoles ou universités proposent des cours que l'on peut récupérer sur l'Internet. Ce sont souvent des notes ou des schémas. Vous pouvez également envoyer des projets ou des essais aux professeurs à l'aide du courrier électronique.

INSTRUCTION EN DIRECT

Le son et la vidéo peuvent être transférés sur l'Internet. Les étudiants pourront très bientôt utiliser les ordinateurs chez eux pour voir et participer aux cours qui se déroulent dans leur école. Cela est pratique pour les étudiants qui sont malades ou qui vivent éloignés de l'école.

ACTUALITÉS SUR LE WEB

Vous utilisez le Web pour rester informé des dernières nouvelles de l'actualité.

Les actualités sur le Web sont idéales si vous avez des centres d'intérêt précis. Par exemple, vous pouvez rapidement accéder aux dernières informations sur votre équipe sportive préférée.

JOURNAUX ET CHAÎNES DE TÉLÉVISION

Les journaux proposent souvent des actualités et des images sur les Web. De nombreuses chaînes de télévision possèdent également un site Web qui offre des informations sonores ou sous la forme de clips vidéo. Vous trouverez des journaux célèbres et des chaînes de télévision sur les sites suivants :

www.lemonde.fr

www.lesoir.be

www.tf1.fr

www.france2.fr

FLASHS D'INFORMATIONS

Vous pouvez obtenir les derniers flashs d'informations en même temps que les journalistes. Cela vous permet de rester informé en continu. Vous trouverez des liens vers différentes sources d'actualités sur le site Web suivant :

afp.voila.fr/journal/une/

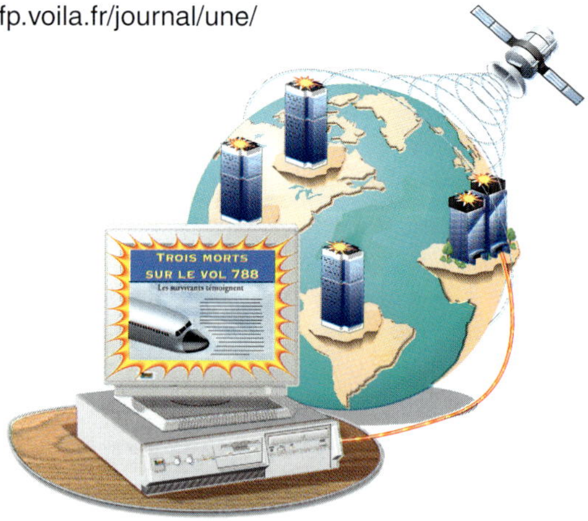

RECHERCHE SUR LE WEB

Le Web constitue un excellent support de travail pour la recherche. Vous y trouvez des travaux de thèse, des statistiques, des bases de données.

BASES DE DONNÉES

De nombreuses écoles, entreprises ou organisations autorisent un accès aux informations stockées dans leurs bases de données. Une base de données réunit de grandes quantités d'informations. Vous trouverez, par exemple, des répertoires de sociétés et des listes de dépôt de brevet.

RÉSULTATS D'ENQUÊTES

Des sociétés et organisations sur le Web mettent à disposition des informations telles que des questionnaires et des résultats d'enquête ou des fichiers clients.

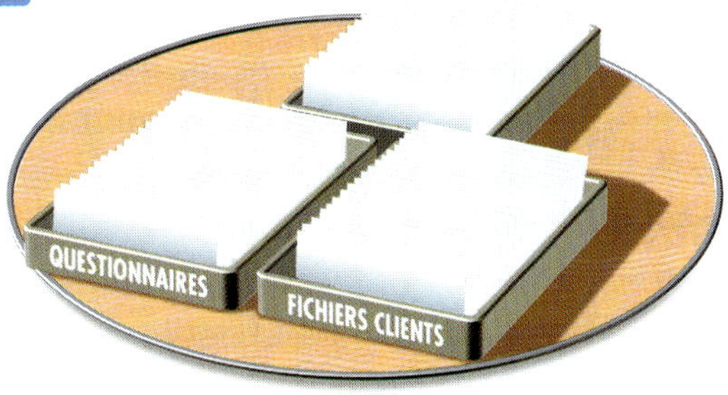

Vous trouverez des sociétés d'enquêtes statistiques sur les sites Web suivants :

www.canalipsos.com/

www.ifop.fr/

COÛT

Vous devez parfois payer l'accès à l'information qui vous intéresse, mais vous pouvez tester, au préalable, le site gratuitement. Cela vous permet d'essayer le site avant de payer votre accès à l'information.

Nouveautés
Concerts
Festivals
Clubs
Musiciens
Radio
Télévision
Récompenses
Liens
Revue de Presse
Publicité
Contactez Nous
HTML
JAVASCRIPT
PERL
JAVA
SCRIPTS CGI
PAGE WEB GRATUITE !
Vous êtes musicien ? Vous êtes français
en France ? Nous vous proposons la
création d'une page web, l'hébergement
notre serveur et l'insertion dans notre
moteur de recherche des artistes de
jazz. Le tout entièrement gratuit !
PUSH

Pages Web enrichies

Comment tirer parti de tous les enrichissements présents sur le Web ? Ce chapitre vous initie aux séquences son et vidéo et à bien d'autres choses encore.

INTRODUCTION AU MULTIMÉDIA

Recourir aux techniques multimédias est un bon moyen d'attirer l'attention sur certaines informations de votre page Web.

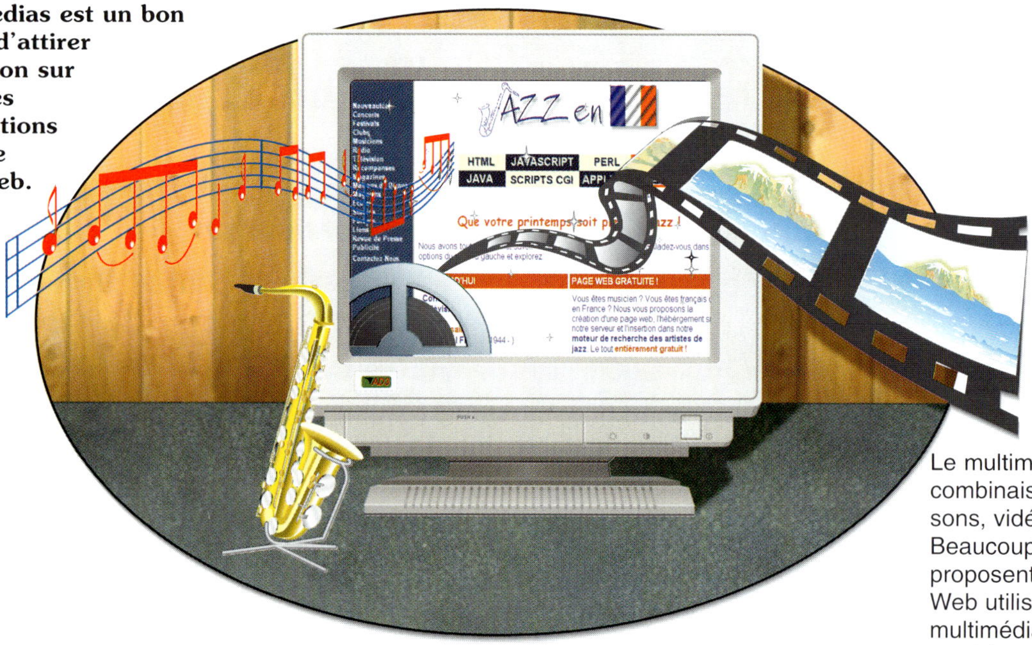

Le multimédia consiste en une combinaison de textes, images sons, vidéos ou animations. Beaucoup de sociétés qui proposent de la publicité sur le Web utilisent des techniques multimédias pour vendre leurs produits ou services.

TEMPS DE TRANSFERT

Certains fichiers mettent du temps à être transférés sur votre ordinateur. Une page Web affiche habituellement la taille des fichiers, ce qui peut vous donner une idée de son temps de chargement.

Taille des fichiers			Temps
Octet	Kilo-octet (Ko)	Mégaoctet (Mo)	(estimé)
10 000 000	10 000	10	25 minutes
5 000 000	5 000	5	12 minutes
2 500 000	2 500	2,5	8 minutes

Utilisez ce tableau pour vous guider dans l'estimation des temps de téléchargement des fichiers sur votre ordinateur.

Il se fonde sur un transfert effectué avec un modem fonctionnant à la vitesse de 56 Kbps. Si votre modem est doté d'une vitesse moindre, les fichiers seront transmis plus lentement que les temps indiqués ci-dessus.

TEXTE

Vous pouvez voir des documents sur le Web tels que des journaux, des magazines, des jeux, des discours célèbres et la transcription de débats télévisés. Tout ce qui est texte est transféré rapidement sur votre ordinateur, si bien que vous n'attendez pas longtemps pour lire une page Web.

IMAGES

Vous pouvez afficher des images grâce au Web, telles que des couvertures de livres, des photos de personnalités, des tableaux célèbres.

SONS

Vous pouvez écouter de la musique sur le Web, tels que des génériques d'émissions de TV, des musiques de films, des effets sonores, des discours célèbres. Vous devez être équipé d'une carte son et de haut-parleurs pour écouter des sons.

VIDÉOS ET ANIMATIONS

Vous pouvez voir des séquences vidéo et des animations sur le Web, tels que des extraits de films, des dessins animés et des interviews de personnalités.

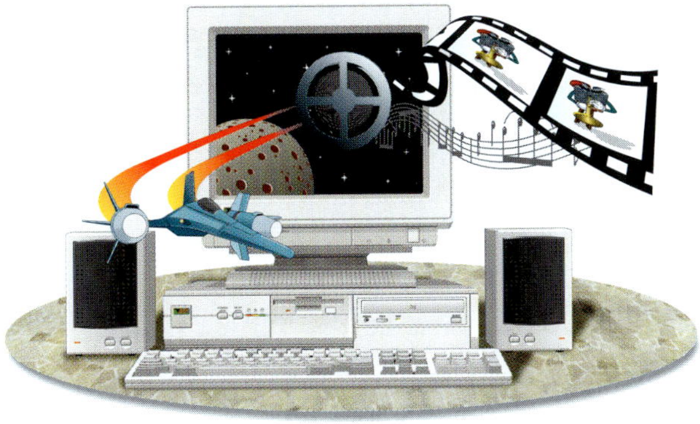

SÉQUENCE SON

Les pages Web peuvent comporter des sons pour vous distraire tout en vous informant.

Votre ordinateur doit être en mesure de vous restituer des sons.

SONS SUR LE WEB

C'est en guise de divertissement que les pages Web incluent des sons la plupart du temps. Vous pouvez entendre le générique d'émissions de télévision, musiques de films, des discours célèbres. Les maisons de disques qui vendent des CD et cassettes audio vous permettent d'entendre un échantillon de leurs produits.

TROUVER DES SONS

Il existe de nombreuses pages Web fournissant des sons. Vous pouvez écouter les sons sur une page Web ou les copier sur votre ordinateur pour les utiliser par la suite. Assurez-vous d'obtenir l'autorisation d'utiliser les sons que vous récupérez sur le Web.

Vous pouvez entendre des sons sur les sites suivants :

members.aol.com/nicofire/links/sons.html

www.mp3.com

www.multimania.com/mp3

FORMATS DE FICHIERS SON

On trouve plusieurs formats de sons sur le Web. Les plus répandus sont les sons Wave. Les lettres qui suivent le point du nom du fichier son (par exemple, alouette.wav) permettent de savoir quel est le format de son d'un fichier sonore.

Format de son	Extension de fichier	Destiné à
MIDI	.mid	Musique instrumentale
MPEG	.mp3	Chansons et variétés
RealAudio	.ra	Chaînes radio en direct
Wave	.wav	Séquences courtes

DESCRIPTIONS

La plupart des pages Web donnent une courte description de chacun des sons que vous pouvez écouter, en indiquant le type, la taille et la durée du son. Vous utilisez ces informations afin de décider si vous souhaitez lire le son. Lorsque vous regardez les descriptions, gardez à l'esprit que le transfert sur votre ordinateur des sons de grande taille demande du temps.

QUALITÉ

Différents facteurs influent sur la qualité d'un son. Par exemple, un petit fichier son peut être compressé pour assurer un transfert rapide sur le Web et peut posséder une qualité sonore inférieure à un fichier de grande taille. Certains types de son possèdent une meilleure qualité. Par exemple, la qualité d'un fichier MPEG est meilleure que celle d'un fichier Wave.

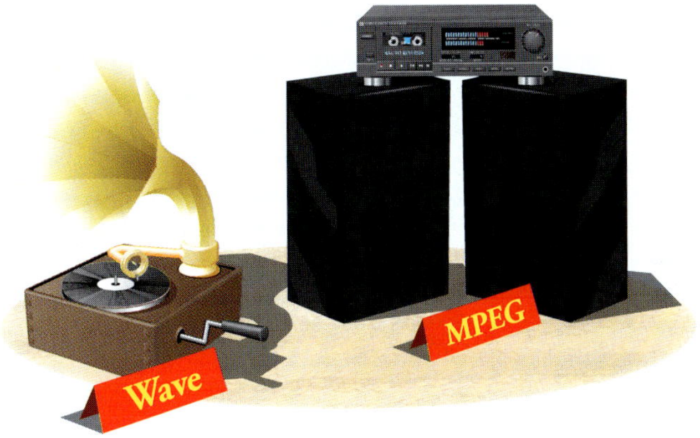

SÉQUENCE VIDÉO

Des pages Web peuvent comprendre des séquences vidéo pour divertir et instruire aussi bien que pour vanter des produits.

Votre ordinateur doit offrir la possibilité de restituer les sons qui accompagnent la séquence vidéo.

VIDÉOS SUR LE WEB

Les pages Web peuvent inclure des vidéos pour ajouter des effets visuels accrocheurs, des animations, des émissions de chaînes TV ou des démonstrations de produits ou de services. Les vidéos sont pratiques pour mettre en avant des informations sur une société.

TROUVER DES VIDÉOS

Il existe de nombreuses pages Web qui permettent la lecture ou la copie sur votre ordinateur de vidéos. Assurez-vous d'obtenir l'autorisation d'utiliser les vidéos que vous récupérez sur le Web.

Vous pouvez trouver des vidéos sur les sites suivants :

www.videotel-int.fr/ www.videopournet.com/

www.warner-home-video.fr/index.htm

FORMATS DE FICHIERS VIDÉO

Il existe plusieurs formats de fichiers vidéo sur le Web. Vous saurez de quel type il s'agit en regardant les lettres qui suivent le point dans le nom de fichier d'une vidéo (par exemple, auto.avi).

Format de vidéo	Extension de fichier
AVI	.avi
MPEG	.mpg ou .mpeg
QuickTime	.mov

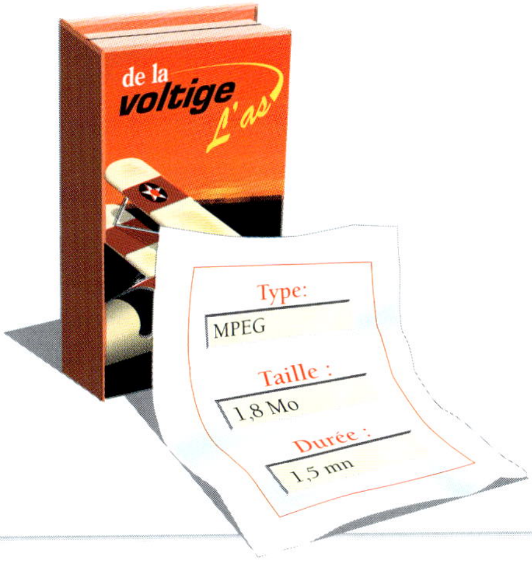

DESCRIPTIONS

La plupart des pages Web donnent une courte description de chacune des vidéos que vous pouvez regarder, en indiquant le type, la taille et la durée de la séquence. Vous utilisez ces informations afin de décider si vous souhaitez afficher la vidéo. Lorsque vous regardez les descriptions, gardez à l'esprit que le transfert sur votre ordinateur de séquences vidéo de grande taille demande du temps.

QUALITÉ

Les fichiers vidéo sont souvent compressés pour assurer un transfert rapide sur le Web. Le taux de compression peut affecter la qualité de l'image. Si un fichier est trop compressé, cela peut diminuer la qualité de la vidéo.

FORMULAIRES

Les pages Web peuvent comprendre des formulaires qui permettent à la société ou au particulier qui a élaboré la page Web de récupérer des informations.

Les formulaires peuvent être destinés à recueillir des informations sur les internautes qui ont visité la page Web. Beaucoup de sociétés proposent aussi des formulaires pour permettre d'acheter des produits et des services sur le Web.

FONCTIONNEMENT DES FORMULAIRES

RASSEMBLER DES INFORMATIONS

Vous pouvez saisir des informations et cocher des choix sur un formulaire. Quand vous avez fini de le remplir, vous cliquez le bouton « Envoyer » ou « Submit » si vous souhaitez le transmettre au serveur Web.

TRAITEMENT DES INFORMATIONS

Quand un serveur Web reçoit les données saisies dans le formulaire, il lance un programme qui va traiter les informations. Le serveur Web prépare ensuite les résultats pour le particulier ou la société qui a établi le formulaire de la page Web.

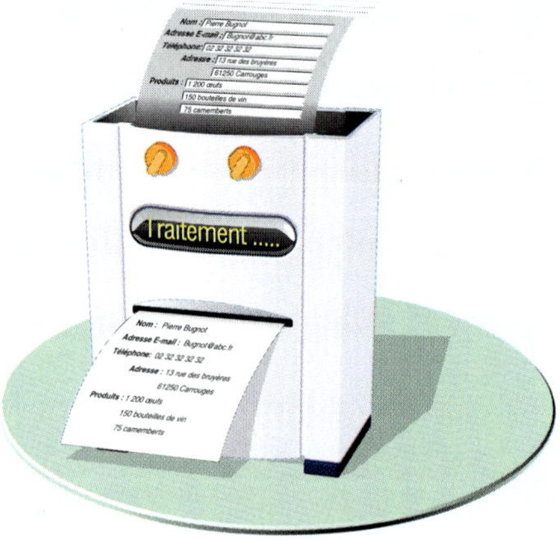

Les cadres divisent la fenêtre d'un navigateur Web en sections. Chacune affiche une page différente.

POURQUOI UTILISER DES CADRES ?

BANNIÈRES

Un cadre peut afficher une bannière qui demeure à l'écran même lorsque vous parcourez les autres pages du site Web. Une bannière est pratique pour afficher des informations telles qu'une publicité, un message de mise en garde ou le logo d'une entreprise.

NAVIGATION

Un cadre peut aider à vous déplacer à travers les pages Web et trouver l'information qui vous intéresse. Par exemple, un cadre peut afficher une table des matières, des outils de navigation ou de recherche qui resteront de façon permanente à l'écran.

SUPPORT D'INFORMATION

Un cadre peut afficher des informations alors que vous parcourez les pages d'un site Web. C'est un bon support pour des informations du type copyright, des pieds de page ou des références.

TABLEAUX

Les tableaux permettent de présenter des informations sur une page Web sous une forme organisée et attrayante.

ÉLÉMENTS D'UN TABLEAU

Ligne

Une ligne consiste en une rangée horizontale de données.

Colonne

Une colonne consiste en une rangée verticale de données.

Cellule

Une cellule est la case située à l'intersection d'une ligne et d'une colonne.

Nom	Prénom	Adresse	Ville
Haster	Fred	5, av. de la mairie	Orléans
Lamy	André	10, rue Bonnet	Perpignan
Orange	Jude	89, bd des cadets	Laon
Lagarigue	Sylvie	2, rue de l'Église	Caen
Doe	John	21, rue Mozart	Évian
Bugnot	Pierre	13, rue des Pins	Carrouges

POURQUOI UTILISER DES TABLEAUX ?

Revenus

	Janvier	Février	Mars	Total
RECETTES	140 000	130 000	125 000	395 000
Salaires	40 000	45 000	75 000	160 000
Loyer	5 000	5 000	5 000	15 000
Fournitures	2 000	2 500	3 750	8 250
TOTAL	47 000	52 500	83 750	183 250
BÉNÉFICES	93 000	77 500	41 250	211 750

Rassembler des informations

Les tableaux constituent un bon moyen de disposer de façon claire des données financières ou des listes de tarifs. Vous pouvez y ajouter des bordures qui séparent chaque cellule de la table pour en rendre la lecture plus aisée.

Maîtriser la mise en page d'une page Web

Les tableaux sont pratiques pour disposer du texte et des images sur une page Web. Par exemple, un tableau permet d'afficher proprement une image entre deux paragraphes. Les tableaux peuvent aussi aider à afficher des informations en colonnes de type journal.

LA FEUILLE DU WEB

Divertissement

Sur ce site, je vous parle du dernier film de Steven Karl

Les voix venues de l'espace

Les effets spéciaux et les jeux d'acteurs remarquables font Des voix venues de l'espace un des meilleurs films de l'année. Les amateurs de science fiction aimeront tout dans ce chef-d'œuvre du suspense. Les amateurs de bonnes performances d'acteur apprécieront le retour de Victor Carling à l'écran.

Carling joue le rôle de Thomas Nelson un astronaute vétéran de la NASA à qui l'on confie une mission de routine sur une station spatiale en 2045. Mais il n'y a rien de routinier dans les aventures qui l'attendent.

Quelques heures après son arrivée sur Galacta, une gigantesque station spatiale en orbite autour de Mars, les détecteurs longue distance de la station perçoivent des signaux mystérieux. Ces signaux brouillent les communications avec la Terre, ce qui oblige l'équipage de la station à agir par ses propres moyens.

Galacta est bientôt le siège de phénomènes inconnus sur terre. Des messages subliminaux venus d'étranges créatures ont raison de la résistance de l'équipage qui est alors soumis à la volonté des " êtres " venus de Mars. Ces derniers contraignent la station orbitale à atterrir sur la planète rouge.

N'attendez pas de moi le récit de la survie sur Mars d'une équipe de terriens non préparés à des aventures extra-terrestres...

CONTRÔLES ACTIVEX

Les pages Web contiennent souvent des contrôles ActiveX destinés à les enrichir.

Un contrôle ActiveX est un programme écrit dans un langage de programmation tel que C++ ou Visual Basic.

POURQUOI UTILISER DES CONTRÔLES ACTIVEX ?

Les contrôles ActiveX permettent d'écouter de la musique et de regarder des animations ou des séquences vidéos sur le Web. Beaucoup de pages Web utilisent de tels contrôles pour afficher des menus déroulants qui fournissent des listes d'options. Ils servent aussi à insérer dans une page Web des images animées et des données provenant de programmes tels que Microsoft Word ou Excel.

Vous trouverez des exemples de contrôles ActiveX sur le site dont l'adresse suit :

www.philgate.com/pllo/phil_Web/active.html

VERSIONS ANCIENNES DE NAVIGATEUR

Pour afficher une page Web qui contient des contrôles ActiveX, vous devez disposer d'un navigateur qui soit compatible avec ces contrôles, tel que Microsoft Internet Explorer. Navigator de Netscape et des navigateurs moins récents ont besoin d'installer un plug-in (aussi appelé module externe) pour utiliser des contrôles ActiveX. Pour plus d'informations sur les plug-ins, consultez la page 62.

APPLETS JAVA

Les pages Web peuvent contenir des applets Java destinées à afficher des informations animées et interactives.

Une applet Java est un programme écrit en langage Java.

POURQUOI UTILISER DES APPLETS JAVA ?

Divertir

Les applets Java permettent de rendre les pages Web plus ludiques en ajoutant des effets spéciaux, comme des images tournantes, des feux d'artifice et du texte animé. Elles peuvent aussi vous permettre de jouer à des jeux simples ou de converser avec d'autres personnes visitant la même page Web. Vous trouverez des exemples d'applets Java sur les sites suivants :

www.msclub.com/pagejava/index.htm

www.visic.com/expert-ref/

Informer

Les applets sont idéales pour afficher des informations en constant changement telles que des mises à jour des marchés boursiers, des informations météo et les manchettes de l'actualité.

VERSIONS ANCIENNES DE NAVIGATEUR

Avant d'afficher des applets Java sur une page Web, assurez-vous que votre navigateur peut les exécuter. Les versions de navigateurs Web qui n'ont pas été mises à niveau peuvent se révéler incapables de les exécuter.

Il est possible d'incorporer des Javascripts dans les pages Web pour les rendre plus interactives.

Bien que les dénominations se ressemblent beaucoup, les Javascripts n'ont pas grand-chose à voir avec les applets Java.

POURQUOI UTILISER DES JAVASCRIPTS ?

Les Javascripts peuvent afficher des messages d'avertissement, offrir des menus déroulants, ouvrir de nouvelles fenêtres et modifier des images en réponse à des mouvements de la souris. Les Javascripts permettent de créer des pages Web dynamiques, appelées *Dynamic HTML* (DHTML). Vous pourrez consulter des exemples de Javascripts sur les sites suivants :

www.scripts-france.net/frame.html

www.visic.com/expert-ref/

VERSIONS ANCIENNES DE NAVIGATEUR

Avant de pouvoir afficher des Javascripts sur une page Web, assurez-vous que votre navigateur peut les exécuter. Les versions de navigateurs Web qui n'ont pas été mises à niveau peuvent être incapables de les exécuter. Si un navigateur ne peut pas lancer le Javascript, le code correspondant apparaît sur la page Web.

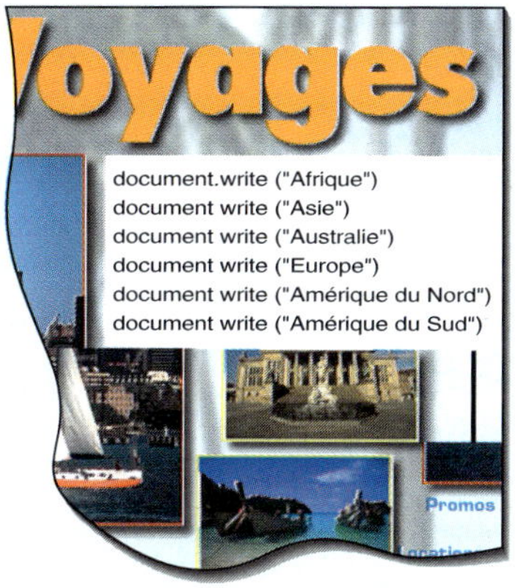

PLUG-INS DE NAVIGATEUR

Les navigateurs nécessitent des programmes spéciaux pour afficher ou lire divers types de fichiers du Web. La fonction d'un plug-in est de mener à bien des tâches que le navigateur ne pourrait réaliser tout seul.

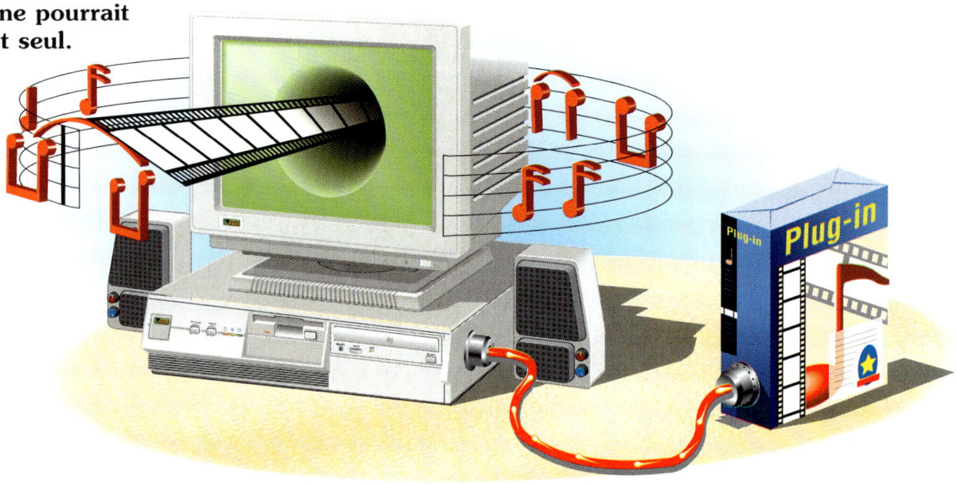

NAVIGATEURS

Certains navigateurs Web intègrent des plug-ins très usités. Si votre navigateur ne peut pas afficher ou lire certains fichiers, il affiche une boîte de dialogue vous indiquant quel plug-in est nécessaire.

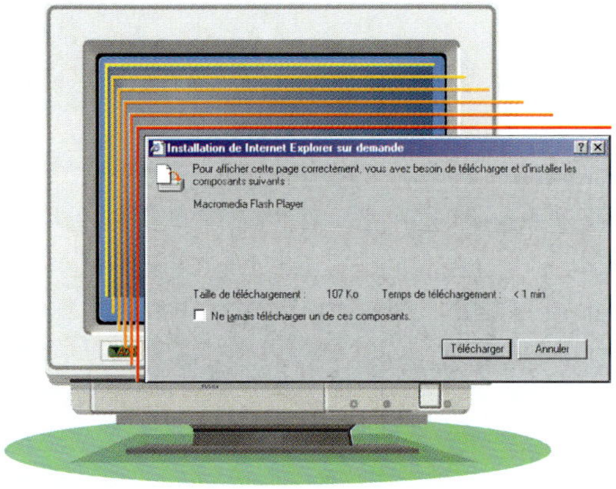

SE PROCURER DES PLUG-INS

Si vous voulez afficher ou lire un fichier que votre navigateur ne peut pas ouvrir, vous pouvez télécharger ou copier le plug-in approprié à partir du Web. La plupart sont disponibles gratuitement. Vous trouvez une liste des plug-ins les plus répandus sur le site suivant :

www.netscape.com/plugins

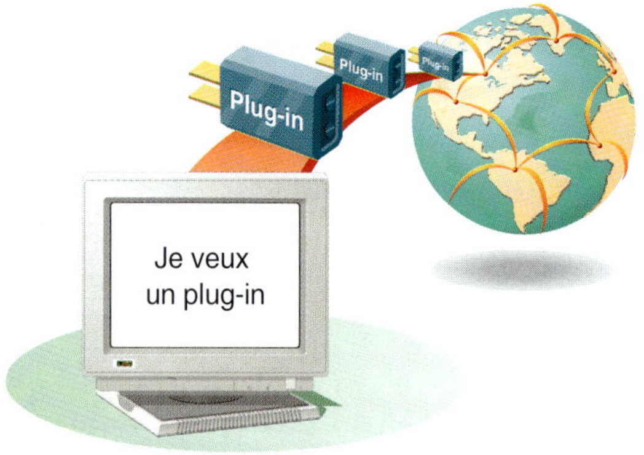

PLUG-INS COURANTS

ACROBAT READER

Cet programme permet d'afficher et d'imprimer des fichiers au format .pdf *(Portable Document Format)*. Vous pouvez ainsi lire à l'écran des livres et des magazines exactement comme ils apparaissent sous leur forme imprimée. Acrobat Reader est disponible sur le site suivant :

www.adobe.fr/products/acrobat/main.html

FLASH PLAYER

Ce plug-in permet d'afficher des graphismes et des animations sur le Web. Flash Player (appelé aussi Lecteur Flash) est souvent utilisé pour les divertissements et les dessins animés. Vous le trouvez sur le site suivant :

www.macromedia.com

REALPLAYER

Ce plug-in vous propose d'écouter des sons ou de voir de la vidéo sur le Web en continu. Vous pouvez télécharger RealPlayer sur le site :

www.real.com

QUICKTIME

Cette application permet de regarder des vidéos et d'écouter toutes sortes de sons sur le Web. Vous trouvez Quicktime sur le site suivant :

www.apple.com/quicktime

STREAMING

Le streaming (flux multimédia) est le procédé qui permet de lire des séquences sons et vidéos en temps réel sur le Web.

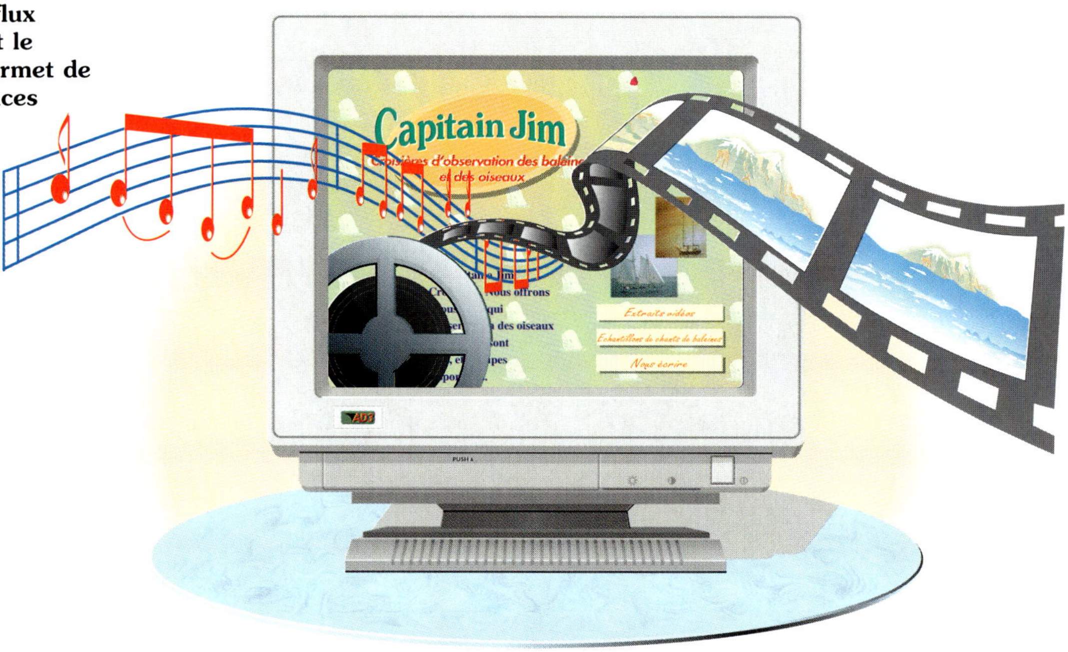

COMMENT FONCTIONNE LE STREAMING ?

Normalement, lorsque vous transmettez un fichier son ou vidéo à partir du Web vers votre ordinateur, vous devez attendre que tout le fichier ait été transféré avant de pouvoir le lire. Grâce à la technique du streaming, le fichier son ou vidéo est transmis à un lecteur installé sur votre ordinateur et celui-ci lit le son ou la vidéo durant le transfert.

LECTEURS STREAMING

Vous devez disposer d'un lecteur utilisant le procédé du streaming pour lire des fichiers son et vidéo en continu. Vous trouverez des lecteurs de ce type sur les sites suivants :

RealNetworks Realplayer

www.real.com

Apple QuickTime

www.apple.com/quicktime

MULTIMÉDIA FAISANT APPEL AU STREAMING

CONCERTS ET ÉVÉNEMENTS SPORTIFS EN DIRECT

Beaucoup de musiciens diffusent leurs concerts sur le Web. Vous pouvez recevoir de la musique en direct sans quitter votre bureau. Vous pourrez aussi regarder des événements sportifs en direct, comme un match de football ou la finale d'un tournoi de tennis sur votre ordinateur.

Retrouvez des concerts, des compétitions sportives et même des programmes de télévision sur le site Web suivant :

www.broadcast.com

www.comfm.fr

ENSEIGNEMENT

Des organismes de formation et des établissements d'enseignement à distance proposent des cours sur le Web. La technique du streaming permet d'écouter des cours en direct et de regarder des démonstrations vidéo sur l'ordinateur.

PROGRAMMES RADIO

Le procédé du streaming permet d'écouter votre station de radio favorite, en direct, par l'intermédiaire de votre ordinateur. Un grand nombre de stations de radio, de par le monde, peuvent être écoutées en exploitant cette technologie.

www.brume.org/radios/www.html

www.skyrock.fr/

www.europe2.fr/

BCG
Magasin de musique
Nouveautés
Top Dix
Concerts
Hits
Rétro
À vendre
Événements
À propos de BCG
Répertoire
Règlement
Recherche
Liens
Page d'accueil

Chercher sur le Web

Comment retrouver sur le Web des informations qui vous intéressent ? Ce chapitre présente les moteurs de recherche, ouitls qui mettent à disposition rapidement et facilement des informations.

INTRODUCTION À LA RECHERCHE

Il existe de nombreux moyens pour trouver une information sur le Web.

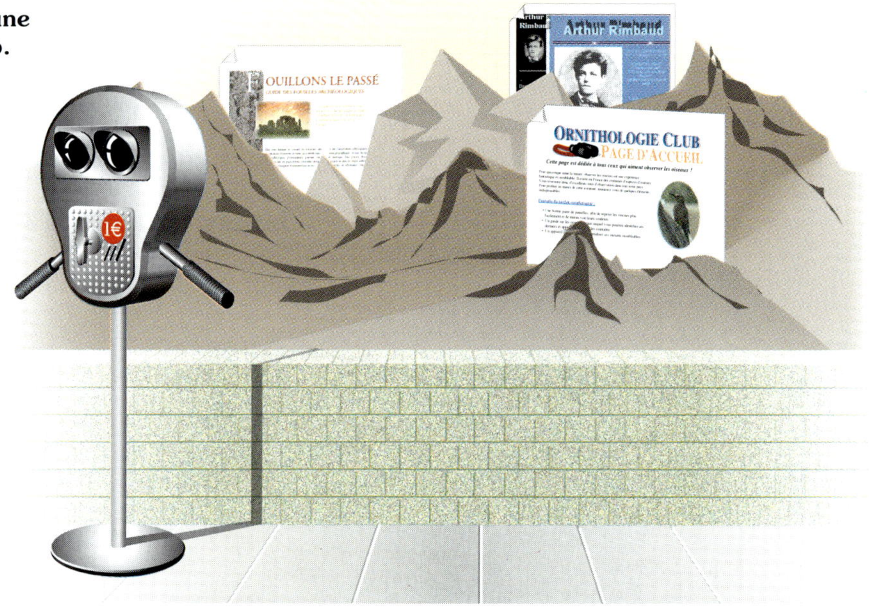

RECHERCHE AVEC LE NAVIGATEUR WEB

La plupart des navigateurs Web permettent de chercher rapidement une information sur le Web. Au lieu de saisir l'adresse d'une page Web dans la barre d'adresse du navigateur, vous pouvez saisir un point d'interrogation (?) suivi du ou des mots que vous recherchez.

Le navigateur Web affiche une liste de liens vers les pages Web contenant le ou les mots saisis. Vous cliquez l'un de ces liens pour afficher la page Web.

MOTEURS DE RECHERCHE

Il existe de nombreux sites, appelés moteurs de recherche, spécialisés dans la recherche d'informations. La plupart des moteurs de recherche possèdent des automates, appelés araignées, qui parcourent le Web à la recherche de nouvelles pages.

Des centaines de nouvelles pages Web apparaissant tous les jours et il est impossible aux moteurs de recherche de les cataloguer toutes.

RÔLE DES MOTEURS DE RECHERCHE

GRATUIT

Il n'est pas nécessaire de payer pour utiliser la plupart des moteurs de recherche. Ces derniers vendent des espaces publicitaires sur leurs sites Web afin de générer des revenus en contrepartie.

CRITIQUES ET CLASSEMENT

Certains moteurs de recherche utilisent les analyses menées par des personnes pour critiquer et cataloguer chaque nouvelle page Web. Ces personnes regroupent en catégories les sites Web contenant des informations similaires pour en faciliter la recherche.

Lorsque les sites sont critiqués, la qualité du contenu est également examinée. Les moteurs de recherche peuvent noter le contenu d'un site pour favoriser des recherches plus précises.

DISPONIBILITÉ DES PAGES

De même que de nombreuses pages Web sont créées chaque jour, de nombreuses pages sont supprimées du Web. Lorsque vous utilisez un moteur de recherche, certaines pages trouvées peuvent avoir été retirées. Un moteur de recherche de qualité vérifie constamment l'existence réelle des pages.

ALTAVISTA

Avec plus de 140 millions de pages Web dans ses index, AltaVista est l'un des plus puissants moteurs de recherche.

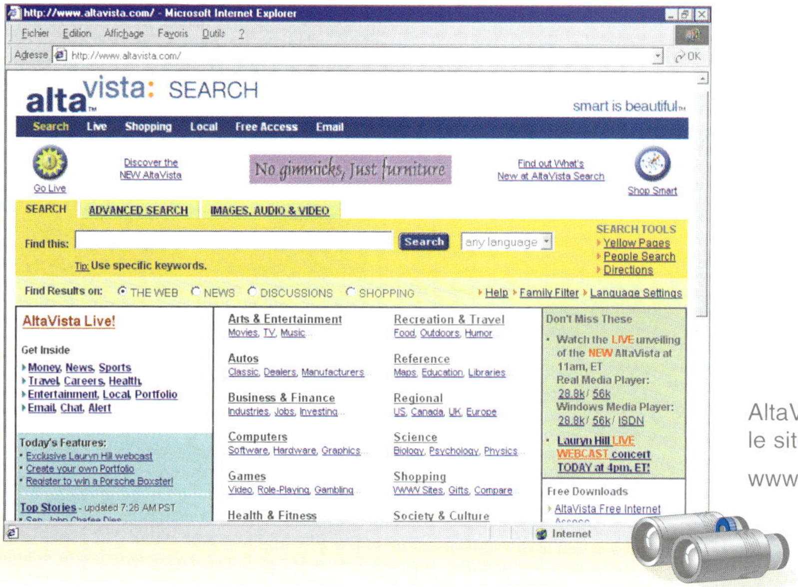

AltaVista se trouve sur le site Web suivant :

www.altavista.com

RECHERCHES

PAR MOT CLÉ OU PHRASE

Lorsque vous effectuez une recherche avec AltaVista, vous saisissez des mots séparés par des espaces. AltaVista trouve les pages Web contenant un ou plusieurs de ces mots. Vous pouvez rechercher un groupe de mots précis en saisissant des guillemets au début et à la fin du groupe de mots. AltaVista permet également d'effectuer une recherche en saisissant une question.

Egypte Pyramide Caire

ESPACE

"Pyramides égyptiennes"

GUILLEMETS

Qui à créé les pyramides ?

QUESTION

COMMANDES SPÉCIALES

Vous pouvez utiliser des commandes spéciales pour préciser votre recherche. Par exemple, vous saisissez le signe plus (+) devant un mot qui doit absolument apparaître dans une page Web. Vous pouvez également saisir le signe moins (-) devant un mot pour indiquer qu'il ne doit pas figurer dans la page.

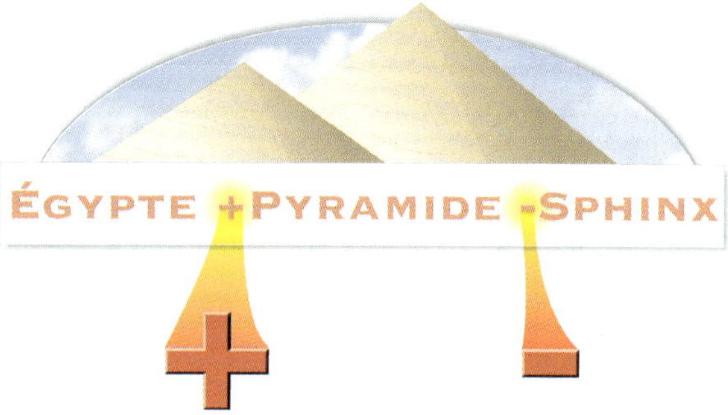

FONCTIONNALITÉS

CHERCHER DANS UNE LANGUE PRÉCISE

Vous pouvez indiquer que vous souhaitez rechercher des pages Web dans une langue précise, par exemple l'espagnol. Au terme de la recherche, AltaVista affiche uniquement les pages dans la langue indiquée.

RECHERCHER DES IMAGES, DES VIDÉOS OU DES FICHIERS AUDIO

AltaVista gère une série d'images, de vidéos ou de fichiers audio trouvés sur le Web. Vous pouvez faire porter votre choix sur une catégorie précise. Par exemple, vous recherchez des images sur « l'éclipse solaire » pour obtenir des photos d'éclipses.

TRADUCTION

AltaVista fournit un service de traduction. Il est possible de traduire des mots, des phrases ou la totalité d'un site Web en Français, Allemand ou Italien.

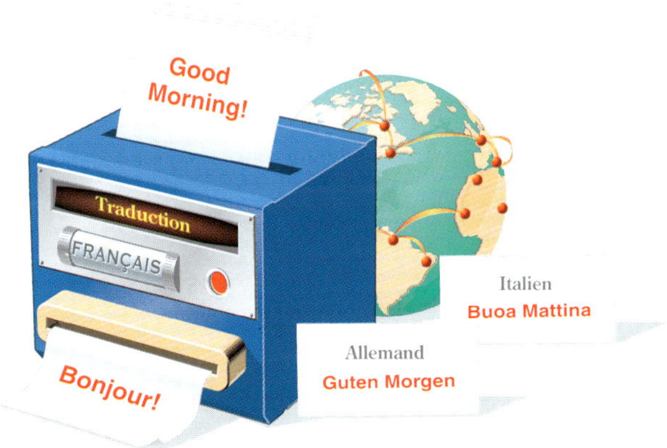

FILTRE FAMILIAL

AltaVista propose un outil qui évite l'envoi de pages inadaptées. Il est possible d'empêcher qu'AltaVista trouve des pages Web, des images ou des fichiers audio en rapport avec la drogue, l'alcool, les jeux, *etc.*

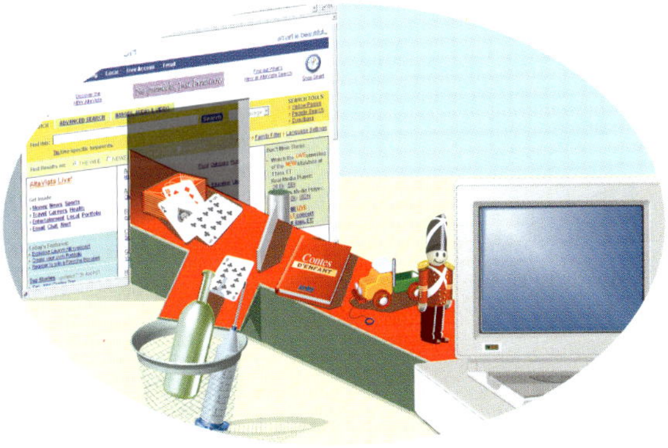

EXCITE

Excite, moteur de recherche très connu, est un excellent point de départ pour explorer le Web.

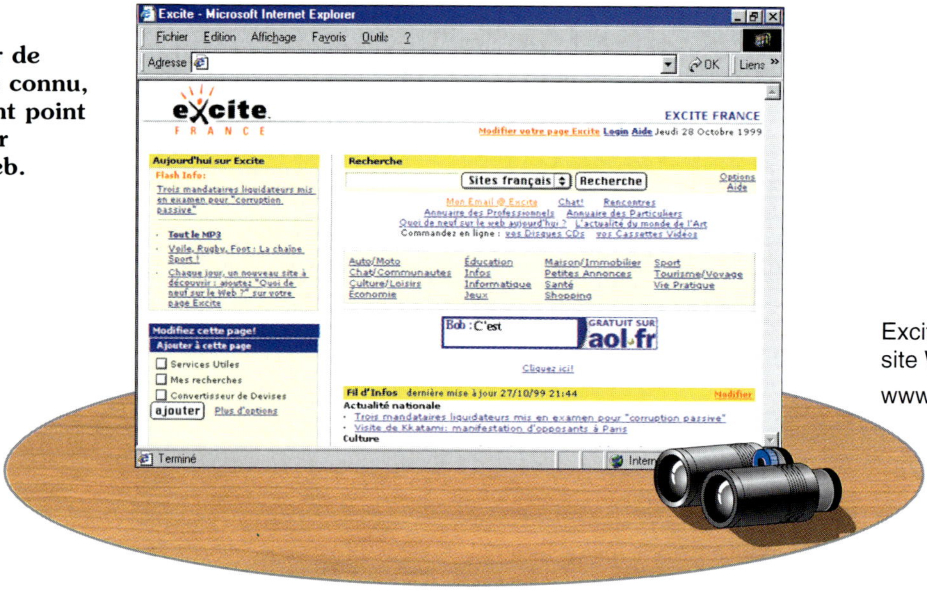

Excite se trouve sur le site Web suivant :

www.excite.fr

RECHERCHES

PAR MOT CLÉ OU PHRASE

Vous saisissez un mot ou une phrase dans la zone de recherche. En plus des mots saisis, Excite tente également de trouver des éléments en rapport avec ces mots. Par exemple, si vous saisissez « personnes âgées », Excite trouve également des pages Web contenant des informations sur la retraite.

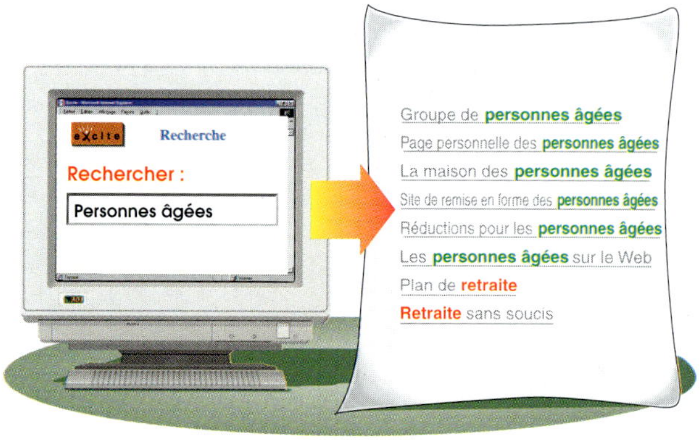

RÉSULTATS DE RECHERCHE

Excite affiche la liste des résultats en commençant par ceux le plus en rapport avec votre demande. À côté de chacun d'eux, un pourcentage permet de constater les meilleurs résultats.

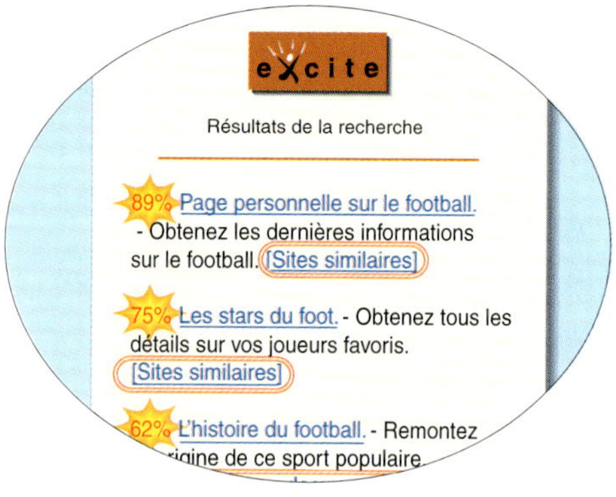

Si l'un des résultats est proche de l'information recherchée, vous pouvez sélectionner un lien pour obtenir des sites similaires.

FONCTIONNALITÉS

CATÉGORIES

Vous pouvez vous déplacer dans des catégories, par exemple, automobile, emploi, santé ou sports, pour trouver les informations qui vous intéressent. Lorsque vous sélectionnez une catégorie, une liste de sous-catégories apparaît. Vous choisissez des suites de sous-catégories jusqu'à trouver la page Web appropriée.

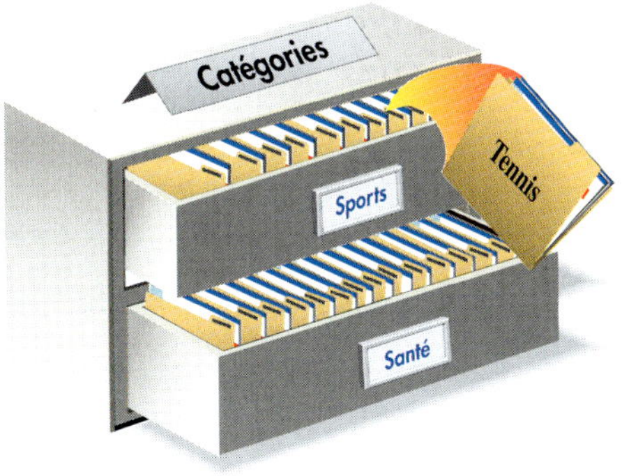

PAGE WEB PERSONNALISÉE

Excite permet de sélectionner les informations qui vous intéressent, par exemple votre horoscope, le cours de vos actions personnelles et la météo locale. Excite créé alors une page Web personnalisée qui s'affiche chaque fois que vous visitez le site. Vous pouvez même changer les couleurs de cette page Web.

RACCOURCIS VERS DES FONCTIONNALITÉS

Excite fournit de nombreux raccourcis pour les fonctions habituelles du Web. Par exemple, vous pouvez rapidement accéder à un site Web pour acheter des billets d'avion, trouver des horaires de cinéma.

Tous les jours, Excite affiche également des liens vers des événements de l'actualité ou tout autre fait intéressant.

YAHOO!

Yahoo! est souvent considéré comme le meilleur moteur de recherche du Web.

Vous trouverez Yahoo! sur le site Web suivant : www.yahoo.fr

CATÉGORIES

Chacun des sites du répertoire de Yahoo! est analysé et catalogué par des spécialistes de Yahoo!. Les sites Web contenant des informations semblables sont regroupés en catégories. Vous pouvez parcourir les catégories et sous-catégories jusqu'à trouver les pages Web qui vous intéressent.

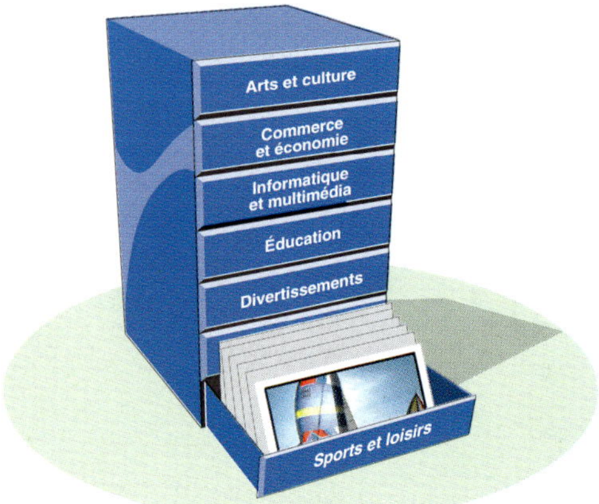

NOTATION

Lorsque Yahoo! critique les sites, il en vérifie également la qualité des informations. Yahoo! affiche une petite image représentant des lunettes de soleil à côté des sites fournissant des informations intéressantes. Lorsque vous recherchez avec Yahoo!, vous devez d'abord essayer les sites affichant ces lunettes de soleil.

FONCTIONNALITÉS DE YAHOO!

FLASH D'INFORMATIONS

Yahoo! permet de lire les dernières nouvelles de l'actualité mondiale. Le site réunit les informations provenant de différentes sources et les affiche sur une page Web. Ces informations sont actualisées presque toutes les heures.

LISTES À JOUR

De nouveaux sites Web sont ajoutés quotidiennement à Yahoo!. La partie Nouveautés permet de trouver rapidement les nouveaux et meilleurs sites Web catalogués par Yahoo!. Vous pouvez consulter les sites ajoutés le jour même ou au cours de la semaine.

INFORMATION PERSONNALISÉE

Vous pouvez sélectionner des sujets qui vous intéressent, par exemple les sports et loisirs, afin que Yahoo! créé votre page personnelle. Cette page affichera uniquement les informations souhaitées. Les éléments tels que la météo ou l'actualité sont mis à jour régulièrement.

Météo

Paris

25°...35 °
Vent faible, ensoleillé

Programme TV

Programme détaillé

	20h00	21h00
Chaîne 1	Le retour à la nature	La grande aventure
Chaîne 2	L'Ouest sauvage	Message vers Mars
Chaîne 3	Comprendre le monde	La ville sur le lac

YAHOO! POUR LES ENFANTS

Yahoo! propose une sélection de sites qui s'adressent tout particulièrement aux enfants, en particulier des moteurs de recherche comme SSSplash.

DOGPILE

Dogpile est un site Web américain qui envoie les recherches sur plus de vingt moteurs de recherche différents.

RECHERCHES

PAR MOT CLÉ

Lorsque vous effectuez une recherche avec Dogpile, vous saisissez les mots séparés par des espaces. Dogpile tente de trouver les pages Web contenant un ou plusieurs de ces mots. Il recherche à l'aide de trois moteurs de recherche en même temps jusqu'à ce qu'il trouve au moins dix pages Web correspondant à votre demande.

COMMANDES SPÉCIALES

Vous pouvez utiliser des commandes spéciales pour effectuer des recherches plus précises. Par exemple, vous saisissez le mot **NOT** devant un mot pour indiquer que vous voulez qu'il n'apparaisse pas dans les pages Web. Vous saisissez le mot **NEAR** entre deux mots pour indiquer que ces mots doivent apparaître l'un à côté de l'autre.

FONCTIONNALITÉS

COURS DE LA BOURSE

Utilisez Dogpile pour consulter rapidement les cours de la bourse (USA). Vous pouvez indiquer le nom de la société que vous souhaitez trouver.

MÉTÉO

DogPile permet de connaître la météo pour la plupart des villes du monde entier.

CATALOGUE

La Catalogue Dogpile (USA) permet de parcourir des catégories d'informations, par exemple les loisirs, la santé et les sciences.

PAGES JAUNES

Dogpile permet de rechercher les coordonnées de sociétés aux États-Unis.

CARTES

Vous pouvez consulter des cartes des États-Unis, du Canada ou de tout autre pays. Vous indiquez seulement l'adresse ou la ville que vous souhaitez afficher.

PROGRAMMES DE RECHERCHE

Les programmes de recherche sont des programmes que vous exécutez sur votre ordinateur. Ils sont utiles pour les personnes qui effectuent des recherches fréquentes sur le Web.

EFFICACITÉ

L'utilisation d'un programme de recherche est un moyen efficace de trouver des informations précises sur le Web. Ces programmes effectuent les recherches pendant que vous réalisez d'autres tâches. Vous pouvez également planifier les recherches à des heures qui vous conviennent, par exemple pendant la nuit.

EXHAUSTIF

Les programmes de recherche envoient souvent les requêtes à plusieurs moteurs de recherche sur le Web. Un moteur de recherche peut offrir davantage d'informations qu'un autre mais il est possible qu'il les mette à jour moins souvent. Avec un programme de recherche, vous faites appel à plusieurs types de moteurs de recherche en même temps.

PROGRAMMES DE RECHERCHE

TELEPORT PRO

Teleport Pro permet d'effectuer de grandes recherches sur le Web. Ce programme peut copier la totalité d'un site Web sur votre ordinateur afin de le consulter sans être connecté à l'Internet.

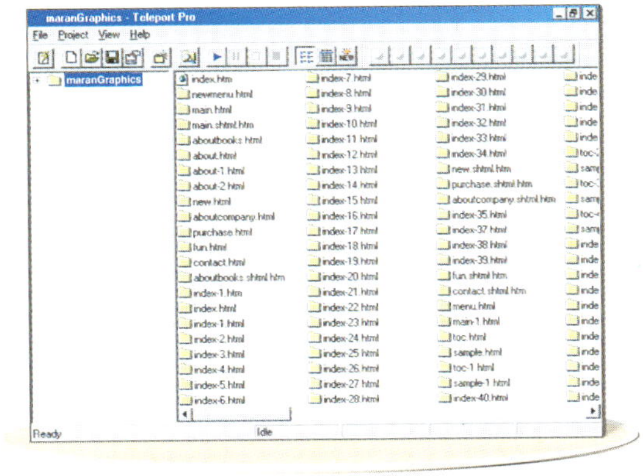

Vous pouvez également utiliser Teleport Pro pour rechercher des fichiers d'une taille ou d'un type précis sur le Web. Vous trouvez Teleport Pro sur le site Web suivant :

www.tenmax.com

WEBFERRET

WebFerret est l'un des programmes de recherche les plus rapides. On obtient souvent les résultats en quelques secondes.

Vous trouvez WebFerret sur le site Web suivant :

www.ferretsoft.com

WEBSEEKER 98

WebSeeker 98 permet de saisir un mot et de le soumettre à plus de 100 moteurs de recherche sur le Web. WebSeeker 98 tri et affiche les résultats obtenus. WebSeeker peut également surveiller les pages Web et vous informer de leur mise à jour.

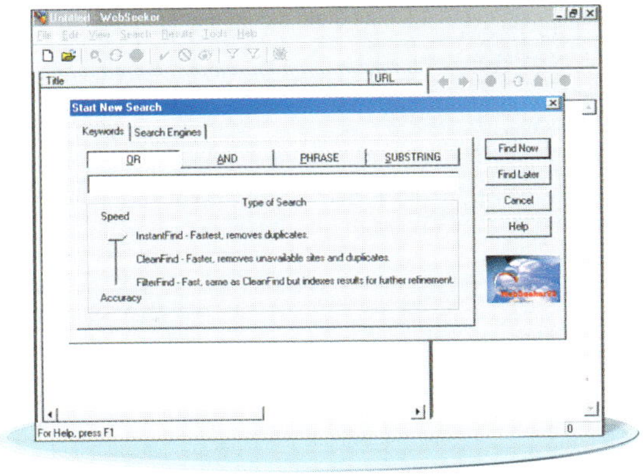

Vous trouverez WebSeeker sur le site Web suivant :

www.bluesquirrel.com

TROUVER DES PERSONNES SUR LE WEB

Vous pouvez utiliser le Web pour trouver les adresses postales, les adresses électroniques et les numéros de téléphone de personnes que vous souhaitez contacter.

OUTILS DE RECHERCHE

Il existe de nombreux sites Web qui permettent de rechercher des informations sur des personnes. Par exemple :

fr.people.yahoo.com/ www.whowhere.lycos.fr

www.adressesemail.voila.fr www.pagesjaunes.fr

RECHERCHES PAYANTES

Certains sites Web vous aident à trouver des informations sur des personnes moyennant finance. Ces sites recherchent les informations dans les registres publiques.

FONCTIONNALITÉS

FOURNIR DES INFORMATIONS

Vous pouvez rechercher des personnes sur le Web en saisissant quelques informations. Par exemple, la plupart des moteurs de recherche vous demandent d'indiquer le prénom, le nom et la ville de la personne que vous cherchez. Plus vous saisissez d'informations, meilleurs seront les résultats de la recherche.

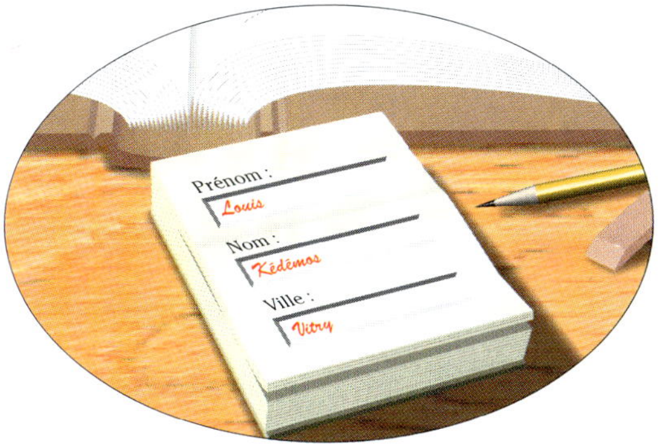

RECHERCHE INVERSÉE

Certains moteurs de recherche permettent de trouver des informations sur une personne même si vous ne connaissez pas son nom. Cela permet de connaître la personne à l'aide de son numéro de téléphone, de son adresse postale ou électronique.

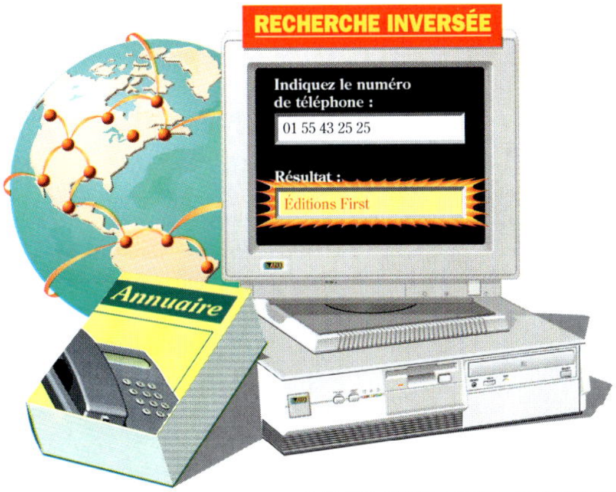

CARTES

Certains outils de recherche permettent d'afficher des cartes détaillant les rues dont vous avez saisi le nom. Vous pouvez ainsi voir la direction à prendre pour vous rendre à l'adresse trouvée.

SERVICES ADMINISTRATIFS

Certains sites Web contiennent les coordonnées de services du gouvernement.

CHAPITRE 6

Créer des pages Web

Vous aimeriez en savoir plus sur la création et la publication de votre propre site Web ? Ce chapitre constitue une bonne base pour apprendre à publier sur le Web.

POURQUOI CRÉER UN SITE WEB

En créant et en publiant vos propres pages Web, vous pouvez communiquer des informations à des milliers de personnes de par le monde.

INFORMATIONS PERSONNELLES

PARTAGER DES INFORMATIONS PERSONNELLES

Beaucoup de personnes créent des pages Web pour communiquer des informations sur leur famille, leurs animaux domestiques, leurs dernières vacances ou leurs occupations favorites. C'est aussi un bon moyen pour certains de présenter leur CV à des employeurs potentiels.

PARTAGER LES CONNAISSANCES

Beaucoup de scientifiques ou de professionnels mettent leurs travaux à la disposition des internautes. Si vous avez une expérience dans un domaine que peu de gens connaissent, vous pouvez créer des pages Web pour diffuser votre savoir.

DISTRAIRE

Certains créent des pages Web pour présenter des séries de blagues ou des histoires drôles. Mais les pages Web peuvent aussi servir à afficher des informations, des images, une compétition sportive, une émission de télévision, des extraits sonores ou vidéo sur une star.

FAIRE CONNAÎTRE SES CENTRES D'INTÉRÊT

Vous pouvez créer des pages Web pour afficher des informations sur une association ou un club auquel vous appartenez. Vous pouvez inclure un calendrier des événements à venir ainsi que des informations détaillées sur les objectifs de l'organisation.

INFORMATIONS COMMERCIALES

INFORMATIONS COMMERCIALES

Les entreprises créent souvent des pages Web pour diffuser des informations sur la société elle-même, les produits et services offerts. Le public peut ainsi rester constamment informé sur les nouveaux produits. Beaucoup d'entreprises affichent leurs communiqués de presse.

OFFRES D'EMPLOI

Les sociétés se servent aussi de leur site Web pour communiquer leurs offres d'emploi. Certaines permettent aux personnes souhaitant postuler d'envoyer leur CV sur le site.

ACHETER EN LIGNE

Bien des entreprises créent un site Web pour permettre aux internautes de commander leurs produits ou services sur l'Internet. Elles peuvent afficher des descriptions et des photos de leurs produits pour aider les consommateurs à choisir les articles qu'ils ont l'intention d'acheter.

PRISES DE CONTACT

Les entreprises peuvent communiquer leurs adresses de siège social et de bureaux, ainsi que leurs numéros de téléphone sur leurs pages Web – ce qui permet aux visiteurs de prendre contact pour poser des questions et exprimer des opinions.

ÉTAPES DE CRÉATION D'UN SITE WEB

Plusieurs étapes sont à suivre pour mener à bien la création et la publication de pages Web.

Pour une analyse en profondeur des techniques de création de pages Web, reportez-vous à l'ouvrage *Créer des pages Web en HTML, c'est simple,* publié par First Interactive.

1 FAIRE LE PLAN DES PAGES WEB

Définissez ce que vous voulez accomplir avec vos pages Web. Choisissez un sujet général ou un thème et précisez le type d'informations que vous voulez y inclure.

2 RÉUNIR LES INFORMATIONS

Réunissez les informations que vous voulez inclure dans vos pages Web, telles que du texte, des images, des graphiques et les références des contacts mentionnés. Assurez-vous que les informations rassemblées ont toutes un rapport avec le sujet principal ou le thème que vous avez choisi pour vos pages Web.

3 STRUCTURER LES INFORMATIONS

Divisez en sections les informations rassemblées. Chacune disposera d'une page Web à elle seule. Chaque page doit exposer un concept ou une idée différente, et contenir assez d'informations pour remplir un écran.

4 SAISIR LE TEXTE

Saisissez le texte que vous voulez faire figurer dans vos pages Web dans un éditeur ou un traitement de texte. Chaque page Web doit constituer un document séparé. Vous pourrez alors convertir les documents en pages Web.

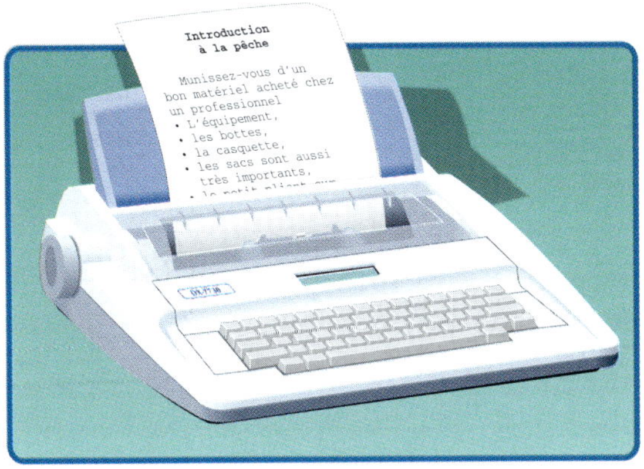

5 AJOUTER DES IMAGES

Vous pouvez ajouter des images pour mettre en valeur vos pages Web. Vous pouvez créer vos propres images ou vous en procurer chez des revendeurs informatiques ou sur l'Internet. Pour plus d'informations sur les images, consultez la page 120.

6 AJOUTER DES LIENS HYPERTEXTE

Vous pouvez ajouter des liens hypertexte pour que les visiteurs puissent sélectionner, à partir de vos pages, d'autres pages sur le Web. Les liens hypertexte permettent aux internautes de parcourir aisément les informations qui les intéressent. Pour plus d'informations sur les liens hypertexte, consultez la page 118.

7 PUBLIER LES PAGES WEB

Quand vous avez terminé de créer vos pages Web, vous les transférez vers un ordinateur qui les rend accessibles sur le Web. Vous pourrez alors tester vos pages pour vous assurer que vos liens hypertexte fonctionnent correctement et que vos informations apparaissent bien comme vous le souhaitez.

PROGRAMMES DE CRÉATION DE PAGES WEB

Plusieurs types de programmes sont à votre disposition pour créer des pages Web.

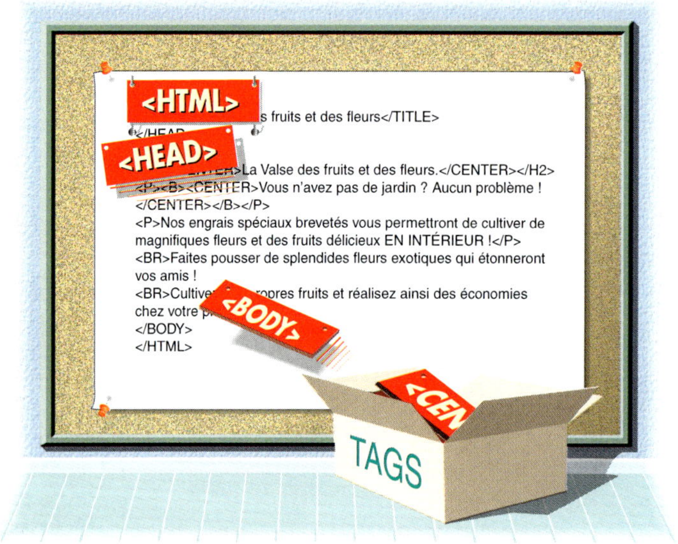

Les pages Web sont des documents HTML, qui comprennent du texte et des instructions spéciales, appelées balises. Chaque balise donne une instruction spécifique et figure entre crochets < >.

Les documents HTML ont comme extension .html ou .htm (par exemple, index.html).

ÉDITEUR OU TRAITEMENT DE TEXTE

Éditeur de texte

Un éditeur de texte est un programme élémentaire qui permet de créer et de modifier des documents renfermant uniquement du texte. Ces applications n'incluent toutefois pas de fonctionnalités d'édition et de mise en forme avancées. Parmi les éditeurs de texte connus, citons le Bloc-notes pour Windows et SimpleText pour Macintosh.

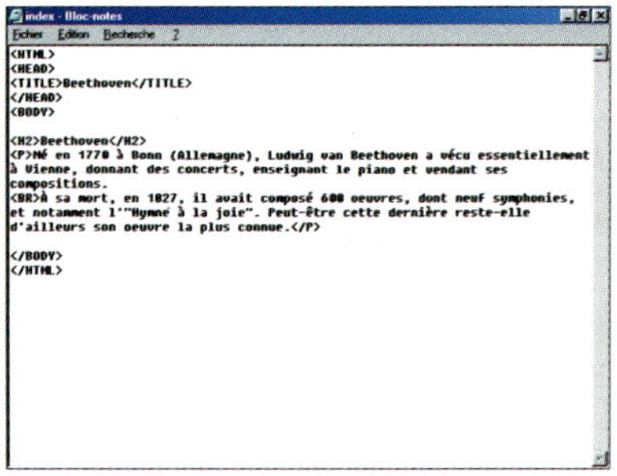

Traitement de texte

Un traitement de texte est un programme qui propose des outils d'édition et de mise en forme avancés, à même de vous faciliter la création de documents. Aucun formatage appliqué au texte n'apparaît lorsque vous consultez ces documents sur le Web. Microsoft Word et Corel WordPerfect sont des traitements de texte répandus.

Pour créer une page Web au moyen d'un éditeur ou d'un traitement de texte, vous devez en saisir le texte, puis ajouter des balises HTML spécifiant la mise en forme de ce texte dans la page Web. Il est indispensable de posséder un navigateur Web pour voir comment se présentera votre page sur le Web.

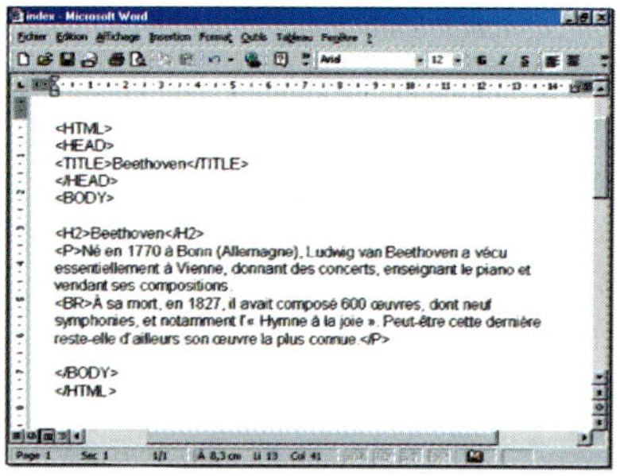

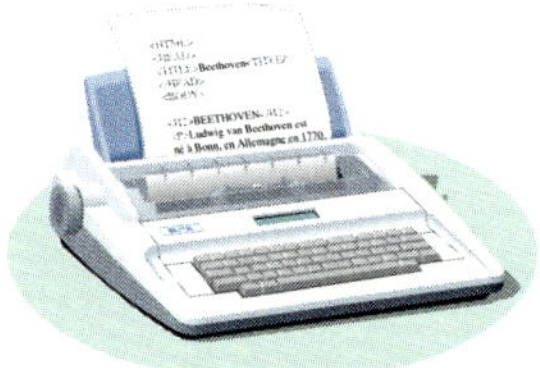

De nombreux traitements de texte permettent de convertir des documents créés en pages Web et de produire ainsi des pages Web sans connaître HTML.

ÉDITEUR HTML

Un éditeur HTML est un programme qui permet de créer des pages Web. Ces applications comportent des menus et barres d'outils grâce auxquels vous pouvez ajouter des balises HTML à vos pages. De nombreux éditeurs HTML incluent un outil de vérification à même de rechercher d'éventuelles erreurs HTML dans vos pages Web. Créer une page Web dans un tel programme oblige à connaître le HTML.

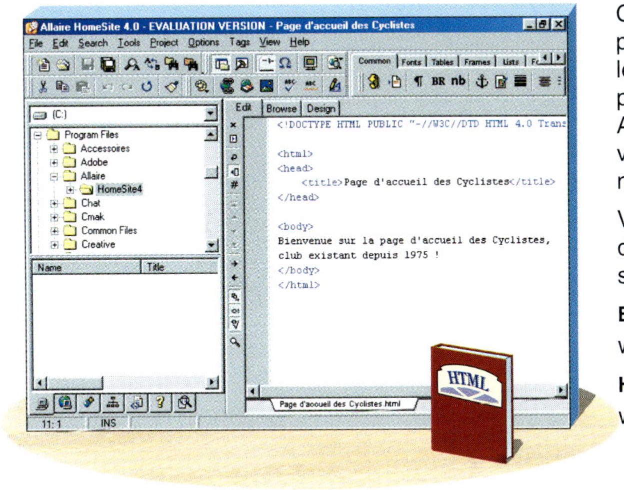

Certains éditeurs HTML permettent de voir comment les pages Web créées se présenteront sur le Web. Avec d'autres, vous devez visualiser vos pages dans un navigateur Web.

Vous pouvez vous procurer des éditeurs HTML sur les sites suivants :

BBEdit
www.barebones.com

HomeSite
www.allaire.com

ÉDITEUR VISUEL

Un éditeur visuel est un programme qui permet de produire des pages Web graphiquement. Ces applications insèrent les balises HTML à votre place au fil de la création de votre page. Elles évitent donc de devoir connaître HTML.

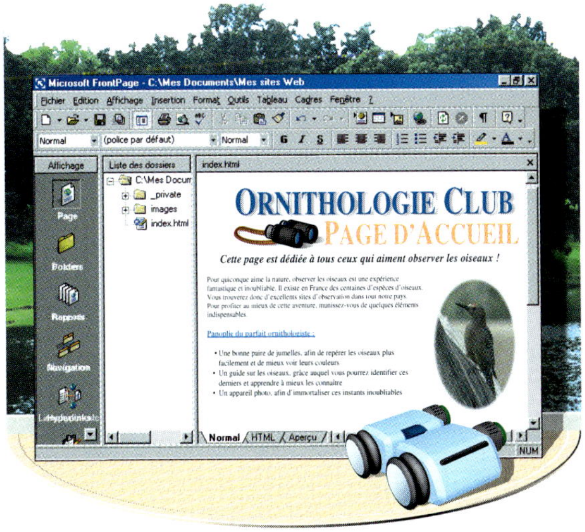

Les éditeurs visuels masquent les balises HTML, de sorte que vous pouvez visualiser la présentation de vos pages Web au fur et à mesure de leur élaboration.

Vous pouvez vous procurer des éditeurs visuels sur les sites suivants :

HoTMetaL PRO
www.softquad.com

Microsoft FrontPage
www.microsoft.com/frontpage

LA PAGE D'ACCUEIL

La page d'accueil est la page principale d'un site Web. Elle est habituellement la première page que les internautes voient quand ils visitent un site.

La page d'accueil porte habituellement le nom de **index.html** ou **index.htm**. Vous devez définir quel nom utiliser avec l'hébergeur de votre site sur le Web.

SOMMAIRE

Incluez toujours un sommaire de vos pages Web sur la page d'accueil. Vous devez indiquer si le sujet de votre page Web est de divertir ou d'informer les visiteurs. Il ne faut pas croire que le lecteur va deviner l'objet du site uniquement en lisant son titre.

TABLE DES MATIÈRES

Votre page d'accueil doit insérer une table des matières qui récapitule la liste des parties du site, chaque élément de la liste étant relié par un lien hypertexte à la rubrique qui le développe.

SIGNETS

Les navigateurs Web ont une fonctionnalité appelée Signets ou Favoris qui permet aux internautes de conserver l'adresse des pages Web visitées. Vous pouvez aussi inclure une image ou une phrase sur votre page d'accueil pour faire penser aux lecteurs de votre page de la marquer avec un signet – ce qui leur permettra de revenir facilement sur votre site.

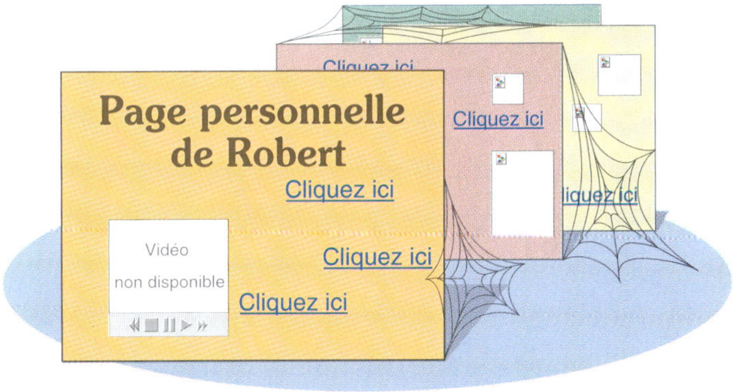

FAIRE BONNE IMPRESSION

Votre page d'accueil doit contenir des informations intéressantes et bien organisées. Vous devez également vous assurer que les liens ou le multimédia placés sur la page d'accueil fonctionnent correctement. Si les lecteurs trouvent une page désorganisée ou difficile à utiliser, ils ne consulteront pas les autres pages du site.

AMÉLIORATIONS

Vous pouvez ajouter tout type d'amélioration pour rendre votre page d'accueil attrayante. Vous pouvez inclure des éléments tel qu'un compteur indiquant le nombre de visiteurs, une horloge indiquant l'heure dans votre ville ou un livre d'or dans lequel vos visiteur pourront laisser leurs commentaires.

EXAMINER LE CONTENU DE SES PAGES WEB

Quand vous créez des pages Web, vous devez examiner attentivement leur contenu.

ANALYSER SES PAGES WEB PRÉFÉRÉES

Avant de commencer à créer des pages Web, analysez-en quelques-unes parmi celles qui vous plaisent. Formulez ce que vous aimez le plus dans ces pages et réfléchissez à la manière de le mettre en œuvre dans les vôtres.

RELIRE SES TEXTES

Vérifiez très soigneusement vos pages Web pour en corriger les erreurs d'orthographe et de grammaire. Les fautes d'orthographe feront mauvais effet sur vos lecteurs, qui penseront que vos pages ont été faites sans soin et sans grand professionnalisme. Vous pourrez avoir besoin d'imprimer vos pages Web pour mieux voir et corriger les fautes.

METTRE EN VALEUR LES INFORMATIONS IMPORTANTES

Si certaines parties de votre page Web sont plus importantes que les autres, utilisez les fonctions de mise en forme destinées à faire ressortir le texte. Ne noyez pas des idées ou concepts importants dans des paragraphes trop longs.

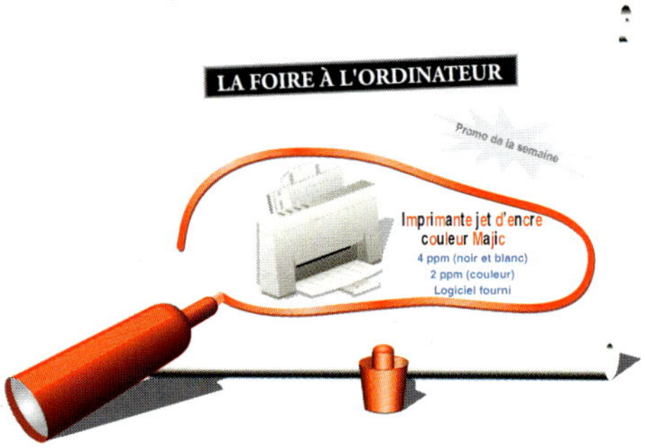

ÉVITER LE PANNEAU « EN CONSTRUCTION »

Vous devez éviter d'utiliser le panneau « en construction » ou « en travaux » pour les pages Web qui ne sont pas finies. Évitez ainsi au visiteur la frustration de ne pas pouvoir accéder à l'information. Ne publiez sur le Web que les pages réellement terminées.

METTRE À JOUR LES INFORMATIONS

Vous devez procéder à la mise à jour de vos pages Web de façon régulière. Si l'information qui se trouve sur votre site ne change jamais, les visiteurs ne liront vos pages qu'une seule fois et ne reviendront pas. Vous devez intégrer la date sur les pages de votre site Web pour que vos lecteurs sachent à quand remonte la dernière mise à jour.

INDIQUER SES COORDONNÉES POUR ÊTRE CONTACTÉ

Pensez toujours à faire figurer votre nom et votre adresse de courrier électronique sur la page Web que vous créez – ce qui permettra aux lecteurs de prendre contact avec vous s'ils ont des questions à poser ou des suggestions à faire.

EXAMINER SES PAGES WEB SANS LES IMAGES

Certains internautes désactivent l'affichage des images pour parcourir le Web plus rapidement, et d'autres utilisent des navigateurs qui ne sont pas en mesure d'afficher les images. Concevez toujours vos pages de façon que les lecteurs pressés ou mal équipés puissent recueillir des informations valables sur vos pages.

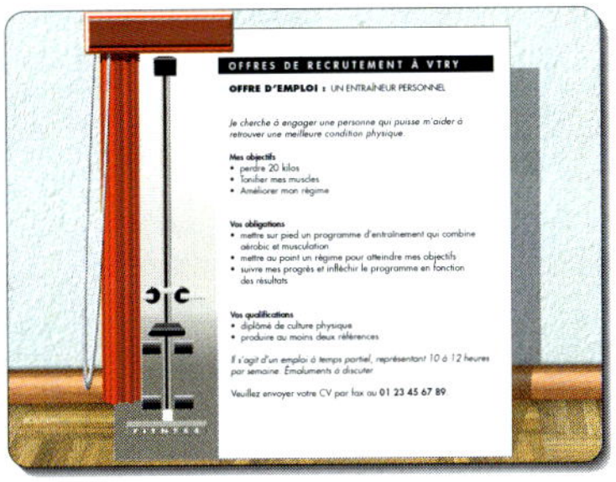

TENIR COMPTE DE LA VITESSE DE TÉLÉCHARGEMENT

Quand vous créez vos pages Web, essayez de limiter au minimum la taille de vos fichiers texte et image. Cela raccourcira de beaucoup le temps d'affichage des pages en réduisant le temps de transfert des informations.

LIENS HYPERTEXTE

Vous pouvez lier du texte ou une image de votre page Web à une autre page de votre site ou à n'importe quelle page sur le Web.

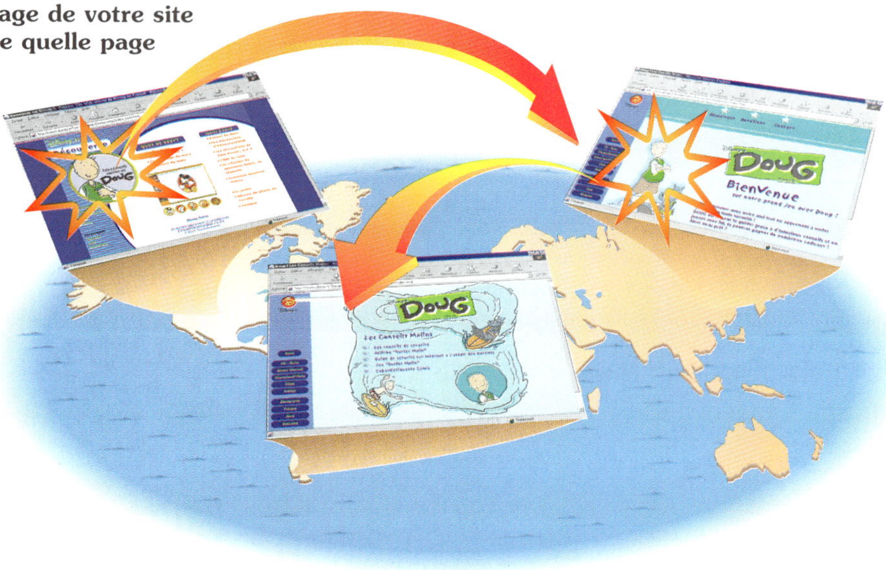

Lors de l'affichage de vos pages Web, les visiteurs peuvent aller voir immédiatement une page reliée, en sélectionnant le lien hypertexte (appelé aussi tout simplement lien).

CRÉER DES LIENS EXPLICITES

Assurez-vous que le texte, ou l'image, support du lien hypertexte, indique clairement au lecteur la destination du lien. N'utilisez pas l'expression « Cliquez ici » pour un lien hypertexte, puisqu'elle n'a rien d'explicite et force le lecteur à examiner les alentours du lien pour savoir où l'entraînera sa sélection.

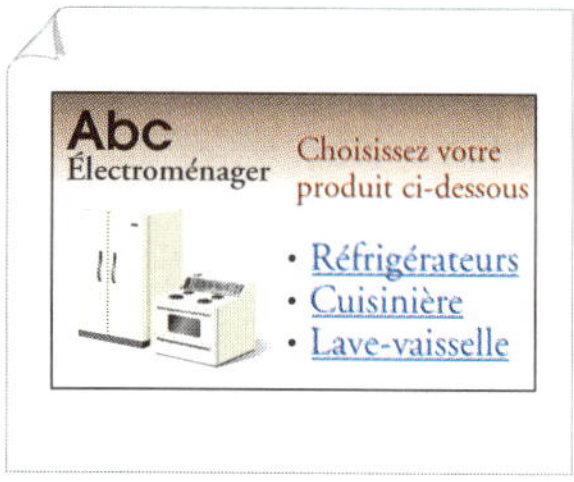

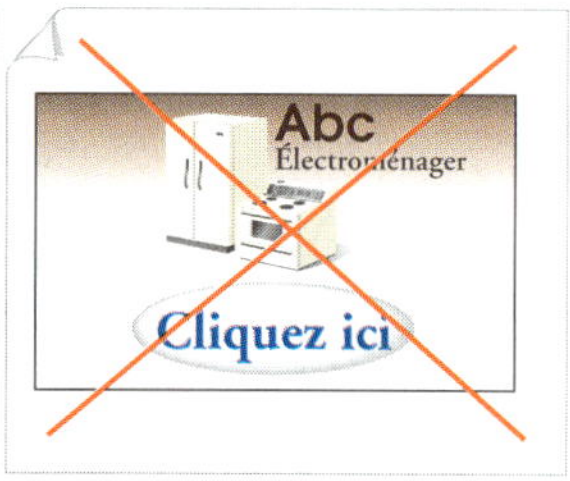

INCLURE DES LIENS TEXTE

Si votre page contient des liens image, vous devez aussi fournir les liens texte correspondants. Certains internautes, en effet, désactivent l'affichage des images pour surfer plus vite, et d'autres peuvent posséder un navigateur qui n'est pas capable d'afficher les images.

POURQUOI INSÉRER DES LIENS HYPERTEXTE ?

LIENS DE NAVIGATION

Vous devez intégrer des liens de navigation pour aider les lecteurs à parcourir facilement vos pages. Les liens de navigation peuvent aussi comprendre des liens hypertexte conduisant vers une table des matières ou vers votre page d'accueil.

LIENS VERS DES IMAGES GRAND FORMAT

Vous pouvez créer un lien hypertexte qui conduira le lecteur vers une grande image. Par exemple, vous pouvez relier une version miniature d'une image, appelée image mosaïque, à une version agrandie de l'image. Cette possibilité laisse le lecteur libre d'afficher l'image dans un format supérieur.

LIENS DE DÉFINITION

Si votre page Web contient des termes techniques, vos lecteurs risquent de ne pas les comprendre ; vous devez alors penser à intégrer des liens de définition qui emmèneront les lecteurs vers une note de pied de page ou une explication brève.

LIENS DE COURRIER ÉLECTRONIQUE

Il est judicieux de créer un lien hypertexte qui permette à vos visiteurs de vous envoyer rapidement un message électronique. C'est un excellent moyen de recueillir des commentaires sur vos pages Web. Beaucoup de sociétés affichent plusieurs liens de messagerie électronique, afin que les visiteurs puissent contacter la personne compétente.

IMAGES

Une image insérée dans une page Web est appelée image en ligne.

TROUVER DES IMAGES

Beaucoup de sites Web offrent des images que vous pouvez utiliser gratuitement pour vos pages Web. Vous pouvez aussi scanner des images stockées dans votre ordinateur ou bien créer vos propres images. Il est également possible d'acheter des séries d'images prêtes à l'emploi dans un magasin d'informatique. Assurez-vous cependant, pour toute image que vous n'avez pas créée vous-même, que vous avez le droit de l'intégrer dans votre page.

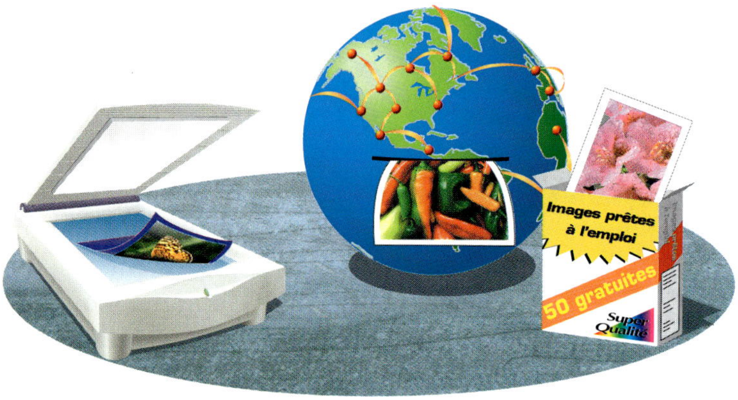

FORMATS D'IMAGES

Quand vous ajoutez des images aux pages de votre site Web, vous devez utiliser des images GIF ou JPEG. Ce sont les formats d'images les plus usuels.

Les images GIF *(Graphics Interchange Format)* sont limitées à 256 couleurs et servent souvent à des logos, des bannières et des dessins générés par ordinateur. Les images GIF ont une extension .gif (par exemple, logo.gif) dans leur nom de fichier.

Les images JPEG *(Joint Photographic Experts Group)* peuvent avoir des millions de couleurs et sont souvent utilisées pour des photographies et des images de grand format. Les images JPEG ont habituellement l'extension .jpg (par exemple, formule1.jpg) dans leur nom de fichier.

UTILISATIONS DES IMAGES

ART ET PHOTOGRAPHIES

Une page Web peut afficher des dessins, des peintures ou des images générées par ordinateur. Les graphistes et les agences de création affichent souvent des éléments artistiques sur leurs pages Web pour promouvoir leur style. Vous pouvez aussi faire figurer sur vos pages Web des photographies de votre famille, de votre animal ou de vos stars préférées.

CLARIFIER

Une image peut aider à clarifier un concept qui est difficile à expliquer avec des mots. Vous pouvez intégrer une carte pour indiquer des flux directionnels, un graphique pour montrer l'évolution de tendances financières ou un schéma pour repérer les différentes parties d'un objet.

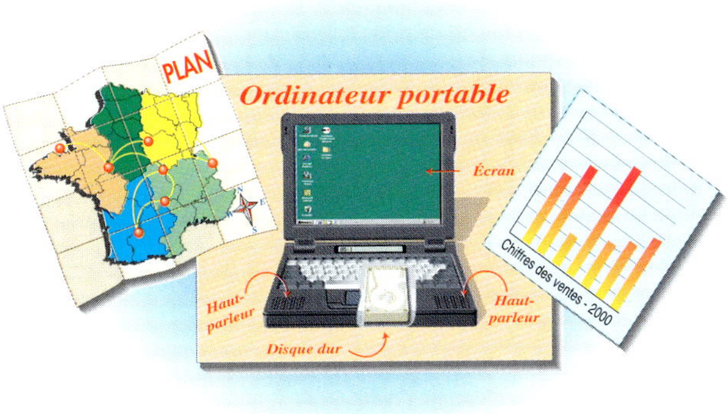

IMAGES D'ARRIÈRE-PLAN

Vous pouvez avoir une image qui se duplique indéfiniment jusqu'à ce qu'elle remplisse entièrement la page Web. Cela peut apporter un aspect créatif intéressant à l'arrière-plan de votre page. Mais assurez-vous auparavant que ce fond n'affecte pas la lisibilité générale de votre page.

IMAGES CARTE *(IMAGE MAPS)*

Vous pouvez diviser une image en plusieurs zones et lier chaque zone à une page différente. Cela s'appelle une image carte ou image interactive. Quand vous créez ce type d'image, vous devez partir d'une image qui possède différentes zones distinctes, afin que les visiteurs du site puissent les sélectionner. Les photographies ne constituent pas un bon support d'image interactive, car le plus souvent elles n'ont pas de zones bien délimitées.

FEUILLES DE STYLE

Vous pouvez recourir à des feuilles de style pour définir la mise en forme et la disposition de vos pages Web.

On appelle aussi les feuilles de style, des feuilles de style en cascade.

Certaines versions anciennes de navigateur ne reconnaissent pas les feuilles de style.

POURQUOI UTILISER LES FEUILLES DE STYLE ?

FONCTIONS COMPLÉMENTAIRES

Les feuilles de style permettent des mises en forme et en page de site Web qui ne peuvent pas être réalisées avec des balises HTML. Vous pouvez créer des pages Web sophistiquées qui ressemblent à des pages de magazine.

GAGNER DU TEMPS

Les feuilles de style permettent de spécifier dans une zone la manière de faire apparaître les informations sur la page Web. Par exemple, vous pouvez préciser que tous les titres principaux devront apparaître dans une police et une couleur données. Tout changement que vous apporterez aux feuilles de style affectera la page Web entière.

PRÉPARER LA PUBLICATION SUR LE WEB

Avant de publier vos pages Web, vous devez vous préparer à les transférer sur le serveur Web.

VÉRIFIER LES NOMS DE FICHIER DE LA PAGE WEB

Vos noms de fichier doivent tous avoir l'extension .html (par exemple, jardin.html) et ne pas inclure d'espaces ou de caractères spéciaux, tels que * ou &.

ORGANISER LES FICHIERS DE LA PAGE WEB

Vous devez placer tout ce qui concerne les pages Web dans un seul dossier. Veillez à ce qu'il contienne toutes les images, les sons, les vidéos et autres fichiers contenus dans vos pages Web. Si le dossier comporte beaucoup de fichiers, créez alors des sous-dossiers.

Par exemple, vous pouvez conserver toutes vos images dans un sous-dossier. Si vous changez l'emplacement de certains fichiers, assurez-vous de mettre à jour les références à vos fichiers dans vos pages Web.

SE PROCURER UN PROGRAMME FTP

Vous avez besoin d'un programme FTP *(File Transfer Protocol)* pour transférer vos pages Web vers le serveur Web. Pour plus d'informations sur les programmes FTP, consultez la page 142.

HÉBERGEURS DE SITES WEB

Les hébergeurs de sites Web sont des sociétés qui diffusent vos pages sur le Web. Ils stockent les pages sur des ordinateurs appelés serveurs Web.

FOURNISSEURS D'ACCÈS INTERNET

Les fournisseurs d'accès Internet offrent habituellement un espace sur leurs serveurs Web où les clients peuvent publier leur site gratuitement.

HÉBERGEMENT GRATUIT

Il existe un certain nombre de sociétés sur le Web qui publieront vos pages gratuitement. Elles offrent un espace de stockage limité et peuvent placer des messages publicitaires sur vos pages Web.

Vous trouverez des sociétés qui publient gratuitement les sites Web aux adresses suivantes :

www.multimania.fr/

www.ifrance.com/

chez.chez.com/

HÉBERGEURS SPÉCIALISÉS

Un hébergeur spécialisé est une société qui se consacre à la publication et à la gestion de sites Web. Il propose des services payants que les autres hébergeurs n'offrent pas et s'occupe des sites professionnels.

Vous pouvez trouver des hébergeurs spécialisés sur les sites suivants :

hebergement.sensio.com/

www.atout-web.com/

http://www.canal4.fr/

AVANT DE CHOISIR VOTRE HÉBERGEUR

SUPPORT TECHNIQUE

Un hébergeur payant destiné aux professionnels doit disposer d'un service technique pour répondre à toutes les questions par téléphone ou par courrier électronique.

ESPACE DE STOCKAGE

La plupart des hébergeurs de sites Web limitent l'espace disponible pour stocker les pages Web. Un hébergeur se doit de vous allouer un minimum de 5 Mo (mégaoctets).

ENREGISTREMENT DU NOM DE DOMAINE

Moyennant finance, la plupart des hébergeurs de sites Web permettent de choisir l'adresse, ou nom de domaine, que les internautes saisissent pour accéder à vos pages Web. Un nom de domaine personnalisé est facile à mémoriser et ne doit pas changer si vous passez par un autre hébergeur.

ANALYSE DE FRÉQUENTATION

Un bon hébergeur vous proposera des statistiques sur vos pages Web, telles que la page de votre site la plus visitée ou les heures de forte affluence.

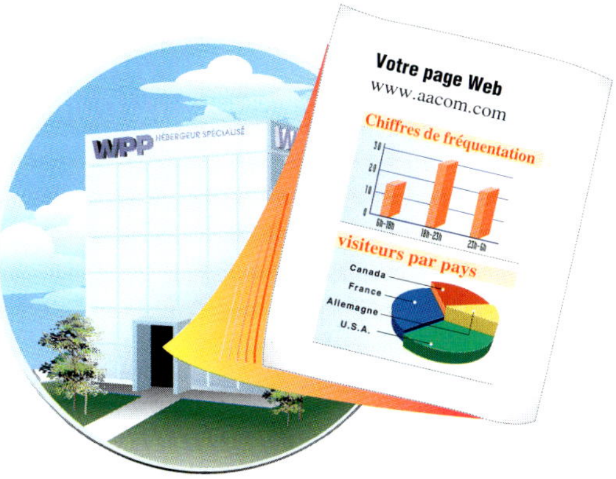

TESTER SES PAGES WEB

Il est bon de tester ses pages Web pour s'assurer qu'elles fonctionnent et qu'elles présentent l'aspect voulu.

Testez vos pages pour voi
si vous les parcourez facil
ment. Veillez à ce que vos
pages Web soient cohérentes sur le plan du style général et de l'écriture. Vérifiez qu'elles ne contiennent ni faute d'orthographe ni erreur de mise en forme.

AFFICHER DANS DES NAVIGATEURS WEB DIFFÉRENTS

Vous devez afficher vos pages Web dans des navigateurs différents pour être assuré que ces pages gardent bien l'aspect prévu. Chaque navigateur affichera une page Web de façon légèrement différente. Testez vos pages avec les deux navigateurs les plus répandus – Microsoft Internet Explorer et Netscape Navigator.

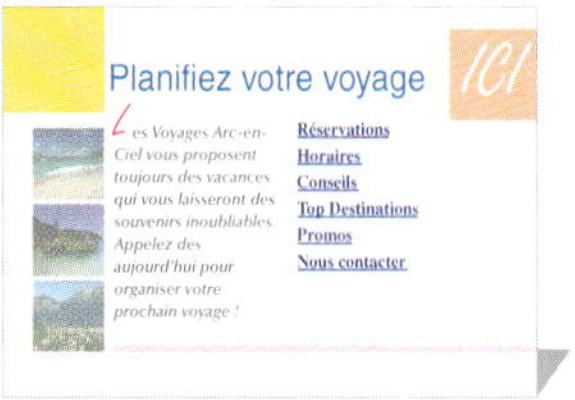

Microsoft Internet Explorer

Netscape Navigator

AFFICHER DANS DIFFÉRENTES RÉSOLUTIONS

La résolution d'un moniteur définit la quantité d'informations qui apparaît à l'écran. Les visiteurs afficheront vos pages Web avec des résolutions différentes. Vous devriez afficher vos pages avec les deux résolutions les plus usuelles : 640 x 480 et 800 x 600.

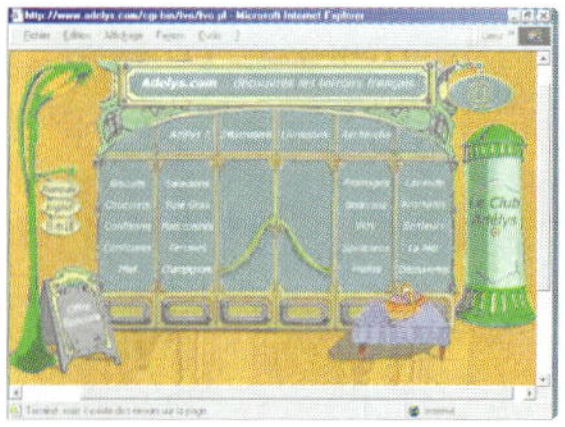

640x480

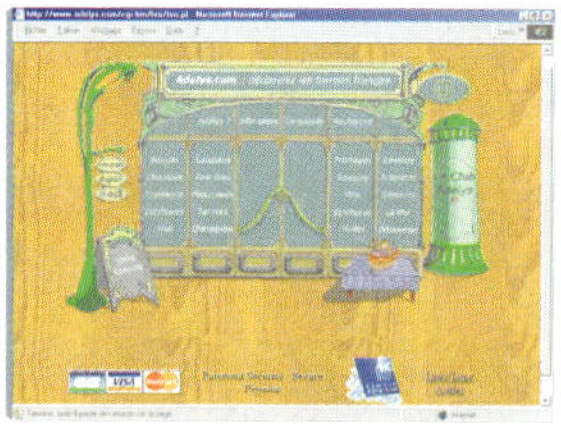

800x600

AFFICHER LE SITE SUR DES ORDINATEURS DIFFÉRENTS

Les pages peuvent apparaître différentes quand elles sont affichées sur un autre ordinateur. Essayez de visionner votre site sur une autre machine que la vôtre pour être sûr qu'il s'affiche tel que vous le voulez. Vérifiez aussi les sons, les vidéos et tout élément multimédia ajouté sur les pages Web.

VÉRIFIER LES LIENS

Vous devez vérifier régulièrement les liens sur vos pages Web pour vous assurer qu'ils emmènent bien vos visiteurs vers les destinations voulues. Veillez à ce que les pages liées existent toujours et contiennent les informations utiles.

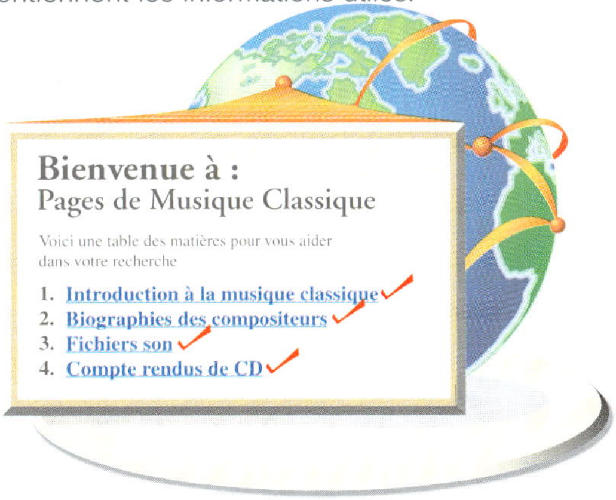

ÉVALUER LA VITESSE DE TRANSFERT

Évaluez le temps nécessaire au chargement des pages Web avec des vitesses de transmission différentes. La plupart des internautes utilisent des modems qui ont une vitesse de 56 Kbps, mais des modems moins rapides sont encore utilisés. Des pages Web possédant des fichiers lourds peuvent mettre beaucoup de temps à s'afficher.

DÉSACTIVER LES IMAGES

Certains internautes désactivent l'affichage des images pour surfer sur le Web plus rapidement, et d'autres utilisent des navigateurs qui ne peuvent pas afficher les images. Vous devez visionner vos pages Web sans les images pour être sûr que les visiteurs qui ne les affichent pas accèdent cependant aux informations utiles.

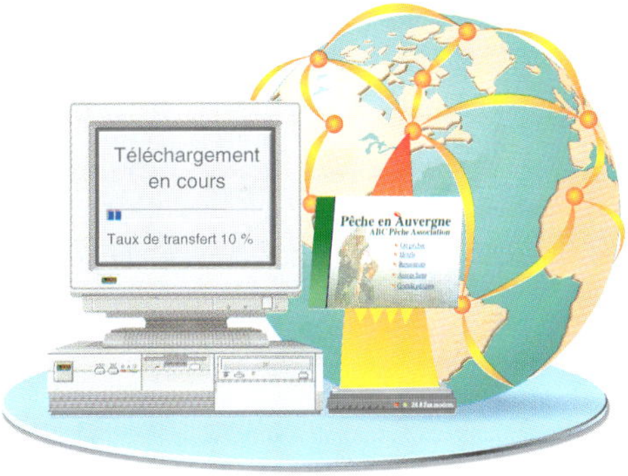

PROMOUVOIR SON SITE WEB

Une fois que vous avez publié vos pages Web, il existe différents moyens de les faire connaître.

MESSAGES ÉLECTRONIQUES

La plupart des programmes de messagerie électronique offrent une fonctionnalité, appelée Signature, qui permet d'ajouter la même information au bas de chaque message envoyé. Vous pouvez inclure dans votre signature l'adresse de votre site Web.

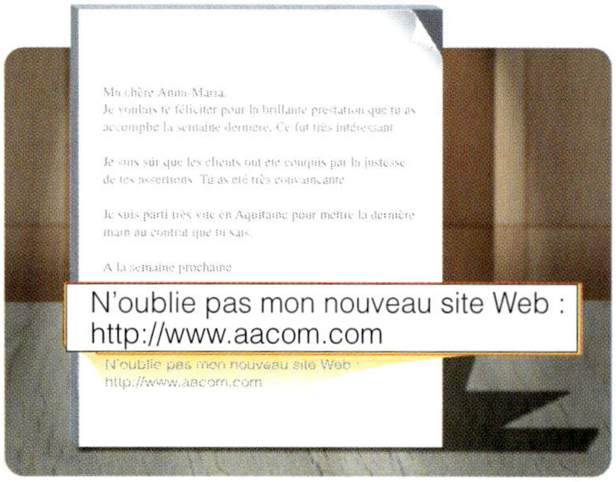

ÉCHANGE DE LIENS

Si une autre page Web développe des idées qui ont un rapport avec le contenu de vos pages, vous pouvez demander à son auteur d'inclure un lien à vos pages et lui rendre la pareille (on parle de liens réciproques). Cela permet aux visiteurs des autres sites de venir passer un moment sur le vôtre.

PROMOUVOIR UN SITE WEB

Beaucoup de sociétés ont ménagé des zones sur leurs pages Web où vous pouvez insérer de la publicité pour votre site. La société LinkExchange (gestionnaire de bannières publicitaires) vous aide à faire la promotion de vos pages gratuitement sur le Web. Vous trouverez les coordonnées de ce type de société aux adresses suivantes :

Adnetwork.linkexchange.com

www.immophone.fr/francebanniere/

GROUPES DE DISCUSSION

Vous pouvez faire connaître votre site Web auprès de divers groupes de discussion. Veillez à ce que ces derniers abordent bien des thèmes apparentés à vos pages Web. Il est possible de signaler des pages Web inédites ou mises à jour au groupe de discussion.

fr.comp.infosystemes.www.annonces.

LISTES DE DIFFUSION

Vous pouvez envoyer une annonce par l'intermédiaire de listes de diffusion soigneusement sélectionnées. Vous devez lire les messages de la liste de diffusion pendant au moins une semaine avant d'envoyer une annonce, pour être certain que les membres de la liste seront intéressés par votre site.

MOTEURS ET OUTILS DE RECHERCHE

Vous pouvez envoyer vos pages Web à des moteurs de recherche sur le Web afin que les internautes puissent aisément trouver votre site. Pour obtenir des descriptions des meilleurs moteurs de recherche, visitez le site www.cae.fr/caenet/neturl/moteur1.htm. Vous pouvez faire référencer votre site auprès de plusieurs moteurs de recherche, grâce au site www.submit-hit.com/.

CHAPITRE 7

Télécharger des informations

Vous souhaitez télécharger des fichiers et des programmes ? Ce chapitre vous explique comment y parvenir.

TÉLÉCHARGER DES ÉLÉMENTS DEPUIS UNE PAGE WEB

Vous pouvez télécharger, ou enregistrer, des éléments intéressants trouvés sur des pages Web. Vous téléchargez une image, la totalité d'une page Web ou vous utilisez un lien pour télécharger un fichier.

Lorsque vous avez téléchargé un élément sur votre ordinateur, vous y accédez à tout instant.

TÉLÉCHARGER UNE IMAGE

La plupart des navigateurs Web permettent de télécharger une image affichée sur une page Web. Lorsque l'image est enregistrée dans votre ordinateur, vous pouvez l'utiliser dans vos propres documents. Assurez-vous de posséder l'autorisation d'utiliser les images que vous récupérez sur le Web.

TÉLÉCHARGER UNE PAGE WEB

La plupart des navigateurs Web permettent de télécharger la totalité d'une page Web. Cela permet de la consulter lorsque vous n'êtes pas connecté à l'Internet ou d'envoyer cette page à un ami ou un collaborateur en utilisant un programme de messagerie.

Les pages Web fournissent souvent des liens que vous utilisez pour télécharger des fichiers. Vous pouvez télécharger différents types de fichiers.

TÉLÉCHARGER UN FICHIER À L'AIDE D'UN LIEN

TÉLÉCHARGER UN FICHIER TEXTE

Des documents intéressants pour vos recherches et vos loisirs sont disponibles : livres, manuels d'informatique, documents administratifs, titres d'actualité.

TÉLÉCHARGER UNE IMAGE

Vous pouvez télécharger des images, par exemple des images générées par ordinateur, des peintures de musée ou des photos de personnes célèbres. Les formats d'images courants sont Bitmap, GIF, JPEG et PNG.

TÉLÉCHARGER UN FICHIER SON

Vous pouvez télécharger des thèmes musicaux, des effets sonores, des extraits de discours célèbres et des airs d'émissions de télévision ou de films. Les formats sonores courants sont MIDI, MPEG, RealAudio et Wave.

TÉLÉCHARGER UN FICHIER VIDÉO

Vous pouvez télécharger des extraits de films, des dessins animés, des vidéos éducatives et des animations générées par ordinateur. Les formats vidéo courants sur le Web sont AVI, MPEG et QuickTime.

TÉLÉCHARGER DES PROGRAMMES

Après avoir téléchargé des programmes sur le Web, vous les utilisez sur votre ordinateur. Par exemple des traitements de texte, des tableurs, des programmes de messagerie ou des jeux.

TROUVER DES PROGRAMMES SUR LE WEB

Les éditeurs de logiciels, par exemple Microsoft et Netscape, permettent généralement de télécharger des programmes sur leurs sites Web. Il existe également de nombreux sites Web sur lesquels vous pouvez trouver de grandes quantités de programmes à télécharger :

www.shareware.com

www.anshare.com

www.tucows.com

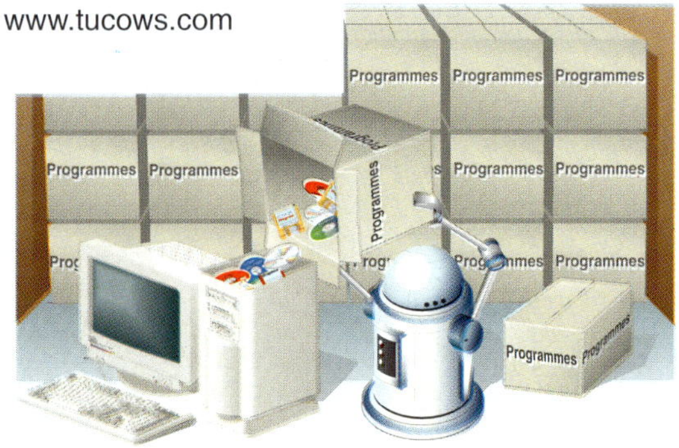

DESCRIPTION DES PROGRAMMES

La plupart des sites Web donnent une rapide description des programmes à télécharger : la taille et le système nécessaire à son fonctionnement. Certains sites fournissent également une critique du programme, écrite par les auteurs du programme.

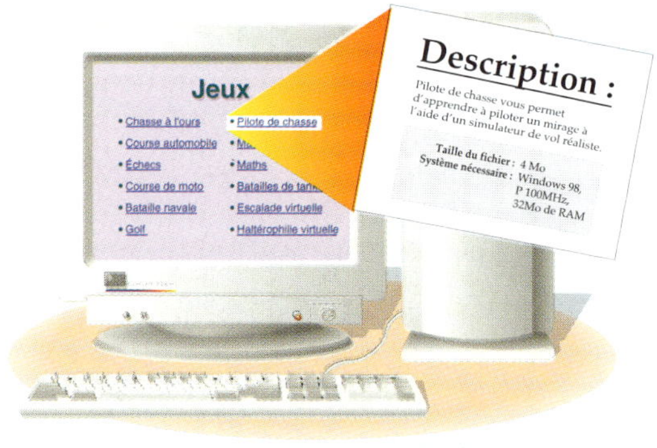

TYPES DE PROGRAMME

FREEWARE

Les programmes freeware sont gratuits mais soumis à des droits d'auteur. L'auteur peut vous demander de suivre certaines règles si vous souhaitez modifier ou distribuer un programme gratuit.

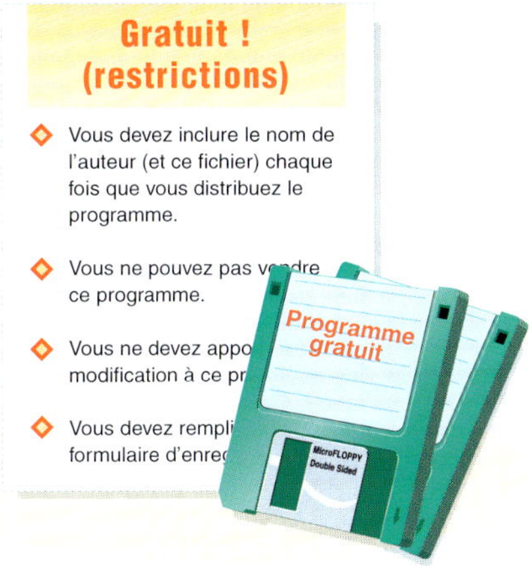

SHAREWARE

Vous pouvez essayer gratuitement un programme shareware pendant une période de temps limitée. Si vous appréciez le programme et continuez de l'utiliser, vous devez le payer à son auteur. Souvent, les programmes shareware ne vous permettent pas d'accéder à toutes les fonctionnalités tant que vous n'avez pas payé.

VERSION BÊTA

Une version bêta d'un programme est une version préliminaire qui n'est pas prête à être commercialisée. De nombreux éditeurs de logiciels permettent aux utilisateurs de tester des versions bêta d'un programme avant de diffuser la version officielle.

VERSION DE DÉMONSTRATION

Vous pouvez télécharger une version de démonstration d'un programme. Généralement, cette version permet d'utiliser toutes les fonctionnalités d'un programme pendant une période limitée. À la fin de cette période, vous devez acheter le programme si vous souhaitez encore l'utiliser.

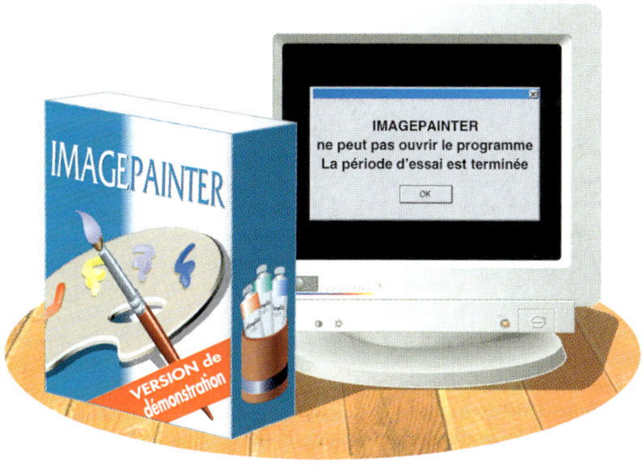

TÉLÉCHARGER DES MUSIQUES MP3

Sur le Web, vous pouvez écouter de la musique avec la qualité CD.

Votre ordinateur doit être équipé pour diffuser des sons afin de jouer de la musique de qualité CD.

FORMAT MP3

MP3 est un format de son utilisé pour transmettre de la musique sur Internet avec une qualité CD. MP3 est un raccourci de *Motion Picture Experts Group Audio Layer 3*. Ce format compresse les fichiers son pour qu'ils n'occupent pas trop de place sur le disque. Leur faible encombrement permet aux fichiers au format MP3 d'être transférés rapidement et facilement à travers l'Internet.

MP3

Les artistes enregistrent leur musique au format MP3 et la proposent sur le Web pour la faire connaître. Il existe de nombreux sites Web qui permettent de télécharger ou de copier des chansons ou des CD entiers au format MP3. Certains sites proposent de la musique gratuitement, sur d'autres, elle est payante. Vous trouverez des fichiers MP3 aux adresses suivantes :

listen.to/hitsmp3power

www.francemp3.com/

www.allmp3.com/

LECTEUR MP3

Il vous est nécessaire de disposer d'un logiciel spécial, appelé lecteur MP3, installé sur votre ordinateur, pour télécharger et lire les fichiers MP3. La plupart des lecteurs MP3 disponibles sur le Web sont gratuits ou existent en version d'essai.

Certains lecteurs Mp3 ressemblent et fonctionnent comme des lecteurs de CD. Ils affichent les boutons Lecture, Pause, Stop, aussi bien que Balance, Volume et Égaliseur. Vous trouverez des lecteurs MP3 sur les sites suivants :

Winamp (pour Windows)

www.winamp.com

MacAMP (pour Macintosh)

www.macamp.org

Media Player (Windows et Macintosh)

www.microsoft.com/windows/mediaplayer

LECTEUR MP3 PORTABLE

Vous pouvez utiliser un lecteur MP3 portable pour écouter des fichiers MP3. Une fois les chansons téléchargées depuis le Web, vous pouvez les transférer de votre ordinateur sur le lecteur portable et les conserver avec vous.

La plupart des lecteurs portables peuvent charger jusqu'à une heure de musique de qualité CD. Vous pourrez vous procurer des lecteurs MP3 portables dans la plupart des magasins d'informatique et de Hi-Fi.

TÉLÉCHARGER DES FICHIERS AVEC FTP

FTP *(File Transfert Protocol)* permet de rechercher des fichiers stockés sur les ordinateurs du monde entier et de télécharger ceux qui vous intéressent.

SITES FTP

Un site FTP stocke des fichiers auxquels on peut accéder gratuitement. Certains sites FTP nécessitent la saisie d'un mot de passe pour l'accès aux fichiers. Les écoles, les universités, les administrations, les sociétés et les particuliers gèrent des sites FTP.

Une liste de sites FTP est disponible sur le site Web suivant :

hoohoo.ncsa.uiuc.edu/ftp

TÉLÉCHARGER DES FICHIERS

De nombreux internautes utilisent leur navigateur Web pour télécharger des fichiers sur les sites FTP. Vous pouvez également utiliser un programme FTP pour cela. Un tel programme est utile lorsque vous souhaitez télécharger plusieurs fichiers à la fois. Les sites Web suivants proposent deux des logiciels FTP les plus connus :

WS_FTP Pro (Windows)
www.ipswitch.com/products

Fetch (Macintosh)
www.macorchard.com/ftp.html

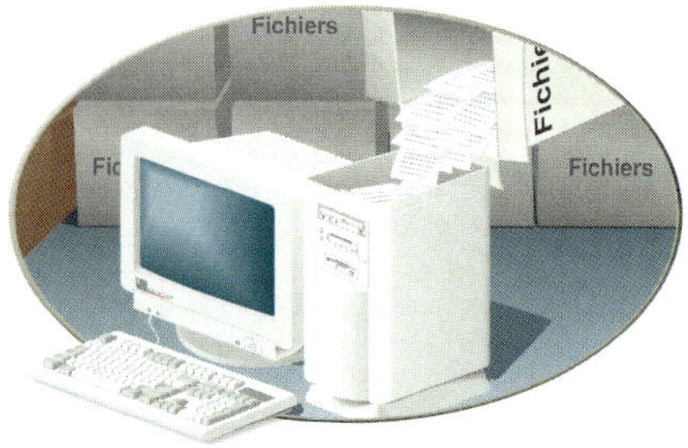

STOCKAGE DES FICHIERS SUR LES SITES FTP

RÉPERTOIRES

Les fichiers des sites FTP sont stockés dans différents répertoires. Les répertoires permettent d'organiser les informations de la même manière que les dossiers permettent de classer des documents dans un classeur à tiroir.

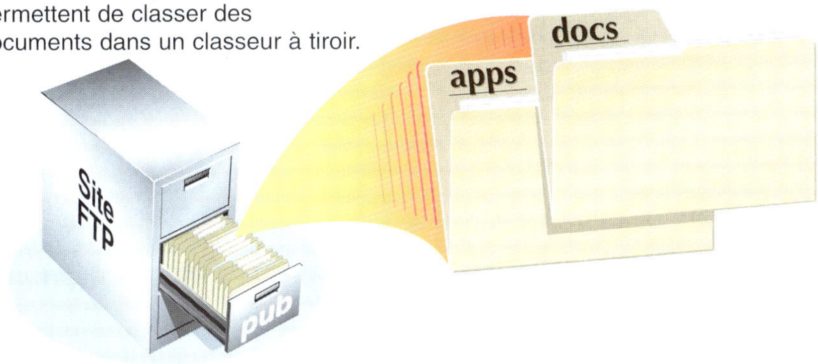

La plupart des sites FTP possède un répertoire principal appelé « pub », abréviation de public. Le répertoire pub contient les sous-répertoires et les fichiers. La plupart des noms de sous-répertoires indiquent le type de fichiers qu'ils contiennent. Les noms de sous-répertoires courants sont « apps », pour les programmes d'applications et « docs » pour les fichiers texte et les documents.

NOMS DE FICHIER

Tout fichier d'un site FTP se compose d'un **nom**, d'un point (.) et d'une **extension**. Le nom décrit le contenu du fichier, l'extension, le type du fichier.

FICHIER README

Un site FTP bien structuré possède des fichiers de description du contenu proposé, généralement appelé « index », « readme » ou « lisezmoi ».

PROBLÈMES DE TÉLÉCHARGEMENT

Il existe plusieurs facteurs à prendre en compte lorsque vous téléchargez des fichiers sur l'Internet.

COMPRESSION DE FICHIERS

Les fichiers volumineux sont généralement stockés sous forme comprimée pour économiser l'espace disque. Leur transfert gagne également en rapidité.

Une fois téléchargé, un fichier comprimé doit être développé à l'aide d'un logiciel de compression approprié. WinZip et Stuffit sont les deux logiciels de compression les plus utilisés :

WinZip (Windows)
www.winzip.com

StuffIt (Macintosh)
www.aladdinsys.com/products

COMPATIBILITÉ

Le fait de transférer un fichier sur votre ordinateur ne signifie pas que vous pouvez l'utiliser. Assurez-vous d'obtenir des fichiers qui fonctionnent avec votre type d'ordinateur. De nombreux sites sur l'Internet possèdent des zones séparées pour les Macintosh et les compatibles IBM.

Lorsque vous téléchargez un fichier, vous devez également vous assurer que vous possédez le programme adéquat pour ouvrir ou afficher ce fichier.

SITES WEB OCCUPÉS

Chaque site Web ne peut gérer qu'un nombre limité d'utilisateurs en même temps. Si vous obtenez des messages d'erreur lorsque vous vous connectez, le site a peut-être atteint la limite d'utilisateurs. Essayez d'accès au site Web en dehors des heures de pointes, par exemple la nuit ou le week-end.

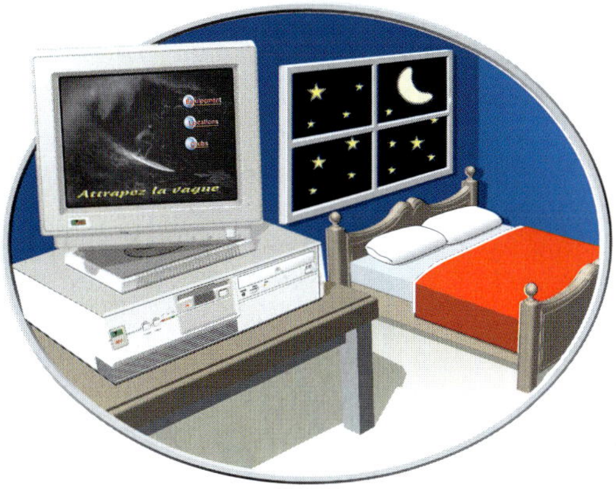

SITES MIROIRS

Certains sites Web très visités possèdent des sites miroirs. Un site miroir stocke les mêmes informations que le site d'origine mais il est généralement moins encombré. Un site miroir peut également être géographiquement plus proche de votre ordinateur, ce qui fournit une connexion plus rapide et plus fiable.

Les sites miroirs sont mis à jour régulièrement pour garantir que les fichiers du site d'origine se trouvent également sur le site miroir.

VIRUS

Un virus est un programme destructeur qui empêche le fonctionnement normal d'un ordinateur. Vous devez utiliser un programme anti-virus pour vérifier les fichiers que vous téléchargez sur l'Internet.

Les deux logiciels antivirus les plus connus sont disponibles sur les sites suivants :

www.mcafee.com

www.symantec.com/nav

jdurant@

CHAPITRE 8

Courrier électronique

Vous souhaitez communiquer avec votre famille, vos amis et vos collègues sur l'Internet ? Lisez ce chapitre pour apprendre à utiliser le courrier électronique.

INTRODUCTION

Vous pouvez échanger du courrier électronique (e-mail) avec des personnes situées aux quatre coins du monde.

Le courrier électronique est un moyen rapide, économique et pratique d'envoyer des messages à la famille, aux amis et aux collègues.

VITESSE

Le courrier électronique est sensiblement plus rapide que le courrier traditionnel. Un message est acheminé d'un bout à l'autre de la Terre en quelques minutes.

COÛT

Hormis l'abonnement versé au fournisseur d'accès Internet et les frais de communication téléphonique, l'envoi et la réception de courrier électronique sont gratuits, même si le message est long ou destiné à une personne habitant à l'autre bout de la planète.

Le courrier électronique est une solution économique pour contacter une personne éloignée. Pensez-y la prochaine fois que vous décrocherez votre téléphone pour un appel national ou international.

PRATIQUE ET AISÉ

Vous pouvez créer et envoyer des messages à tout moment. Le destinataire n'est pas obligé de se trouver devant son ordinateur lors de la réception du message, ce qui simplifie les communications entre des personnes habitant dans des fuseaux horaires différents.

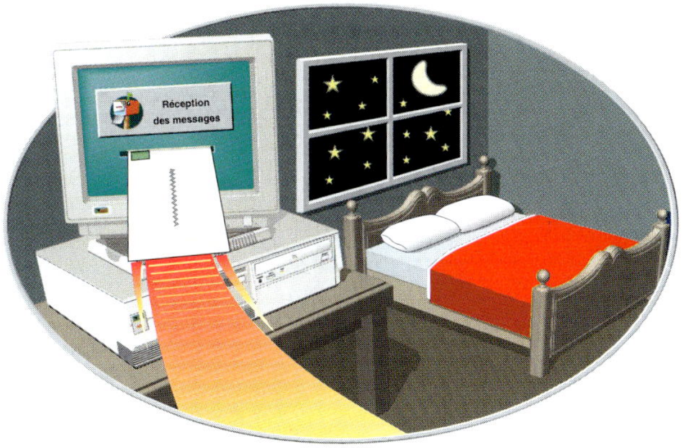

COMPOSITION HORS LIGNE

Vous pouvez écrire des messages électroniques lorsque vous n'êtes pas connecté à l'Internet (hors ligne). Lorsque vous avez terminé tous vos messages, vous vous connectez à l'Internet et vous envoyez tous les messages en une seule fois. Cela permet d'économiser de l'argent puisque vous ne payez pas le temps d'écrire les messages.

EN-TÊTE

Chaque message électronique contient des informations appelées en-tête. Vous pouvez l'afficher pour trouver des informations telles que la date et l'heure d'envoi du message. Vous pouvez également afficher la liste de tous les ordinateurs de l'Internet à travers lesquels est passé le message avant d'atteindre votre machine.

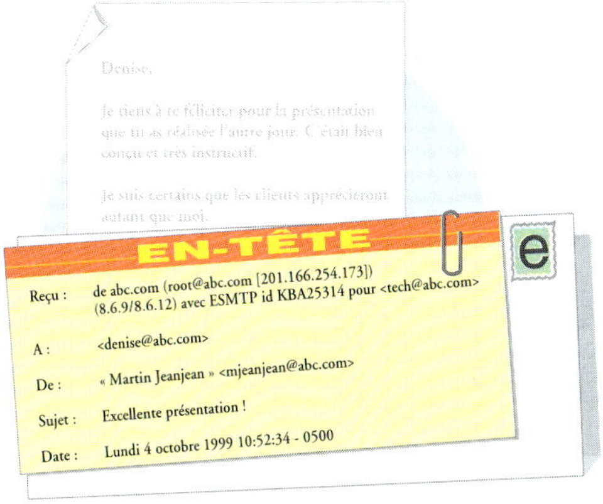

LOGICIELS DE COURRIER ÉLECTRONIQUE

Un logiciel de courrier électronique permet d'envoyer, de recevoir et de gérer des messages.

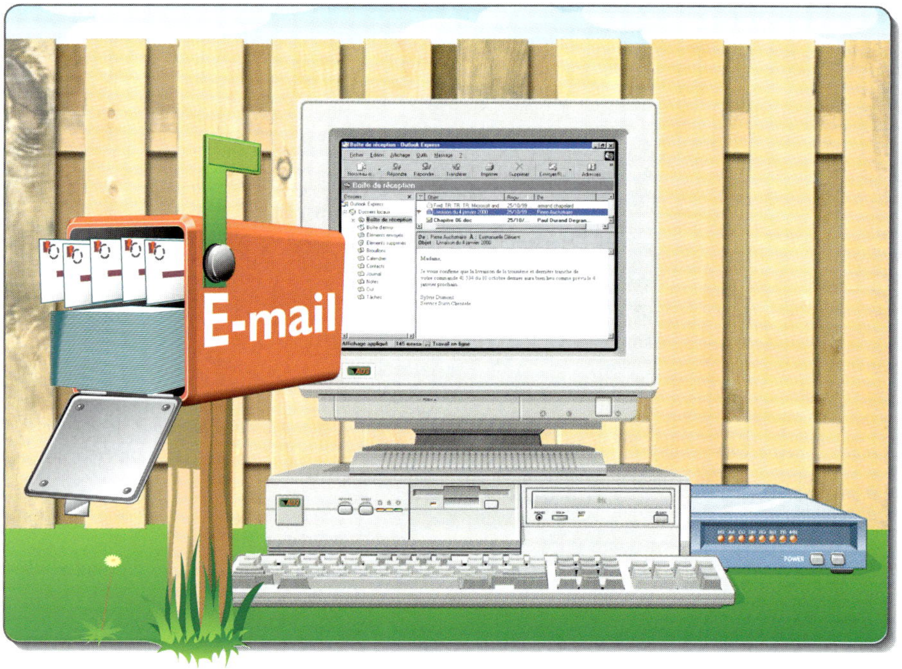

LOGICIELS UTILISÉS

Les logiciels de courrier électronique connus sont Microsoft Outlook, Eudora Light et Netscape Mail.

Outlook Express

www.microsoft.com

Eudora Light

Eudora.qualcomm.com

Netscape Mail

www.netscape.com

Note. Outlook Express fait partie de la suite Internet Explorer.

Outlook Express

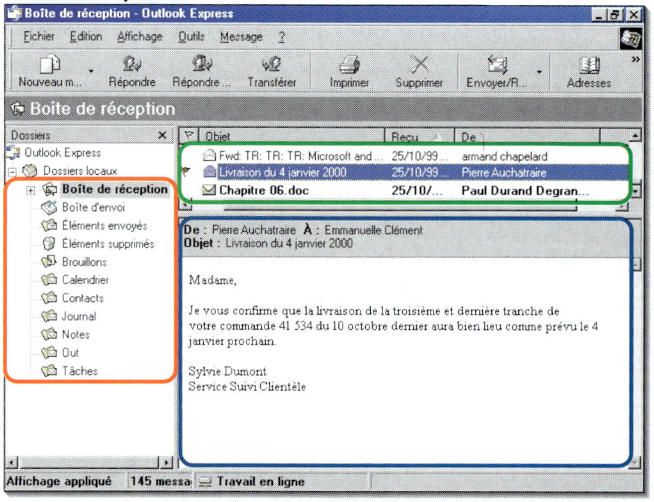

- Dossiers contenant vos messages électroniques.
- Liste des messages.
- Contenu d'un message.

FONCTIONS DU COURRIER ÉLECTRONIQUE

ORGANISATION

Les logiciels de courrier électronique stockent les messages envoyés, reçus et effacés dans des dossiers séparés. Cela permet d'organiser les messages pour les retrouver. Vous pouvez également créer des dossiers personnalisés pour une meilleure organisation.

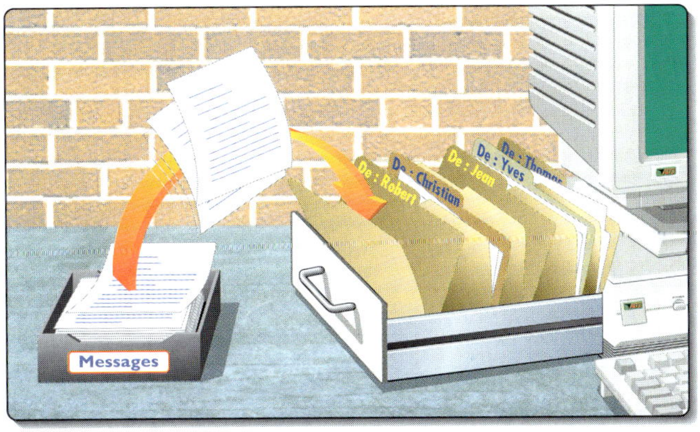

FILTRES

Certains logiciels de courrier électronique peuvent automatiquement placer vos messages dans des dossiers, ou les filtrer. Par exemple, vous créez un filtre pour placer tous les messages d'une personne précise dans un dossier.

VÉRIFIER L'ORTHOGRAPHE

La plupart des logiciels de courrier électronique permettent de vérifier l'orthographe. Avant d'envoyer un message, le vérificateur orthographique compare chacun des mots avec son dictionnaire. Si un mot n'existe pas, il le considère mal écrit et vous demande alors de modifier ce mot en vous proposant éventuellement une correction.

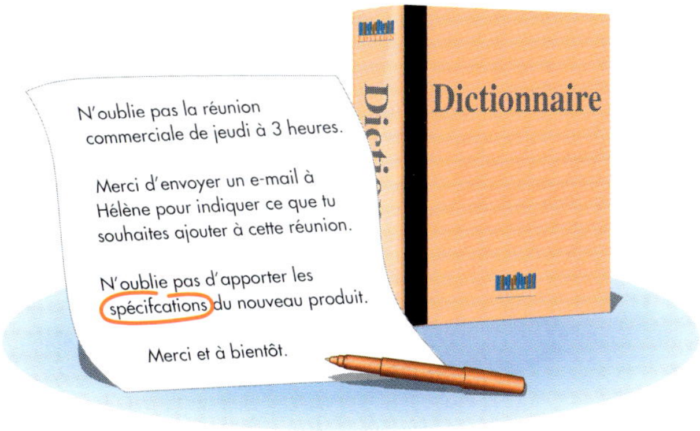

ADRESSES ÉLECTRONIQUES

À condition de connaître son adresse électronique personnelle, vous pouvez envoyer du courrier à n'importe qui à travers le monde.

Une adresse électronique définit l'emplacement de la boîte aux lettres d'un internaute.

ÉLÉMENTS D'UNE ADRESSE ÉLECTRONIQUE

Une adresse électronique se compose de deux éléments principaux séparés par le symbole @ (« at », « chez », en anglais). Tous les caractères sont autorisés, à l'exception des espaces.

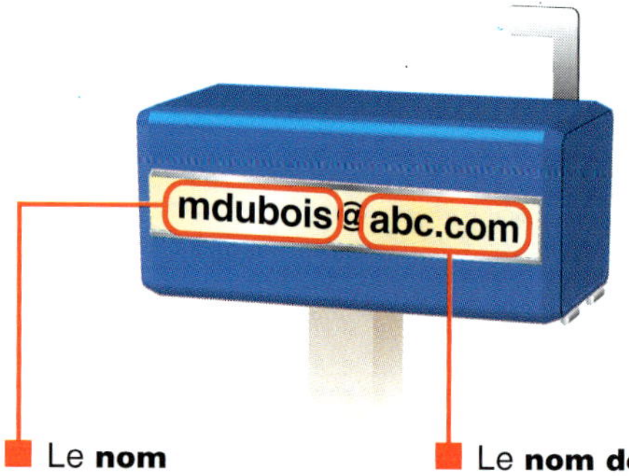

- Le **nom d'utilisateur** est le nom du propriétaire du compte. Il peut s'agir d'un nom ou d'un surnom.
- Le **nom de domaine** est l'emplacement du compte de l'utilisateur sur l'Internet. Ses composants sont séparés par des points (.).

ADRESSES DE PERSONNES CÉLÈBRES

NOM	ADRESSE
Bill Gates	askbill@microsoft.com
Brad Pitt	ciaobox@msn.com
Madonna	madonna@wbr.com
Jacques Chirac	www.elysee.fr

ORGANISATION OU PAYS

Le suffixe d'une adresse électronique indique le type d'organisation ou le pays de son détenteur.

ORGANISATION	
com	commercial
edu	éducation
gov	gouvernement
mil	défense
net	réseau
org	organisation non gouvernementale (à but non lucratif, le plus souvent)

PAYS	
au	Australie
be	Belgique
ca	Canada
fr	France
it	Italie
jp	Japon
uk	Grande-Bretagne

TROUVER DES ADRESSES ÉLECTRONIQUES

Pour connaître les adresses électroniques de vos amis et collègues, le meilleur moyen est de les appeler. Bien qu'il n'existe pas d'annuaire central des adresses électroniques, de nombreux sites Web ont pour objectif de faciliter vos recherches.

Pour rechercher des adresses électroniques, visitez les sites Web suivants :

www.pagesjaunes.fr

www.bigfoot.com

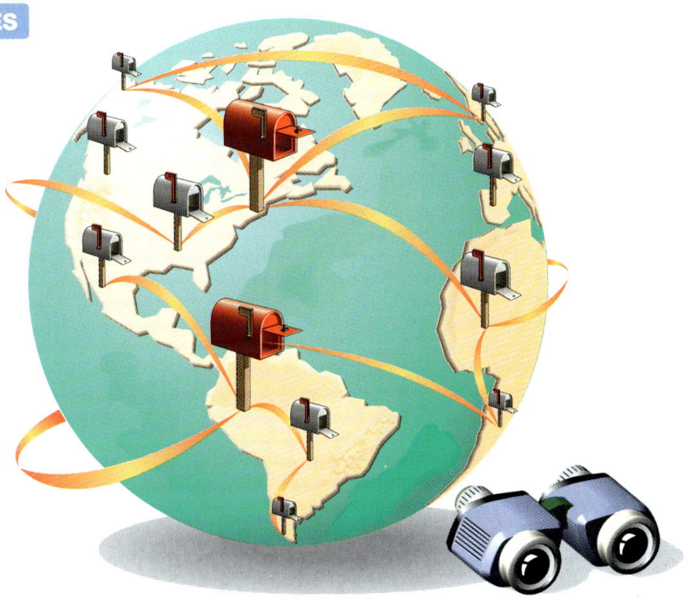

PARTIES D'UN MESSAGE

De :

Adresse de la personne qui envoie le message.

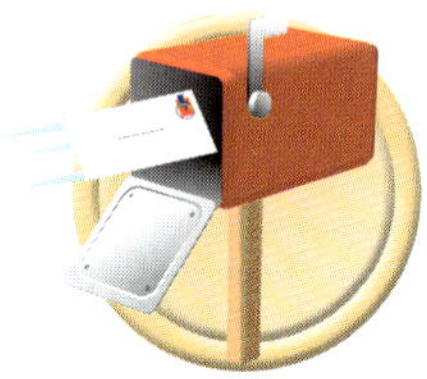

À :

Adresse de la personne qui reçoit le message.

Objet :

Identifie le contenu du message. Veillez à ce qu'il soit explicite, en évitant les mentions comme « Pour information » ou « Important ».

Expéditeur : marie@abc.com

Destinataire : jacques@abc.com

Objet : Félicitations

Cc : [illegible]

Cci : jeanne@abc.com

Félicitations pour tes résultats ! J'espère te voir à la réunion donnée en ton honneur vendredi.

Cc:

Abréviation de « copie conforme ». Une copie conforme est une copie exacte d'un message que vous pouvez adresser à une personne qui n'est pas directement concernée mais susceptible d'être intéressée par le contenu du message

Cci :

Abréviation de « copie conforme invisible ». Envoyer une copie conforme invisible, c'est transmettre une copie exacte du message à une personne à l'insu des autres destinataires.

RECEVOIR UN MESSAGE

RECEVOIR DES MESSAGES

Votre ordinateur ne doit pas nécessairement être allumé pour recevoir des messages électroniques. Votre fournisseur d'accès Internet stocke dans une boîte aux lettres les messages qui vous sont destinés. En relevant votre courrier, vous vérifiez le contenu de cette boîte aux lettres.

Consultez votre courrier régulièrement. Si votre boîte aux lettres est saturée, le fournisseur d'accès Internet est en droit de supprimer quelques messages.

Vous pouvez vous connecter à votre fournisseur d'accès Internet pour récupérer votre courrier à partir de n'importe quel ordinateur, ce qui est pratique si vous vous déplacez souvent.

RELEVER AUTOMATIQUEMENT SON COURRIER

La plupart des logiciels de courrier électronique permettent de récupérer automatiquement vos nouveaux messages. Vous avez la possibilité de définir la fréquence de cette opération.

Vous pouvez fixer à 30 minutes la fréquence de vérification du courrier. Si cette dernière est plus élevée, les performances d'autres tâches, comme l'exploration du Web, risquent d'en pâtir.

ENVOYER UN MESSAGE

Un message permet d'échanger des idées et de demander des informations.

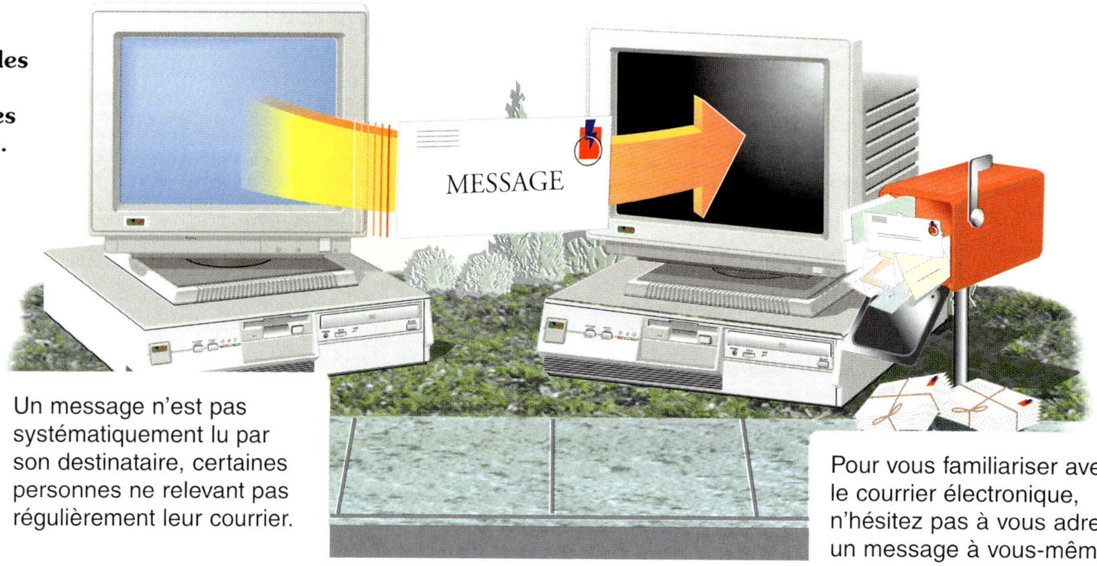

Un message n'est pas systématiquement lu par son destinataire, certaines personnes ne relevant pas régulièrement leur courrier.

Pour vous familiariser avec le courrier électronique, n'hésitez pas à vous adresser un message à vous-même.

CARNET D'ADRESSES

La plupart des logiciels de courrier électronique comprennent un carnet dans lequel vous pouvez noter les adresses des principaux destinataires, ce qui évite la saisie de l'adresse lors de l'envoi d'un message.

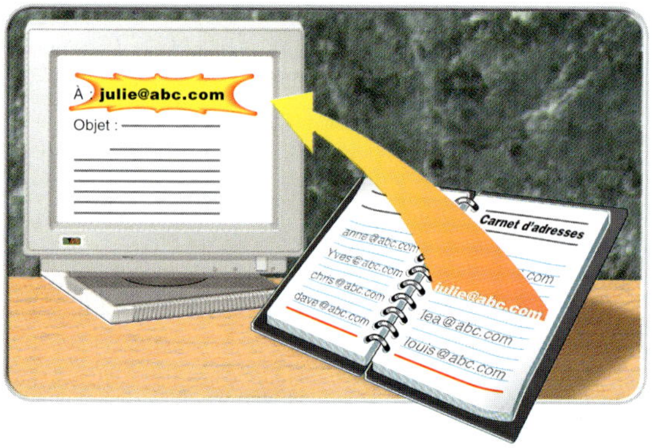

STYLE DE COMPOSITION

Vérifiez que chaque message envoyé est clair, concis et ne contient pas de faute d'orthographe ou de grammaire. Votre message ne doit pas non plus être source de confusion. Un trait d'humour peut être mal interprété, par exemple.

SMILEYS

Les smileys ou emoticons sont des caractères spéciaux permettant d'exprimer des sentiments dans les messages. Penchez la tête pour découvrir quelles expressions du visage ils représentent.

SMILEYS

Sentiment	Caractères
Chagrin	:'-(
Déception	:-(
Indifférence	:-I
Joie	:-D
Bonheur	:-)
Surprise	:-0
Complicité	;-)

ABRÉVIATIONS

Les abréviations remplacent des expressions usuelles.

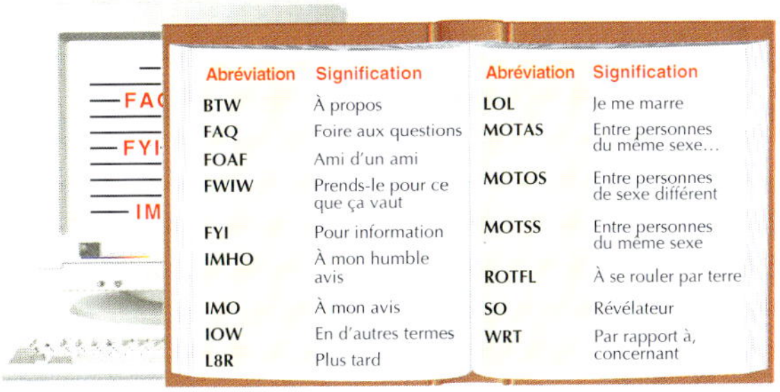

Abréviation	Signification	Abréviation	Signification
BTW	À propos	LOL	Je me marre
FAQ	Foire aux questions	MOTAS	Entre personnes du même sexe…
FOAF	Ami d'un ami	MOTOS	Entre personnes de sexe différent
FWIW	Prends-le pour ce que ça vaut	MOTSS	Entre personnes du même sexe
FYI	Pour information	ROTFL	À se rouler par terre
IMHO	À mon humble avis	SO	Révélateur
IMO	À mon avis	WRT	Par rapport à, concernant
IOW	En d'autres termes		
L8R	Plus tard		

EMPLOI DES MAJUSCULES

UN MESSAGE RÉDIGÉ EN MAJUSCULES EST AGRESSIF ET ILLISIBLE. Combinez majuscules et minuscules dans vos messages.

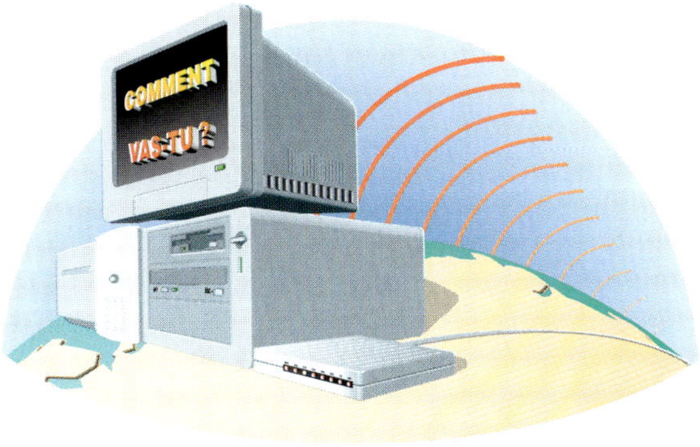

SIGNATURE

Votre logiciel de courrier électronique peut ajouter des informations à la fin de chacun de vos messages, ce qui en accélère la composition.

Une signature comporte généralement le nom et l'adresse électronique de l'expéditeur, voire sa profession ou sa citation favorite. Vous pouvez également créer des images simples à l'aide de caractères ASCII.

ENVOYER UN MESSAGE (SUITE)

ENVOYER UN MESSAGE À PLUSIEURS ADRESSES

Vous pouvez envoyer un message à plusieurs adresses. Pour cela, vous devez donner un nom à un groupe d'adresse e-mail. Lorsque vous envoyer un message à ce nom, il est expédié à toutes les personnes du groupe. Cette fonctionnalité est intéressante lorsque vous envoyez des annonces ou des bulletins d'informations aux personnes d'une liste de diffusion.

MESSAGE NON REMIS

Un message non remis est retourné à l'expéditeur car il n'a pas atteint sa destination ; le plus souvent l'adresse électronique en est erronée. Avant d'envoyer un message, vérifiez l'adresse du destinataire.

RÉPONDRE À UN MESSAGE

Cette action permet de répondre à une question, d'exprimer une opinion ou de fournir un complément d'information.

Insertion du texte d'origine

Lorsque vous répondez à un message, veillez à insérer le texte d'origine, ce qui permet au destinataire de savoir à quel message (ou partie du message) vous répondez. Pour faire gagner du temps au destinataire, supprimez les paragraphes auxquels vous ne répondez pas.

TRANSFÉRER UN MESSAGE

Vous pouvez ajouter des commentaires à un message reçu, puis l'envoyer à un ami ou à un collègue.

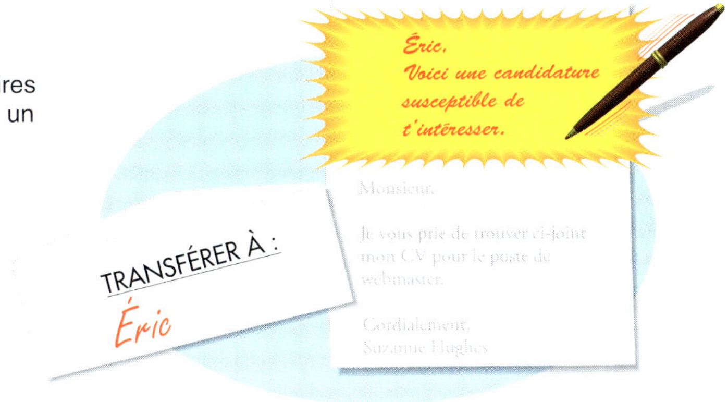

JOINDRE UN FICHIER À UN MESSAGE

Vous pouvez joindre (ou attacher) à un message prêt à l'envoi un document, une image, un fichier son ou vidéo, ou un programme. L'ordinateur du destinataire doit posséder le programme permettant d'afficher ou de lire la pièce jointe.

Un fichier joint ne doit pas excéder 1 Mo (méga-octets) car les transferts de messages avec des pièces jointes sont souvent fastidieux, compte tenu du débit peu élevé de la plupart des connexions Internet.

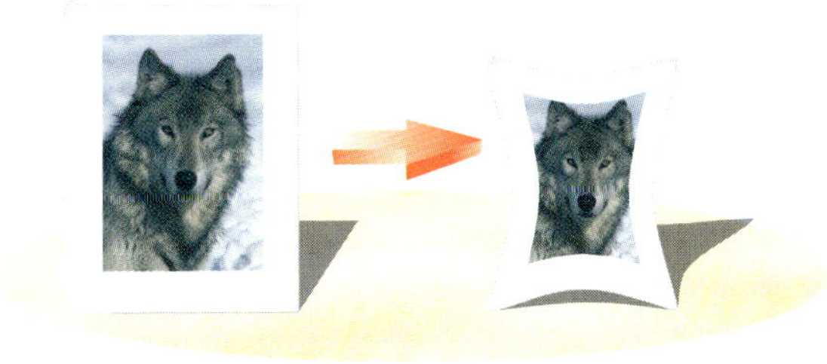

Comprimer un fichier joint

Un programme de compression permet de réduire la taille d'un fichier que vous souhaitez joindre à un message. La compression de données accélère le transfert sur l'Internet. Pour décomprimer le fichier, le destinataire doit posséder le programme de compression approprié.

Parmi les logiciels de compression les plus connus, citons :

Winzip

www.winzip.com

Stuffit

www.aladdinsys.com/products

VIRUS DANS LES MESSAGES

Les virus sont véhiculés par des fichiers joints à des messages. Leur nombre augmente avec l'essor du courrier électronique.

Un message ne contenant que du texte ne peut véhiculer de virus.

VIRUS

Un virus est un programme nuisant au bon fonctionnement d'un ordinateur. Certains virus sont anodins, d'autres très destructeurs. Un virus peut provoquer l'affichage de messages intempestifs ou la destruction d'informations sur le disque dur. Certains virus ont un effet immédiat, d'autres sont des bombes à retardement.

PROPAGATION

L'ouverture d'une pièce jointe contenant un virus facilite la prolifération de ce dernier. Le transfert d'un tel message risque de contaminer les ordinateurs de vos destinataires. Nombreux sont les virus capables de s'immiscer dans le carnet d'adresses du destinataire et d'envoyer automatiquement des messages infectés aux personnes répertoriées.

RUMEUR DE VIRUS

Il s'agit d'informations infondées concernant la propagation de virus. Selon une rumeur célèbre, la lecture d'un message ayant « good times » pour objet suffisait à déclencher le virus de même nom aux effets dévastateurs.

DÉTECTEUR DE VIRUS

Il s'agit d'un programme capable de détecter la présence de virus dans des pièces jointes. Les éditeurs de ces programmes effectuent des mises à jour régulières tenant compte des derniers virus connus. Vérifiez que votre logiciel antivirus est à jour.

Les deux logiciels antivirus les plus connus sont disponibles sur les sites suivants :

www.mcafee.com

www.symantec.com/nav

MESURES DE PRÉVENTION

Évitez d'ouvrir les pièces jointes de messages envoyés par des inconnus. Si vous détectez un virus dans une pièce jointe, informez-en son expéditeur, ce qui contribue à ralentir la propagation du virus.

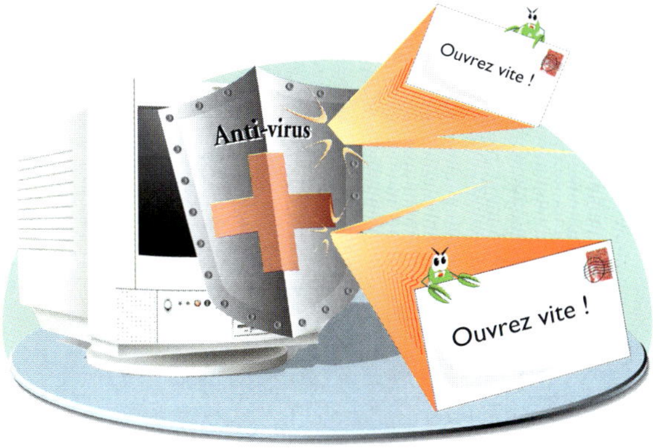

MESSAGERIE À PARTIR DU WEB

Il existe plusieurs sites Web qui vous permettent d'envoyer et de recevoir du courrier électronique gratuitement.

FACILITÉ D'INSTALLATION ET D'UTILISATION

Vous utilisez votre navigateur Web pour envoyer et recevoir du courrier électronique. Il n'est pas nécessaire d'installer un logiciel de courrier électronique sur votre ordinateur.

Le courrier électronique utilisant le Web est simple d'utilisation et fonctionne comme tout logiciel de courrier électronique. Vous lisez et écrivez des messages, transférez des messages à d'autres personnes et même conservez une trace de vos contacts dans un carnet d'adresses.

SERVICES WEB

Il existe de nombreux services de courrier électronique sur le Web. Vous en trouverez sur les sites Web suivants :

www.hotmail.fr

www.yahoo.fr

www.lemail.com

ACCÈS INTERNATIONAL

Lorsque vous utilisez un service de courrier électronique sur le Web, vous accédez à vos messages avec n'importe quel ordinateur connecté à l'Internet. Ce type d'accès est idéal pour les personnes qui voyagent et souhaitent utiliser le courrier électronique.

ADRESSE ÉLECTRONIQUE PERMANENTE

En utilisant un service de courrier électronique sur le Web, vous obtenez une adresse e-mail qui ne change pas, même lorsque vous changez de fournisseur d'accès Internet.

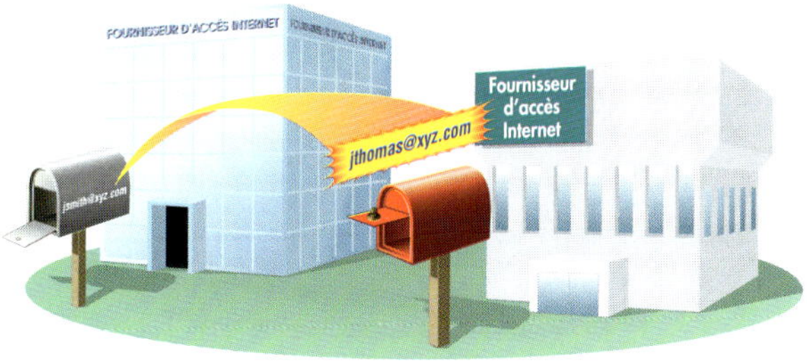

CONFIDENTIALITÉ

Pour accéder à vos messages électroniques sur le site Web, vous devez saisir un nom d'utilisateur et un mot de passe. Personne ne peut accéder à votre compte de courrier électronique sans ces informations.

ACCÉDER À D'AUTRES COMPTES

De nombreux services de courrier électronique sur le Web permettent d'accéder à d'autres comptes que vous possédez. Par exemple, vous pouvez utiliser votre service de courrier électronique pour vérifier vos messages professionnels. Cela vous permet de contrôler votre courrier avec n'importe quel ordinateur possédant un accès à l'Internet.

MESSAGERIE ET ENFANTS

Pour les enfants, le courrier électronique est souvent le moyen le plus simple pour débuter avec l'Internet. Vous devez surveiller les messages que vos enfants envoient et reçoivent.

Les enfants doivent dire aux parents, ou à tout autre adulte, s'ils sont dérangés par un courrier qu'ils ont reçu.

SURVEILLANCE

Une surveillance constante est le meilleur moyen de s'assurer que l'enfant ne communique pas avec des étrangers par courrier électronique. Vous devez contrôler chaque e-mail que votre enfant reçoit ou envoit pour vérifier ses contacts.

La plupart des logiciels de courrier électronique permettent d'écrire des messages lorsque l'ordinateur est déconnecté de l'Internet. Cela vous permet de lire ceux de votre enfant avant qu'il ne se connecte à l'Internet pour les envoyer.

LIMITER LES MESSAGES

De nombreuses écoles permettent aux élèves d'utiliser les ordinateurs pour envoyer et recevoir du courrier électronique. Vous pouvez restreindre votre enfant à échanger des messages avec des personnes inconnus, rencontrées par le courrier électronique de l'école.

INFORMATIONS PERSONNELLES

Les enfants ne doivent jamais donner d'informations personnelles dans les messages électronique, par exemple leur adresse ou le nom de leur école. De plus, ils ne doivent jamais mentionner les clubs ou associations auxquels ils sont inscrits. De nombreuses associations n'ont pas de règle de sécurité et peuvent fournir l'adresse d'un enfant à toute personne les contactant.

PAGES WEB FAMILIALES

De nombreuses familles possèdent leur propre page sur le World Wide Web. Si c'est votre cas, vous ne devez pas afficher votre numéro de téléphone, votre adresse ou des images de vos enfants sur cette page. Vous ne devez pas placer de lien permettant aux visiteurs de cette page d'écrire directement à vos enfants.

RENCONTRE

Ne laissez pas votre enfant rencontrer des amis qu'il s'est faits sur l'Internet sans votre permission. Si une rencontre est prévue, assurez-vous que cela se passe dans un lieu public et qu'un parent, ou tout autre adulte, accompagne l'enfant.

CHAPITRE 9

Listes de diffusion

Vous souhaitez vous abonner à une liste de diffusion ? Ce chapitre vous explique le mode de fonctionnement des listes de diffusion et comment vous abonner.

INTRODUCTION

Une liste de diffusion est un groupe de discussion communiquant par courrier électronique.

Il existe des milliers de listes de diffusion traitant de sujets variés, de l'aromathérapie à ZZ Top. De nouvelles listes apparaissent chaque semaine.

FONCTIONNEMENT

Lorsqu'elle reçoit un message, la liste de diffusion en transmet un exemplaire à chaque abonné.

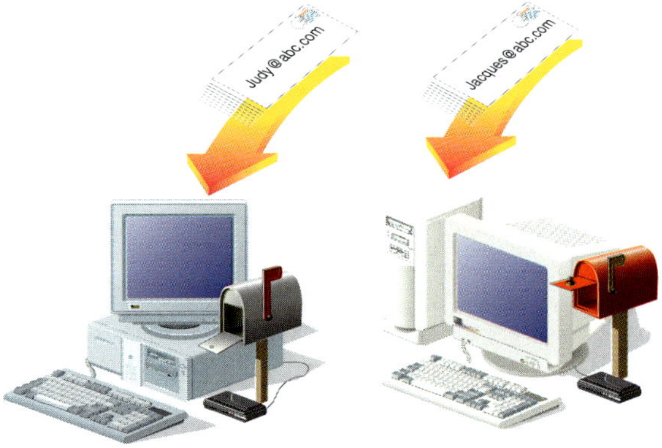

La plupart des listes de diffusion permettent d'envoyer et de recevoir des messages ; certaines ne permettent pas l'envoi de messages.

TROUVER DES LISTES DE DIFFUSION

Un index des listes de diffusion est disponible sur le site Web suivant :

www.neosoft.com/internet/pam1

Vous pouvez consulter l'index des listes de diffusion par thèmes à l'adresse suivante :

www.liszt.com

COÛT

L'abonnement à une liste de diffusion est gratuit. Les listes de diffusion sont généralement utilisées pour la distribution de bulletins d'informations électroniques, comme les cotations boursières.

S'INFORMER SUR LA LISTE

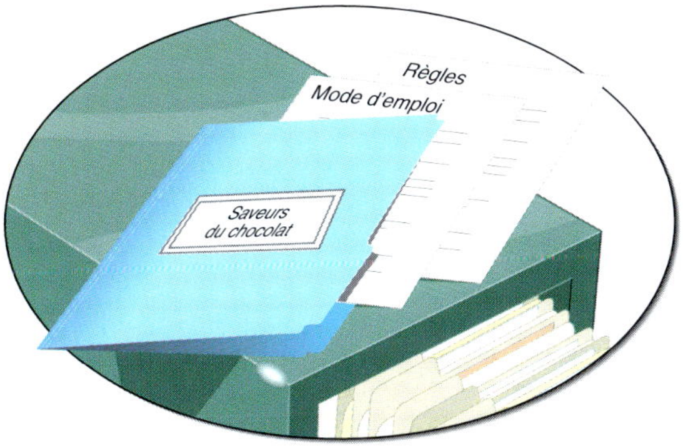

Avant de vous abonner, collectez le plus d'informations possible sur la liste qui vous intéresse. La plupart des listes ont leur propre règlement. Les listes fournissent souvent une adresse électronique à laquelle vous pouvez envoyer vos demandes de renseignements.

CRÉER UNE LISTE DE DIFFUSION

Cette opération est facile : il suffit de posséder quelques adresses et un programme de courrier électronique standard. La plupart des fournisseurs d'accès possèdent des programmes dédiés à la gestion de listes de diffusion importantes. Animer une liste de diffusion est une activité prenante.

S'ABONNER À UNE LISTE DE DIFFUSION

Vous pouvez vous abonner à une liste de diffusion qui vous intéresse comme vous le feriez pour un magazine ou un quotidien.

L'abonnement ajoute votre adresse électronique à la liste de diffusion.

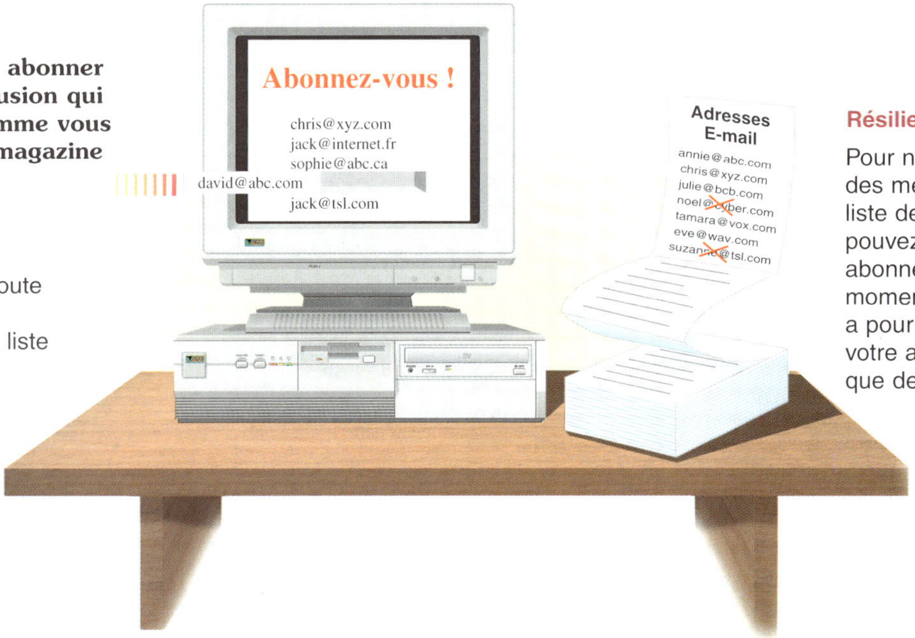

Résilier un abonnement

Pour ne plus recevoir des messages d'une liste de diffusion, vous pouvez résilier votre abonnement à tout moment. Cette opération a pour effet de supprimer votre adresse électronique de la liste.

ADRESSES DE LISTES DE DIFFUSION

Chaque liste de diffusion a deux adresses. Vérifiez que vous envoyez vos messages à la bonne adresse.

ADRESSE DE LISTE DE DIFFUSION

L'adresse de la liste de diffusion reçoit des messages qu'elle envoie à tous ses membres. C'est à elle que vous adressez les messages à publier et non pas les demandes d'abonnement ou de résiliation.

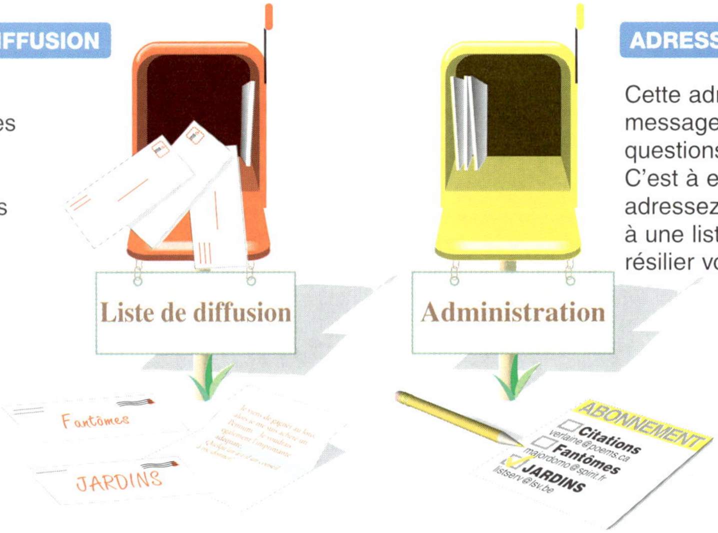

ADRESSE ADMINISTRATIVE

Cette adresse reçoit les messages concernant les questions administratives. C'est à elle que vous vous adressez pour vous abonner à une liste de diffusion ou résilier votre abonnement.

ASTUCES POUR S'ABONNER

MESSAGE DE BIENVENUE

Une demande d'abonnement est généralement suivie d'un message de bienvenue dans la liste. Ce message indique que votre adresse y est enregistrée et comporte également les règles d'envoi des messages.

RELEVER SA BOÎTE AUX LETTRES

Après vous être abonné à une liste, vérifiez régulièrement le contenu de votre boîte aux lettres. Vous pouvez recevoir en effet plusieurs dizaines de messages sur une brève période.

DIGESTS

Si l'activité de la liste est importante, vérifiez si les messages sont disponibles sous forme de digests. Un digest regroupe les contributions des abonnés dans un même message adressé périodiquement.

PENDANT LES VACANCES

N'oubliez pas de suspendre vos abonnements pour la durée de vos congés, afin d'éviter que votre boîte aux lettres ne déborde.

TYPES DE LISTES DE DIFFUSION

LISTES MANUELLES

Une liste de diffusion manuelle est gérée par une personne plus communément appelée administrateur de liste.

Avant de vous inscrire à une telle liste, vérifiez que toutes les informations requises par l'administrateur figurent dans la demande d'abonnement.

Une fois inscrit, vous recevez vos premiers messages au bout de quelques jours.

LISTES AUTOMATIQUES

Une liste de diffusion automatique est gérée par un logiciel. Les trois plus connus s'appellent listproc, listserv et majordomo.

Le nom du logiciel de gestion de la liste apparaît généralement dans l'adresse d'abonnement (majordomo@apk.net, par exemple).

Avant de vous inscrire à une telle liste, vérifiez que toutes les informations demandées par le logiciel figurent dans la demande d'abonnement. Les demandes incomplètes ou erronées sont systématiquement rejetées.

LISTES DE DIFFUSION RESTREINTES

Certaines listes de diffusion acceptent un nombre limité d'internautes. Pour être accepté dans une telle liste, vous devez attendre qu'un membre résilie son abonnement.

D'autres acceptent les abonnements sur des critères précis. Par exemple, une liste de diffusion consacrée à la chirurgie sera réservée aux médecins.

LISTES MODÉRÉES

Certaines listes sont modérées. Lorsque vous envoyez un message sur une telle liste, un volontaire, appelé modérateur, vérifie si le message répond aux règles de la liste et au sujet traité. Une fois approuvé, le message est transmis aux abonnés.

Si une liste est non modérée, tous les messages sont transférés automatiquement aux membres. Il est alors nécessaire de faire le tri entre messages publicitaires et messages dignes d'intérêt.

SUIVRE L'ÉTIQUETTE

Ces règles concernent le comportement à adopter lors de l'envoi de messages à une liste de diffusion.

LIRE LES MESSAGES DE LA LISTE

Attendez une semaine avant de participer à la discussion. Vous aurez ainsi le temps de comprendre le mode de communication des abonnés et vous éviterez d'envoyer des messages hors sujet ou déjà abordés.

VÉRIFIER L'ORTHOGRAPHE

Votre message va être lu par des centaines d'internautes. Avant de l'envoyer, n'oubliez pas d'effectuer une vérification orthographique et grammaticale.

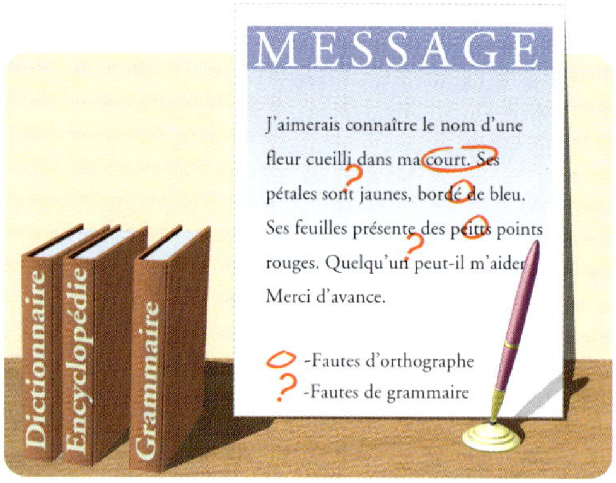

Assurez-vous que votre message ne risque pas d'être mal interprété. Par exemple, un message sarcastique peut offenser certaines personnes.

CHOISIR L'OBJET DU MESSAGE

L'objet d'un message est la première chose que lisent les abonnés. Il doit donc identifier clairement le sujet abordé. Évitez les objets laconiques ou généraux comme « Important » ou « Pour information ».

RÉPONDRE À DES MESSAGES

Cela permet de répondre à une question, d'exprimer une opinion ou de fournir des informations complémentaires. N'intervenez que lorsque vous avez quelque chose d'important à dire. Évitez les réponses du genre « Moi aussi » ou « Tout à fait d'accord ».

Insérer le message original dans la réponse

Cette opération permet aux lecteurs d'identifier le message auquel vous répondez. Pour leur épargner une lecture inutile, veillez à supprimer les paragraphes qui ne sont pas directement concernés par votre réponse.

Réponse privée

Si votre réponse n'a pas de chance d'intéresser les autres membres de la liste ou si vous voulez envoyer une réponse privée, répondez à l'auteur du message uniquement.

Equipement pour la pêche
J'adore pêcher, mais mon équipement est relativement bon marché. Mes amis n'arrêtent pas de me dire que je devrais vraiment faire l'acquisition de matériel plus cher. Est-ce que cela apporte une réelle différence ou est-ce qu'une bonne technique est plus importante que la dépense d'argent ?
B. Leblanc
Source chaude en Auvergne
Mon épouse et moi-même prévoyons quelques jours de vacances en Auvergne. Nous avons entendu parlé de sources d'eau chaude, mais ne savons pas où les trouver. Est-ce que quelqu'un peu nous donner quelques conseils ?
Merci, Marc Lelong
Chaussures de sport
J'envisage de m'inscrire à un club de badminton. Est-ce que je dois acheter des chaussures spéciales avant de commencer ? Je me demande si mes anciennes chaussures de jogging font l'affaire.
Merci, J. Martin
Entretien d'un VTT
C'est ma première année avec un VTT. Jusqu'à présent, j'ai effectué moi-même l'entretien. Récemment, j'ai eu quelques problèmes avec mon vélo. Par exemple, la chaîne déraille lorsque je change les vitesses. Je me demandais si je ne devais pas songer à faire entretenir mon vélo par un spécialiste. Est-ce que cela en vaut la peine ?
Merci, Roger Colline
Abonnez-vous maintenant
Sunday August 22, 1999
Mariage Royal
Prince et Princesse
alt.mariage
Gratuit !
Dimanche 22 août 1999
Appâtez ce poisson il ne résistera pas
rec.peche
Gratuit !
Dimanche 22 août 1999
Les scientifiques trouvent le chaînon manquant
sci.archeologie

Groupes de discussion

Vous souhaitez communiquer sur l'Internet avec des personnes qui partagent les mêmes goûts que vous ? Sans plus attendre, découvrez le monde des groupes de discussion (newsgroups).

INTRODUCTION

Un groupe de discussion *(newsgroup)* est un groupe de personnes qui échangent des idées sur un sujet commun.

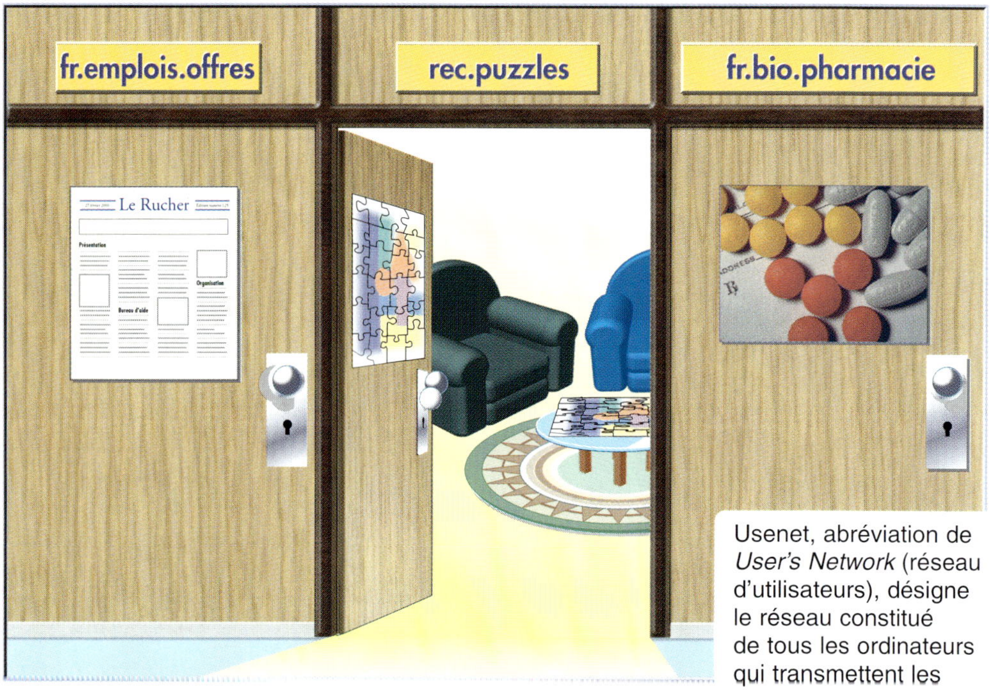

Il existe des milliers de groupes de discussion traitant d'une multitude de sujets. Chacun porte sur un sujet particulier : offres d'emploi, puzzles, médecine...

Usenet, abréviation de *User's Network* (réseau d'utilisateurs), désigne le réseau constitué de tous les ordinateurs qui transmettent les informations des groupes de discussion.

MESSAGES

Un groupe de discussion compte des centaines, voire des milliers de messages.

Message

Un message contient les informations qu'un individu envoie, ou poste, au groupe de discussion. Il peut compter de quelques lignes à plusieurs dizaines de pages. Les messages sont aussi appelés des articles

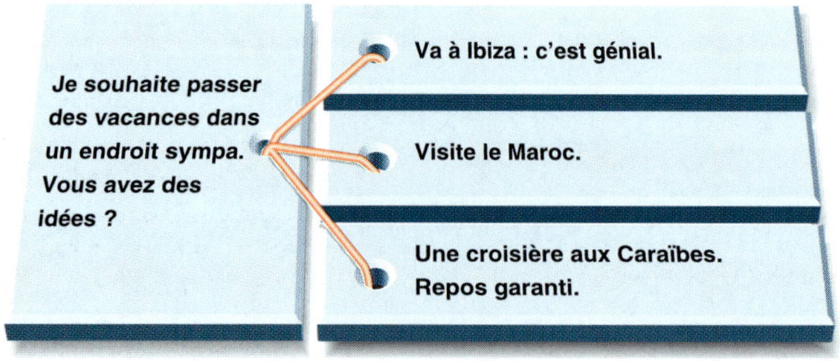

Fil de discussion

Un fil de discussion se compose d'un message et de toutes les réponses que les autres participants ont apportées. Il facilite le suivi d'une conversation entre membre du groupe.

NOM DES GROUPES DE DISCUSSION

Les groupes de discussion portent généralement le nom du sujet abordé. Le nom se compose d'au moins deux mots, tous séparés par des points (.).

Le premier mot désigne la catégorie principale dont relève le sujet du groupe de discussion, par exemple, *rec* pour *recreation* (loisirs, en français), les autres mots précisent le sujet.

CATÉGORIES

Les groupes de discussion sont divisés en sections ou catégories. Ceux appartenant à la même catégorie discutent du même sujet général.

Catégories principales

Catégorie	Sujet
alt	Sujet général
biz	Affaires
comp	Informatique
rec	Loisirs et divertissements
sci	Science
soc	Société (culture et politique)
misc	Divers
talk	Débats

Il existe des groupes de discussion sur des sujets spécifiques, comme des entreprises ou des régions du monde. Par exemple, le groupe de discussion microsoft.public.fr.windows98 ne traite que des produits Microsoft, et alt.politics.usa, de la politique américaine.

LECTEURS DE NEWS

Un lecteur de news est un logiciel qui permet de lire et d'envoyer des messages sur des groupes de discussion.

Certains navigateurs Web comportent un lecteur de news intégré, dont les fonctionnalités sont généralement moins étendues que celles d'un lecteur de news dédié.

LECTEURS DE NEWS LES PLUS CONNUS

Parmi les lecteurs de news les plus connus, on peut citer :

Free Agent (Windows)

www.forteinc.com/agent

Gravity (Windows)

www.microplanet.com

NewsWatcher (Macintosh)

www.macorchard.com/usenet.html

Free Agent

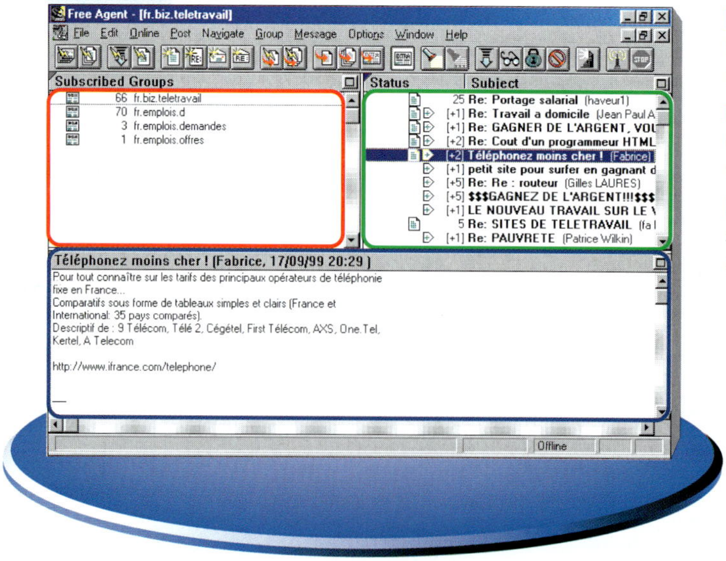

■ Cette zone affiche la liste des groupes de discussion.

■ Vous avez ici la liste de tous les messages.

■ Dans cette zone s'affiche le contenu du message sélectionné.

FONCTIONS DU LECTEUR DE NEWS

BLOQUER DES MESSAGES

La plupart des lecteurs de news permettent de créer un fichier contenant les noms des participants dont vous ne voulez pas lire les articles. Le lecteur de news supprime automatiquement tout message émanant des utilisateurs répertoriés dans ce fichier. Cette option est très pratique quand l'un d'eux a l'habitude de poster des messages hors sujet.

TRIER LES MESSAGES

Il est possible de personnaliser l'affichage d'un groupe de discussion en triant les messages par auteur, objet du message ou date d'envoi. Par défaut, les messages sont classés chronologiquement mais vous avez la possibilité de modifier les critères de tri.

FILTRES

La plupart des lecteurs de news fournissent des filtres permettant de n'afficher que certains types de message. Vous allez ainsi droit à l'information recherchée sans devoir lire tous les messages.

RESPECT DE LA VIE PRIVÉE

De nombreuses sociétés indexent tous les messages postés sur les groupes de discussion. Cela permet de retrouver aisément les messages et d'établir des statistiques sur le type de groupe de discussion fréquenté et sur la fréquence des messages postés par tel ou tel utilisateur. Certains lecteurs de news comportent une option de marquage qui permet d'empêcher que cette indexation s'applique à vos messages.

S'ABONNER À UN GROUPE DE DISCUSSION

Vous vous abonnerez à un groupe de discussion que vous voulez consulter régulièrement. Pour ne plus lire les messages d'un groupe de discussion, vous pouvez à tout moment annuler votre abonnement à ce groupe.

NOUVEAUX GROUPES DE DISCUSSION

De nouveaux groupes de discussion apparaissent tous les jours. Un lecteur de news permet de dresser la liste des groupes créés depuis la dernière consultation. Vous pouvez bien entendu vous abonner à l'un d'eux.

GROUPES DE DISCUSSION VOISINS

Un sujet peut être traité par plusieurs groupes de discussion. Par exemple, les questions abordées dans le groupe **alt.comp.virus** sont proches de celles de **comp.virus**. Vous avez la possibilité de vous abonner à tous les groupes de discussion traitant du même sujet.

GROUPES DE DISCUSSION MODÉRÉS

Certains groupes de discussion sont modérés. Lorsque vous envoyez un message à l'un de ces groupes, un volontaire, appelé modérateur, vérifie si le message répond aux règles du groupe et au sujet traité. Une fois approuvé, le message paraît sur le groupe de discussion.

Certains groupes modérés ont le mot « moderated » pour dernière partie de leur nom (par exemple, fr.comp.os.linux.moderated).

SERVEUR DE NEWS

Un serveur de news est un ordinateur stockant les messages des groupes de discussion.

Les serveurs de news sont gérés par des fournisseurs d'accès Internet. Les groupes de discussion que vous pouvez consulter dépendent de votre fournisseur d'accès. Par souci d'économie de l'espace disque, certains fournisseurs limitent en effet leur nombre.

Lors de l'envoi d'un message à un groupe de discussion, le serveur de news auquel vous êtes connecté en conserve un exemplaire, puis le distribue aux autres serveurs de news du monde entier. Les serveurs de news échangent fréquemment leurs messages respectifs pour synchroniser les groupes de discussion.

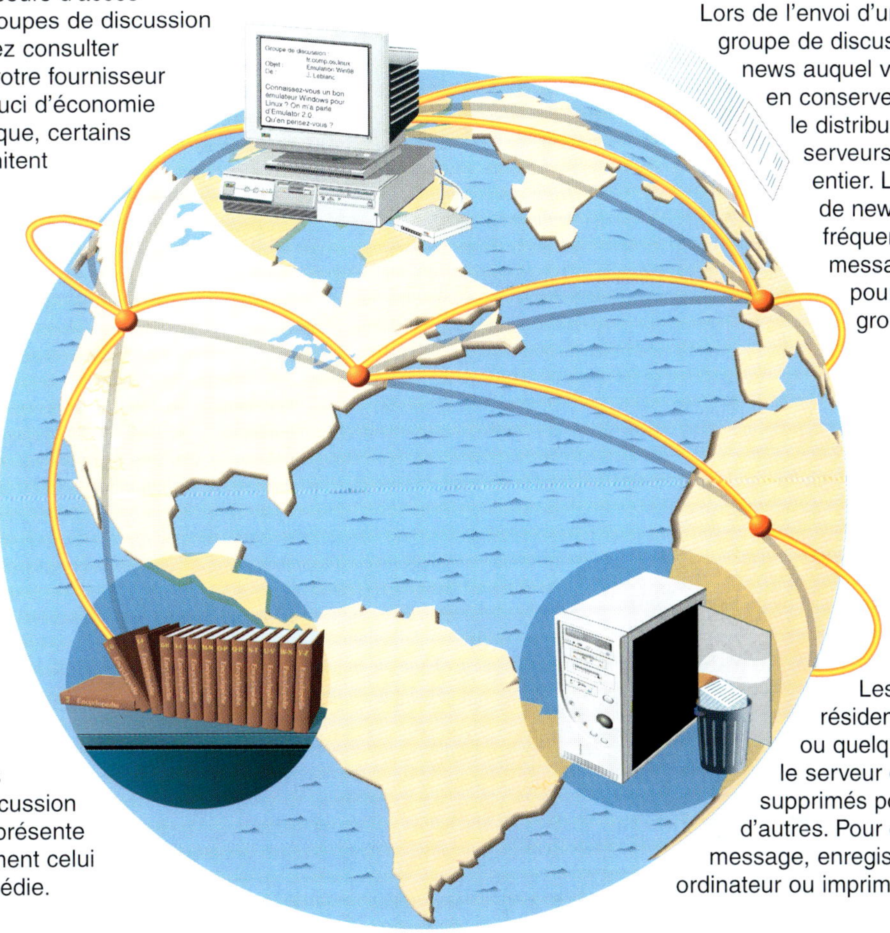

Le volume d'informations postées sur les groupes de discussion chaque jour représente approximativement celui d'une encyclopédie.

Les messages résident quelques jours ou quelques semaines sur le serveur de news, puis sont supprimés pour faire place à d'autres. Pour conserver un message, enregistrez-le sur votre ordinateur ou imprimez-le.

RÉPONDRE À DES MESSAGES

Répliquer permet de répondre à une question, d'exprimer une opinion ou de fournir des informations complémentaires. N'intervenez que lorsque vous avez quelque chose d'important à dire. Évitez les réponses du genre « Moi aussi » ou « Tout à fait d'accord ».

Insérer le message d'origine dans la réponse

Cette opération permet aux lecteurs d'identifier le message auquel vous répondez. Pour leur épargner une lecture inutile, veillez à supprimer les paragraphes qui ne sont pas directement concernés par votre réponse.

Envoyer une réponse privée

Vous pouvez répondre au groupe de discussion, à l'auteur, voire aux deux. Si votre réponse n'a pas de chance d'intéresser les abonnés du groupe ou si vous voulez envoyer une réponse privée, répondez à l'auteur du message uniquement.

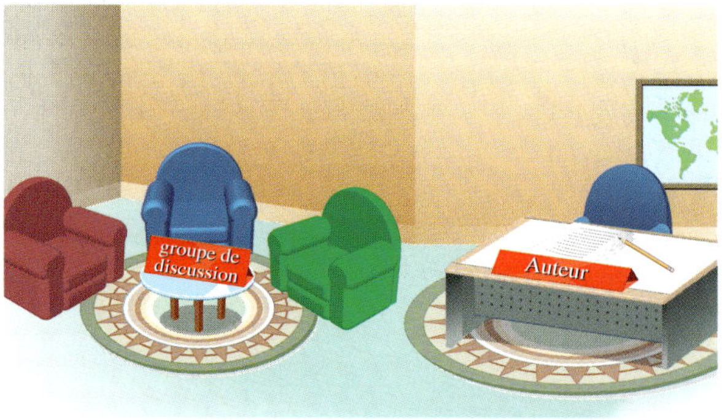

Vérifier l'adresse électronique

Pour éviter de recevoir du courrier indésirable, certaines personnes modifient quelque peu leur adresse électronique dans les messages destinés aux groupes de discussion, en y insérant deux ou trois lettres, par exemple. Avant d'envoyer une réponse privée à un internaute, vérifiez que votre adresse est correcte.

POSTER UN MESSAGE

Cette action permet de poser une question ou d'exprimer une opinion sur un groupe de discussion. Votre message peut être consulté par des milliers de personnes à travers le monde.

Pour vous exercer à poster des messages, choisissez le groupe **alt.test**. Une réponse automatique vous est adressée indiquant que l'opération s'est bien déroulée. Évitez d'envoyer des messages de test à d'autres groupes.

JOINDRE DES IMAGES ET DES PROGRAMMES

Vous avez la possibilité de partager des images et des programmes avec les autres membres d'un groupe de discussion. Afin de faciliter le transfert des données sur l'Internet, le lecteur de news convertit automatiquement au format binaire les images et les programmes que vous joignez à un message de news.

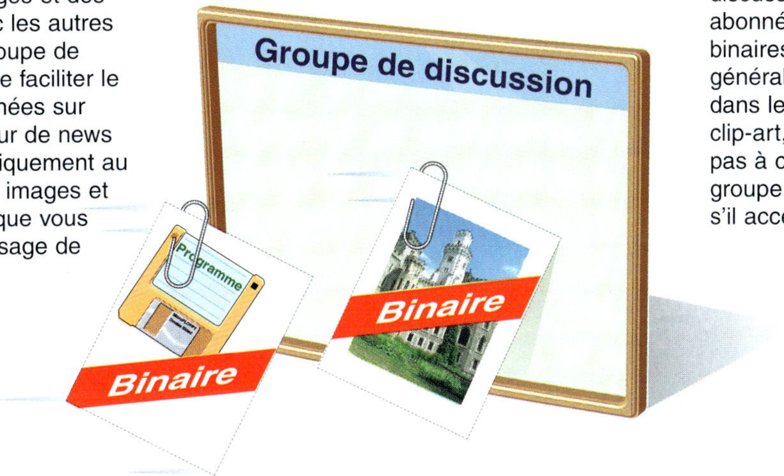

Nombreux sont les groupes de discussion permettant à leurs abonnés d'échanger des fichiers binaires. Ces groupes ont généralement le mot « binaries » dans leur nom (alt.binaries. clip-art, par exemple). N'hésitez pas à consulter la FAQ de votre groupe de discussion pour savoir s'il accepte les pièces jointes.

ÉTIQUETTES DES GROUPES DE DISCUSSION

LIRE LES MESSAGES

Avant de participer à une discussion, lisez pendant une semaine environ les messages du groupe. « Rôder » sur un groupe de discussion est un excellent moyen de comprendre le mode de communication de ses membres et d'éviter de poster des articles sur des sujets déjà traités.

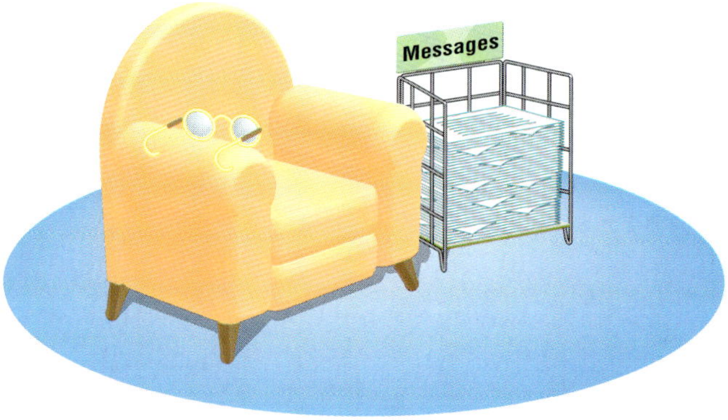

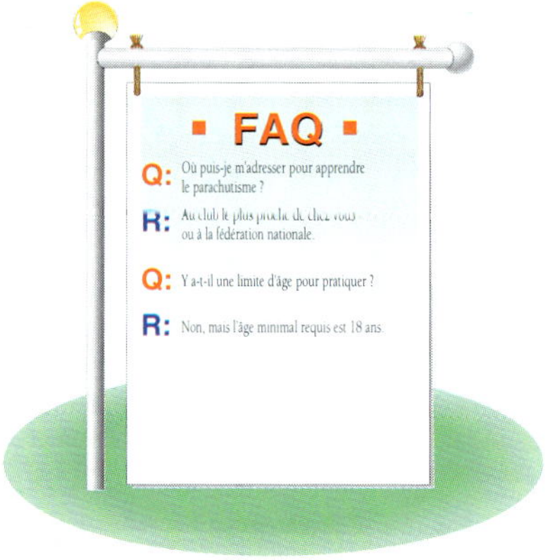

FOIRE AUX QUESTIONS

La FAQ (Foire aux questions) est un document contenant la liste des réponses aux questions les plus posées sur un groupe de discussion. Elle a pour rôle d'éviter que les nouveaux lecteurs posent des questions déjà traitées. Avant de poster des messages sur un groupe, lisez sa FAQ.

CHOISIR L'OBJET DU MESSAGE

L'objet d'un message est la première chose que lisent les membres du groupe de discussion. Optez pour un objet qui reflète clairement le contenu du message. Évitez les objets laconiques ou généraux, comme « Important » ou « Pour votre information ».

VÉRIFICATION ORTHOGRAPHIQUE

Un message posté sur un groupe de discussion peut être lu par des milliers de personnes à travers le monde. Vérifiez le style, la grammaire et l'orthographe des messages que vous postez sur Usenet. Assurez-vous également que votre message ne risque pas d'être mal interprété. Par exemple, certains lecteurs peuvent se sentir offensés en lisant un message sarcastique.

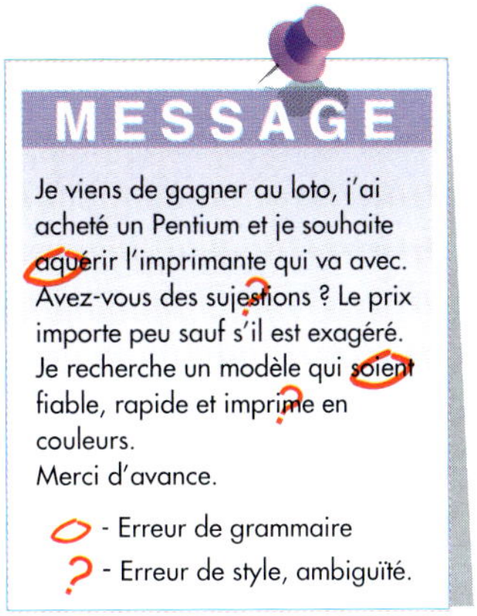

ÉVITER LES FLAMMES

Un *flame* (flamme, en français) est un message agressif ou injurieux adressé à une personne. Il a pour effet de déclencher une véritable bataille entre membres du groupe de discussion. Évitez d'envoyer des *flames* ou de participer à des disputes.

POSTER SUR LE GROUPE DE DISCUSSION APPROPRIÉ

Assurez-vous que le message traite bien du sujet abordé sur le groupe choisi. C'est le meilleur moyen d'intéresser les autres et d'obtenir des réponses.

Évitez de poster un message sur plusieurs groupes de discussion au risque d'être hors sujet. Cette technique, qui s'appelle le *spamming*, est employée à des fins commerciales pour vendre un produit ou un service.

RECHERCHER DES MESSAGES

Deja.com est un site Web permettant de trouver aisément des messages postés sur des groupes de discussion.

Pour accéder à Deja.com, allez à l'adresse suivante :

www.deja.com

MESSAGES DISPONIBLES

Deja.com fait appel à une base de données contenant les messages postés sur plus de 45 000 groupes de discussion depuis mars 1995. À ce jour, cette base compte plus de 300 millions de messages.

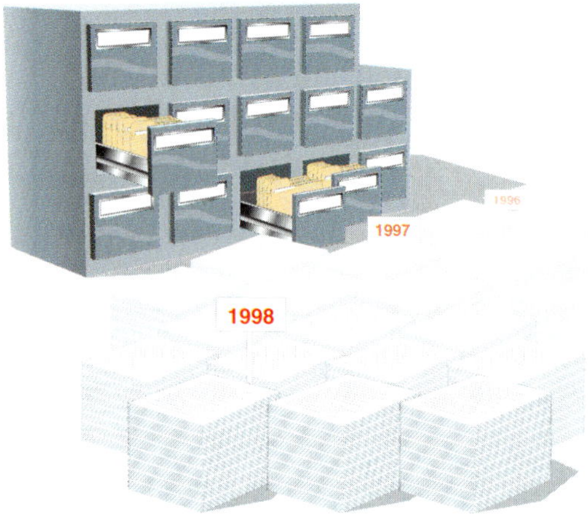

PRÉSERVER LE CARACTÈRE PRIVÉ D'UN MESSAGE

Tout message stocké dans la base de données de Deja.com est consultable par tout internaute en recourant à Deja.com. Il est possible d'empêcher le stockage de vos messages dans cette base. Pour ce faire, tapez **x-no-archive: yes** sur la première ligne de vos articles avant de les envoyer.

RECHERCHE SIMPLE

Effectuer une recherche simple est le moyen le plus rapide et le plus aisé de rechercher des messages sur Deja.com. Entrez des mots dans la zone de recherche et Deja.com tente de retrouver dans la base des messages contenant les mots spécifiés.

Vous pouvez alors consulter les messages de la liste et envoyer un message à l'auteur de l'un d'eux. Une recherche simple dresse la liste de messages postés quelques semaines auparavant.

RECHERCHE POUSSÉE

Une recherche poussée *(Power Search)* fournit un certain nombre d'options permettant d'approfondir vos investigations. Vous pouvez ainsi consulter tous les messages de la base de Deja.com. Vous pouvez également rechercher tous les messages d'une personne et choisir les critères d'affichage du résultat.

HISTORIQUE DE MESSAGES PAR AUTEUR

Deja.com permet de rechercher des informations sur des auteurs de news. Après avoir lu un message, vous avez la possibilité d'afficher l'historique des messages postés par son auteur. Les noms des groupes de discussion concernés y figurent, ainsi que le nombre de messages et leur objet. Vous pouvez alors consulter les messages qui vous intéressent.

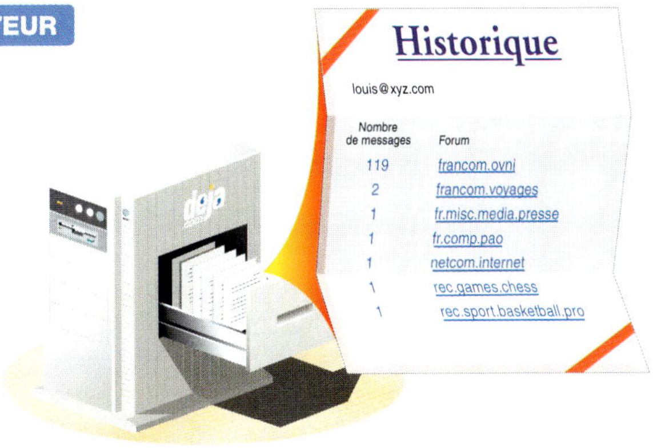

GROUPES DE DISCUSSION SUR LE WEB

Les groupes de discussion accessibles à tous sur le Web sont nombreux. Appelés forums, ils n'appartiennent pas au réseau Usenet.

Vous pouvez participer à des groupes de discussion sur le Web à partir de votre navigateur. Il est alors inutile de posséder un lecteur de news.

NOM D'UTILISATEUR ET MOT DE PASSE

Pour accéder à certains groupes de discussion Web, il est nécessaire d'entrer un nom d'utilisateur et un mot de passe. Les créateurs du forum ont ainsi un meilleur contrôle sur les discussions. Un internaute postant souvent des articles hors sujet peut se voir interdire l'accès à un tel forum.

IMAGES ET ANIMATION

À la différence des lecteurs de news, les navigateurs Web prennent en charge le multimédia, ce qui explique que les forums Web acceptent images et animations dans les messages de leurs membres.

OÙ TROUVER DES FORUMS WEB

SITES WEB DE DISCUSSION

Les groupes de discussion sont nombreux sur le Web. Ils sont classés par catégories, telles que la santé, les divertissements ou les voyages. Vous pouvez ainsi rechercher un forum en fonction de vos centres d'intérêt.

Les sites suivants fournissent les adresses de nombreux forums Web :

www.deja.com

www.delphi.com

www.forumone.com

SITES WEB D'ENTREPRISE

Les entreprises mettent souvent en place sur leurs sites Web des groupes de discussion publics destinés à promouvoir leurs produits et à fournir une assistance technique et commerciale. Des groupes de discussion privés permettent à leurs employés de tenir des réunions alors qu'ils sont en déplacement.

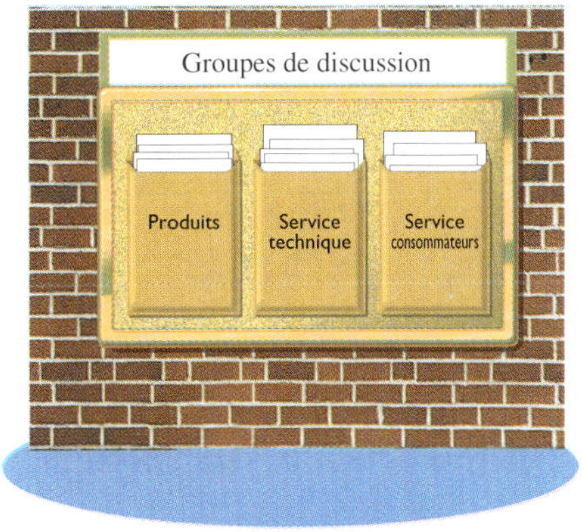

SITES WEB GÉNÉRAUX

Nombreux sont les sites Web proposant un groupe de discussion pour approfondir le sujet traité. Par exemple, le site d'un club de remise en forme possédera un forum sur lequel les internautes pourront poser leurs questions sur les dernières tendances du fitness.

Certains sites de magazines et de quotidiens proposent à leurs lecteurs des forums spécialisés (sur le sport, la politique, par exemple).

ENFANTS ET GROUPES DE DISCUSSION

Il existe de nombreux groupes de discussion auxquels peuvent participer les enfants, pour discuter de sujets tels que les animaux, le sport ou tout autre passe-temps. Il convient de surveiller les groupes de discussion auxquels s'abonnent vos enfants.

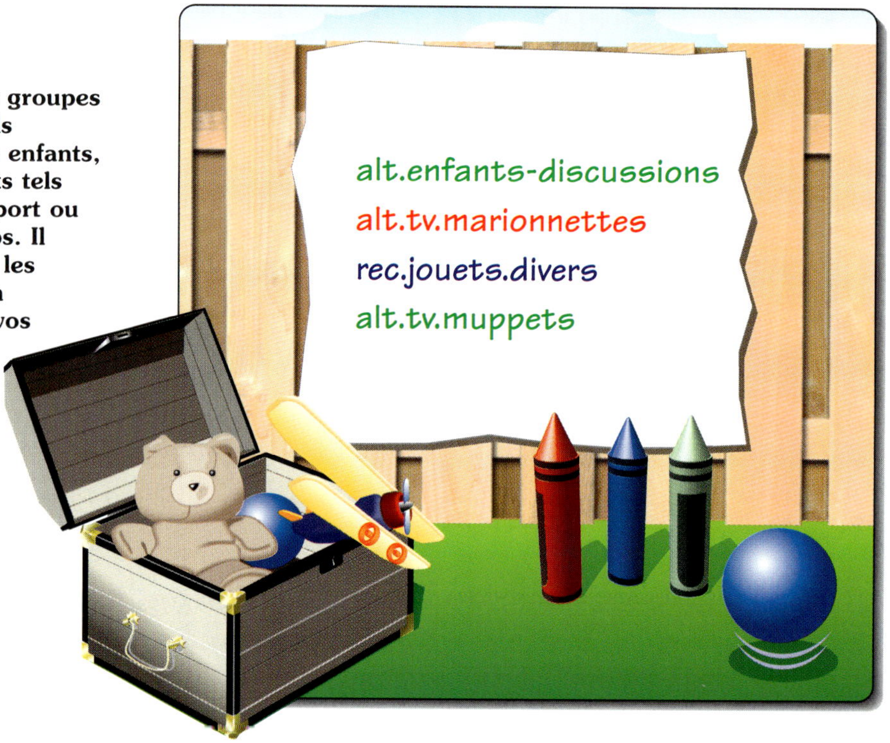

SURVEILLANCE

La surveillance constante par un adulte est le meilleur moyen de s'assurer que les enfants n'accèdent pas à des informations inappropriées. Vous devez lire les messages d'un groupe de discussion pendant une semaine avant de laisser votre enfant y accéder.

SÉLECTION DE GROUPES DE DISCUSSION

Si votre lecteur de news permet de lire et de composer des messages hors-connexion, vous pouvez contrôler les groupes de discussion auxquels votre enfant accède et les messages auxquels il répond. Vous pouvez obtenir les messages uniquement des groupes de discussion qui vous semblent appropriés pour votre enfant. Une fois qu'il a lu les messages et qu'il y a répondu, vous pouvez lire ses réponses avant de vous connecter à l'Internet et de les envoyer.

INFORMATIONS PERSONNELLES

Les enfants ne doivent jamais donner d'informations personnelles dans les messages qu'ils postent dans les groupes de discussion, par exemple leur nom, leur adresse ou le nom de leur école. De plus, ils ne doivent jamais mentionner les clubs ou associations auxquels ils sont inscrits. De nombreuses associations n'ont pas de règle de sécurité et peuvent fournir l'adresse d'un enfant à toute personne les contactant.

POSTER ANONYMEMENT

De nombreux lecteurs de news permettent l'utilisation de pseudos et de fausses adresses e-mail pour l'envoi de messages dans les groupes de discussion. Si un enfant souhaite participer à un groupe de discussion qui ne lui est pas spécifiquement destiné, il doit utiliser un pseudo et une fausse adresse afin de ne pas révéler sa véritable identité.

RÉPONSES PAR E-MAIL

Lorsque l'on poste un message dans un groupe de discussion, on reçoit souvent des e-mail de personnes commentant ce message. Les enfants doivent ne pas tenir compte des informations de ces e-mail qui ne sont pas directement liées au message qu'ils ont posté. Si un enfant reçoit un e-mail déplacé, ils ne doivent pas y répondre.

#Poker
#Football
#Cinéma
#Animaux
#Politique
#Musique
#Comédie
#Surf
#Robotique
#Ados
#Baleines
#Jardins

CHAPITRE 11

Conversation

Souhaitez-vous converser avec d'autres personnes sur l'Internet ? Ce chapitre donne une introduction à Internet Relay Chat, aux conversations utilisant le Web et plus encore.

CONVERSATION

Vous pouvez communiquer instantanément avec des personnes situées aux quatre coins de la planète en tapant simplement sur votre clavier à votre tour. Ce mode de communication s'appelle conversation ou *chat*.

Le *chat* est l'un des aspects les plus populaires de l'Internet.

TYPES DE CONVERSATION

MODE TEXTE

Le *chat* en mode texte est le plus ancien vecteur de conversation de l'Internet. Vous pouvez converser avec plusieurs personnes simultanément. Le texte apparaît sur l'écran de vos interlocuteurs au fil de la saisie. Les blocs de texte voyageant rapidement sur l'Internet, il n'est pas utile de posséder une ligne à haut débit pour ce type de conversation.

MULTIMÉDIA

Les fonctions multimédias de l'ordinateur permettent d'établir des conversations audio et vidéo sur l'Internet. Le son et l'image circulant lentement, vous devez posséder une ligne à haut débit pour ce type de conversation.

POURQUOI CONVERSER ?

ÉDUCATION

Les étudiants aiment discuter de leurs devoirs et demander de l'aide à leurs professeurs et à leurs amis. Cette solution est particulièrement bien adaptée pour l'enseignement à distance.

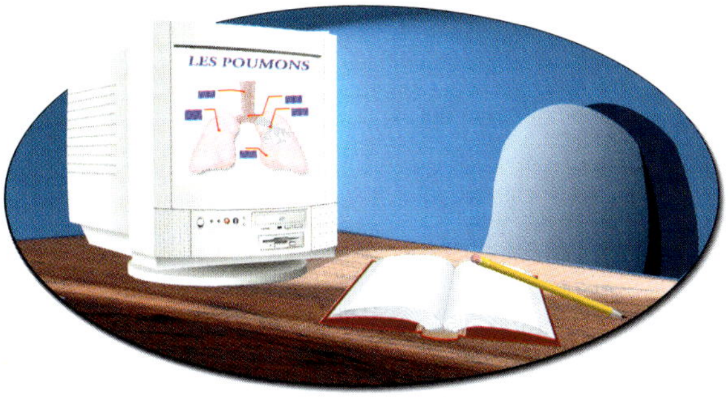

DIVERTISSEMENT

Pour de nombreux internautes, le *chat* fait partie de leurs loisirs. Ce mode de communication permet de se faire des amis dans le monde entier.

RESTER EN CONTACT

La conversation en ligne est un moyen peu onéreux de rester en contact avec des amis ou des relations disposant d'un accès Internet. Les membres d'une même famille, des amis et des collègues éloignés les uns des autres peuvent ainsi converser sur la base d'une communication locale.

ASSISTANCE TECHNIQUE

Certains constructeurs et éditeurs informatiques assurent l'assistance technique de leurs produits en mode conversation. Les clients obtiennent instantanément les réponses à leurs questions.

Internet Relay Chat (IRC) est un réseau de conversation en direct *via* l'Internet.

Pour utiliser IRC, vous devez vous connecter à un ordinateur appelé serveur IRC. Chaque serveur IRC est relié au réseau mondial IRC.

NOM ET ADRESSE ÉLECTRONIQUE

Avant de vous connecter à IRC, vous devez entrer votre nom et votre adresse de messagerie. La plupart des serveurs IRC requièrent une adresse électronique valide. Vous pouvez utiliser un pseudonyme dans les conversations, mais vos interlocuteurs sont en droit de connaître votre identité véritable.

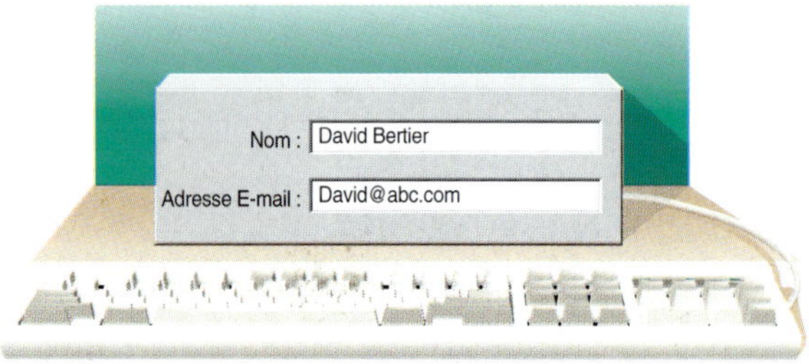

PSEUDONYME

Vous avez la possibilité d'opter pour un pseudonyme sous IRC. Si le pseudonyme est déjà pris, vous devez en choisir un autre. Certains serveurs IRC limitent le nombre de caractères du pseudonyme. Vous pouvez protéger votre pseudonyme en l'enregistrant.

CANAUX IRC

Les canaux ou groupes de *chat* sont nombreux sur IRC. Chaque canal traite d'un sujet particulier. Les canaux portent généralement le nom du sujet traité.

Le symbole # placé devant un nom indique que le canal est disponible depuis tous les pays.

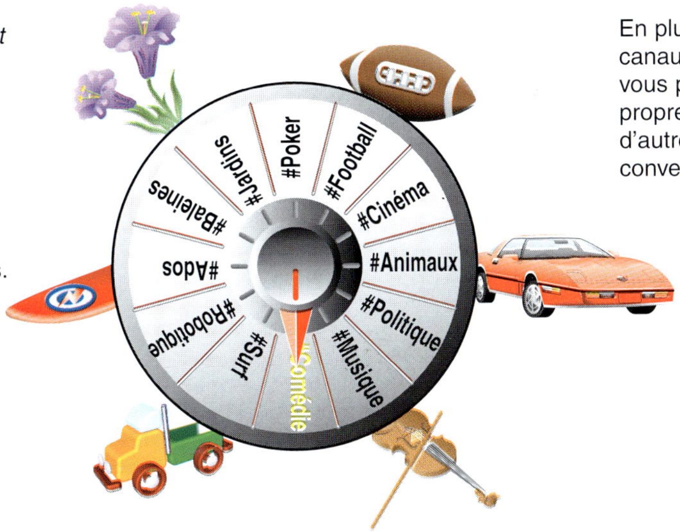

En plus des nombreux canaux disponibles sur IRC, vous pouvez créer votre propre canal et inviter d'autres personnes à y converser avec vous.

LOGICIELS IRC

Pour vous connecter à un serveur IRC, vous devez posséder un logiciel dédié. Les logiciels IRC sont faciles à utiliser et comprennent des options de personnalisation. Vous pouvez, par exemple, définir la police et la couleur du texte pour faciliter la lecture à l'écran.

Les sites Web ci-après proposent des versions gratuites de logiciels IRC :

mIRC (Windows)

www.mirc.com

Ircle (Macintosh)

www.ircle.com

CONVERSER SUR LE WEB

Converser sur le Web est aisé et agréable. Il s'agit d'une activité très prisée des internautes.

NAVIGATEUR WEB

La plupart des réseaux de conversation sur le Web ne nécessitent qu'un navigateur standard. Certains d'entre eux affichent texte et salle de conversation à l'aide de Java. Pour éviter les problèmes, vous devez acquérir la dernière version de votre navigateur Web.

ENREGISTREMENT

La plupart des services de *chat* sur le Web sont gratuits. Pour avoir accès aux salles de conversation *(chat rooms)*, il est souvent nécessaire de s'enregistrer, c'est-à-dire de fournir des informations d'identification comme le nom et l'adresse électronique. Dans certains cas, le réseau de conversation est accessible à l'aide d'un nom et d'un mot de passe utilisateur.

SITES WEB DE CONVERSATION

WBS

WBS *(WebChat Broadcasting System)* prétend être l'un des plus grands réseaux de conversation Web sur l'Internet. Il propose des salles de conversation sur des sujets variés : rencontres, musique, sports et éducation, par exemple. WBS est accessible à l'adresse suivante :

www.wbs.net

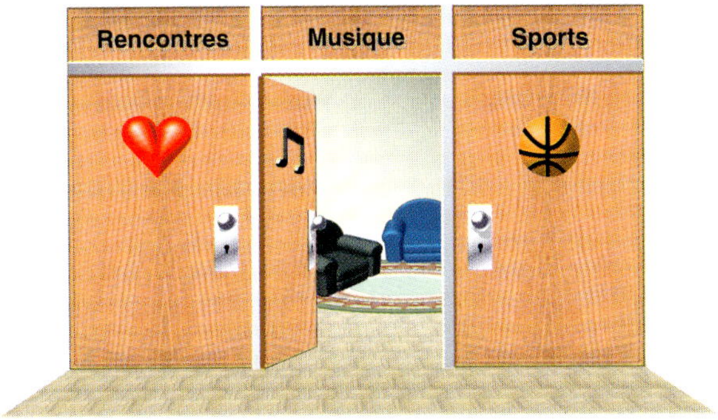

TALK CITY

Il s'agit d'un réseau de conversation Web très connu. Bien organisé, il permet à l'internaute de trouver rapidement la salle de conversation correspondant au sujet qui l'intéresse. Talk City programme également des conversations avec des personnes célèbres (romanciers et sportifs, par exemple). Ce réseau est accessible à l'adresse suivante :

www.talkcity.com

3D CHAT

WORLDS ULTIMATE 3D CHAT PLUS

Ce logiciel permet de rencontrer d'autres personnes et de converser avec elles dans un monde tridimensionnel. Les participants à une conversation sont représentés par des objets appelés avatars (pingouins et pièces d'échecs, par exemple).

Pour participer à un monde 3D, vous devez acquérir Worlds Ultimate 3D Chat Plus. Une version gratuite de ce logiciel est disponible sur :

www.worlds.net

CONVERSER AVEC IMAGES ET VOIX

Une caméra et un microphone permettent de voir et d'entendre amis, parents et collègues, même s'ils habitent à l'autre bout du monde.

Les conversations multimédias sur l'Internet vous ouvrent les portes du monde au prix d'une communication locale.

ÉQUIPEMENT

Pour bavarder sur l'Internet, vous devez doter votre ordinateur d'une carte son, d'un microphone et de haut-parleurs.

Pour voir les personnes auxquelles vous parlez, vous devez connecter une caméra à votre ordinateur. Certains modèles bon marché peuvent être adaptés sur le moniteur. Vous pouvez utiliser une caméra classique si votre ordinateur est équipé d'une carte de capture vidéo.

LOGICIELS

Les conversations audio et vidéo sont prises en charge par des logiciels spécialisés dont les plus connus sont disponibles sur les sites suivants :

Create & Share
www.intel.com/createshare

Internet Phone
www.vocaltec.com/products

CU-SeeMe
www.wpine.com

CONTACTER D'AUTRES PERSONNES

Pour communiquer avec les autres, vous devez posséder le même type de logiciel de vidéoconférence. Un annuaire des utilisateurs est généralement disponible sur le site de l'éditeur de votre logiciel. Vous pouvez ainsi rechercher les personnes avec lesquelles vous souhaitez bavarder.

QUALITÉ DE L'IMAGE

L'affichage d'images vidéo transférées par modem est généralement de mauvaise qualité. Certains logiciels améliorent la qualité graphique du signal. Il est souhaitable d'essayer un logiciel de vidéoconférence avant de l'acheter.

ÉTIQUETTE DES CONVERSATIONS

Comme dans un cocktail, il convient d'adopter un certain comportement lorsque l'on converse avec des personnes sur l'Internet.

Si vous ne respectez pas les règles dans une salle de conversation, vous pouvez être exclu de la salle par la suite.

RESPECT DE LA LANGUE

Des personnes de différents pays utilisent les conversations pour communiquer. Cela signifie que de nombreuses salles de conversation utilisent des langues différentes de la vôtre. Lorsque vous entrez dans une salle de conversation, respectez la langue qui y est utilisée. Si vous souhaitez parler d'un sujet dans votre propre langue, vous pouvez ouvrir une nouvelle salle pour les personnes parlant cette langue.

ÉVITER LE LANGAGE CRU

Gardez à l'esprit que des personnes de tout âge et de tout milieu utilisent les salles de conversation. Lorsque vous conversez, n'utilisez pas de langage cru ou contrariant. Si une autre personne vous contrarie ou si elle utilise un langage cru, ignorez-la.

STYLE D'ÉCRITURE

Il n'est pas nécessaire d'utiliser la ponctuation ou les majuscules lors des conversations, mais assurez-vous de ne pas saisir tout le texte en LETTRES MAJUSCULES. Cela revient à crier et peut être impoli. Vous devez également saisir de courts messages, comme vous le faites avec des conversations réelles. Les messages courts permettent une conversation fluide.

LIRE LES CONVERSATIONS AVANT DE PARTICIPER

Lorsque vous entrez pour la première fois dans une salle de conversation, lisez les textes pendant un moment. Cela vous permet de comprendre ce qui s'y passe avant d'y participer.

DU BON SENS

Lorsque vous conversez, ne divulguez pas trop d'informations vous concernant, par exemple votre adresse e-mail, votre numéro de téléphone, votre mot de passe ou votre numéro de carte bancaire. Gardez à l'esprit que dans une salle de conversation, les participants ne sont pas toujours ce qu'ils disent être.

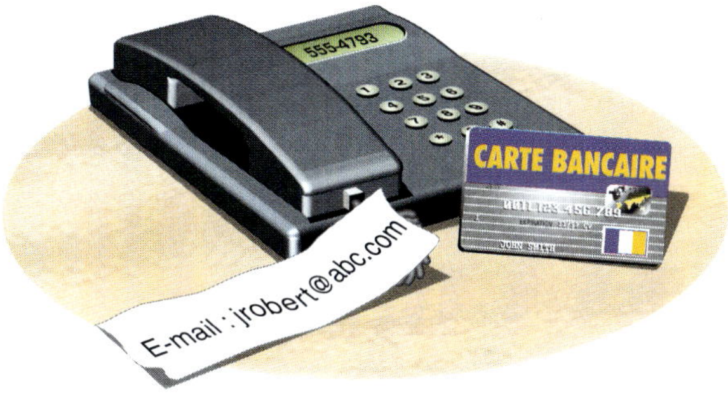

PAS DE PUBLICITÉ

Vous ne devez jamais entrer dans une salle de conversation avec l'intention de faire de la promotion pour votre activité, vos produits ou vos services. Dans la plupart des cas, les participants d'une salle de conversation souhaitent converser avec d'autres personnes et non pas lire de la publicité.

ENFANTS ET CONVERSATION

Il existe de nombreuses salles de conversation où les enfants parlent de sujets tels que les émissions de télévision, la musique ou l'école. Vous devez surveiller les salles de conversation auxquelles votre enfant participe.

SURVEILLANCE

Une surveillance constante permet de s'assurer que les enfants ne participent pas à des conservations déplacées. Vous pouvez placer l'ordinateur dans la cuisine ou dans la salle de séjour afin de surveiller les échanges dans une salle de conversation.

ETABLIR DES RÈGLES

Avant que les enfants ne passent leur temps dans une salle de conversation, indiquez-leur le type d'information acceptable et celles dont il faut prendre garde. Les enfants doivent dire aux parents, ou à tout autre adulte, s'ils sont dérangés par une conversation à laquelle ils participent.

CONVERSATION ANONYME

Lorsqu'ils conversent sur l'Internet, les enfants doivent utiliser un pseudonyme afin de ne pas révéler leur vraie identité. Les enfants ne doivent pas fournir d'informations telles que leur véritable nom, leur adresse e-mail ou leur numéro de téléphone. De plus, ils ne doivent pas donner d'informations personnelles telles que le nom de leur école ou leur adresse.

ÊTRE PRUDENT

Les enfants doivent garder à l'esprit que les participants peuvent ne pas être ce qu'ils disent. Par exemple, une personne affirmant être une fillette de douze ans, peut très bien être un homme de quarante ans. Les enfants doivent prendre garde des personnes avec qui ils conversent et des informations qu'ils fournissent.

SALLE DE CONVERSATION UTILISANT LE WEB

Il existe de nombreuses salles de conversation sur Internet auxquelles les enfants peuvent participer. Vous en trouverez spécialement destinées aux enfants sur les sites Web suivants :

cyberjeunes.free.fr/explorer.htm

members.aol.com/PStricher/Enfantinet/index.html

MESSAGES INSTANTANÉS

Vous pouvez donner un caractère privé à une conversation en échangeant des messages instantanés avec ses participants.

Chaque message s'affiche instantanément à l'écran du destinataire.

LOGICIELS

Pour échanger des messages instantanés, vous devez posséder un logiciel dédié, qui sera le même que celui de vos interlocuteurs. Les logiciels de messages instantanés les plus connus sont disponibles sur les sites suivants :

ICQ
www.icq.com

AOL Instant Messenger
www.aol.com/aim

Yahoo! Messenger
messenger.yahoo.com

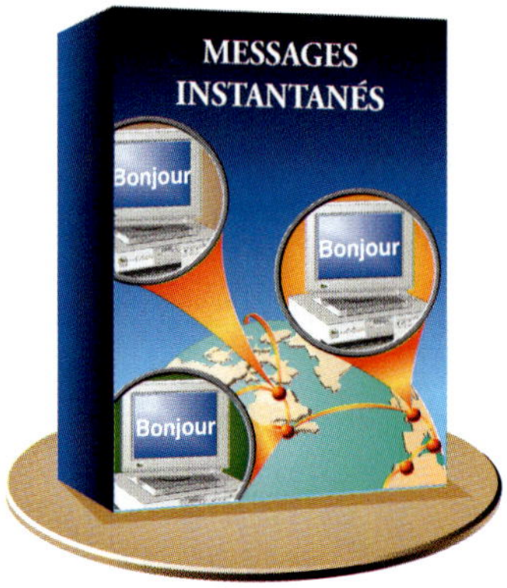

Liste de contacts

Les personnes auxquelles vous adressez régulièrement des messages peuvent être répertoriées dans la liste de contacts. Le logiciel peut ainsi aisément les identifier lorsqu'ils tentent de vous joindre sur le Net.

AVANTAGES

FAIRE DES ÉCONOMIES

Les messages instantanés sont un excellent moyen de communiquer avec ses amis ou sa famille sans frais d'appel longue distance.

COMMUNIQUER ENTRE COLLÈGUES

La messagerie instantanée est un mode de communication idéal entre collègues d'une même entreprise éloignés géographiquement (dans une filiale ou en télétravail à domicile). Les messages sont diffusés rapidement entre personnes connectées, avec plus d'efficacité que le téléphone.

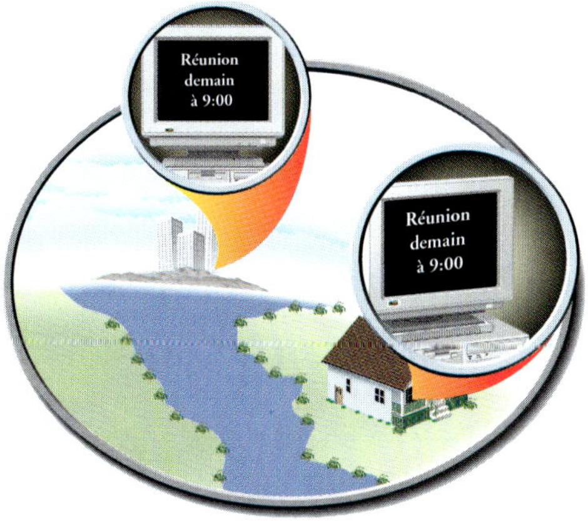

RENCONTRER DE NOUVELLES PERSONNES

Il est possible de se faire de nouveaux amis parmi les utilisateurs de la même messagerie instantanée. Ceux-ci fournissent un certain nombre d'informations comme leur profession, leurs loisirs et leurs centres d'intérêt. Vous pouvez ainsi contacter les personnes avec lesquelles vous avez des affinités.

JEU

CHAPITRE 12

Jouer sur l'Internet

Vous souhaitez jouer dans l'Internet ? Ce chapitre vous aide à démarrer dans l'univers ludique de l'Internet.

INTRODUCTION AUX JEUX MULTIJOUEURS

Une connexion multijoueur permet à plusieurs personnes de jouer ensemble. Les sessions multijoueurs font partie des aspects les plus appréciés de l'Internet.

Vous pouvez jouer à des parties d'échecs, de dames, de cartes, à des jeux d'arcade, à des Doom-like et à des jeux d'aventure.

LOGICIELS

La plupart des jeux en réseau exigent que le logiciel soit installé sur l'ordinateur du participant. Le téléchargement des jeux est le plus souvent gratuit. Pour certains jeux, vous devez acquérir le CD-ROM et effectuer l'installation.

SITES WEB

Nombreux sont les sites Web sur lesquels vous pouvez jouer avec d'autres personnes, échanger des idées sur vos jeux favoris et en savoir plus sur les derniers trucs et astuces.

Voici deux sites Web de jeux connus :

www.zone.com www.jeuxvideo.com

POURQUOI JOUER À PLUSIEURS ?

SOUPLESSE

Il existe plusieurs centaines de jeux en réseau sur l'Internet, de quoi satisfaire les goûts de chacun. Vous avez le choix entre des jeux de cartes simples et les jeux complexes nécessitant des connaissances en sciences et en mathématiques.

INTERACTIVITÉ

Les jeux en réseau permettent de communiquer avec des internautes situés aux quatre coins du monde. Certains jeux ont leurs associations d'internautes qui organisent des réunions pour partager leur passion.

GOÛT DES DÉFIS

Même s'il est possible de jouer contre un ordinateur, il est préférable d'affronter un adversaire en chair et en os. Les réactions d'un ordinateur sont prévisibles alors qu'une partie contre un être humain réserve toujours des surprises.

COMPÉTITION

Jouer sur l'Internet peut être très motivant. Presque tous les jeux ont leur liste de gagnants sur le Web. Certains jeux sont l'occasion de tournois entre champions.

JOUER PAR COURRIER ÉLECTRONIQUE

Les jeux par courrier électronique (*Play By E-Mail* ou *PBEM*) sont pratiques et permettent de participer facilement à des jeux multijoueurs. Pour jouer à ce type de jeux vous devez posséder un compte courrier électronique sur votre ordinateur.

TYPES DE JEUX

Il existe différents types de jeux par courrier électronique. Pour jouer avec le type le plus simple, par exemple les échecs ou les dames, vous échangez les mouvements avec votre adversaire par e-mail. Avec des types de jeux plus complexes, tous les joueurs envoient leurs mouvements à un ordinateur unique. Cet ordinateur calcule tous les mouvements et contrôle le déroulement de la partie.

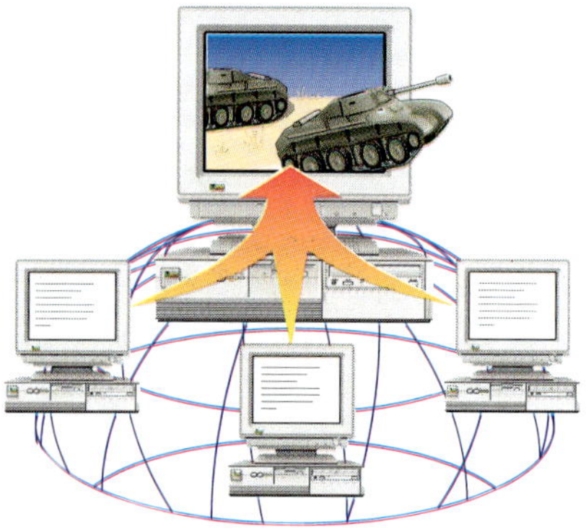

AVANTAGES

Les jeux par courrier électronique permettent à chacun de jouer lorsque leur emploi du temps le permet. Il n'est pas indispensable d'être constamment devant l'ordinateur pour jouer. Vous pouvez également trouver un adversaire dont le niveau est équivalent au vôtre. Jouer avec des adversaires de même niveau rend le jeu plus passionnant.

JEUX PAR E-MAIL CÉLÈBRES

DIPLOMACY

Diplomacy est un jeu de stratégie où vous devez conquérir l'Europe en négociant avec d'autres joueurs. Vous trouverez Diplomacy sur le site Web suivant :

www.micronet.fr/~cberthet/

PREDATORS

Ce jeu à base mathématique vous permet de créer des espèces animales puis de les envoyer dans la jungle. Dès lors, soit elles survivent, soit elles s'éteignent. Vous trouverez Predators sur le site Web :

Perso.linux.fr.org/predator/#quoi

CHAMPIONNAT INTERNATIONAL DE FORMULE 1

Le Championnat du monde international de formule 1 permet aux joueurs de s'affronter sur la saison. Vous trouverez CIF1 sur le site Web :

home.woldnet.fr/smarty/

MILLENIUM

Millenium est un jeu de conquête spatiale où vous devez faire votre place par le commerce, la diplomatie, ou la guerre en dirigeant votre peuple. Vous trouverez Millenium sur le site Web suivant :

www.citeweb.net/millenga

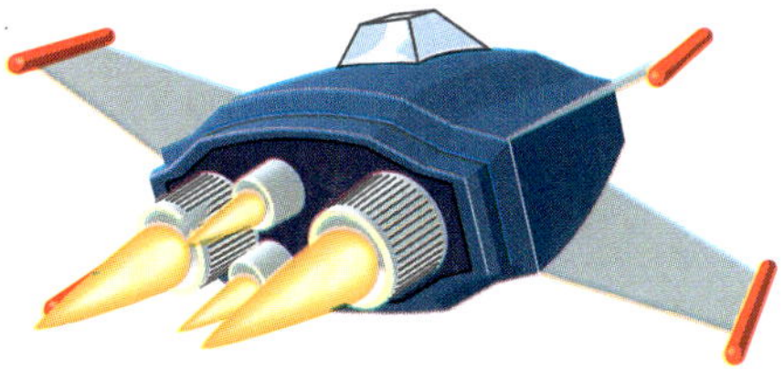

JEUX TRADITIONNELS À PLUSIEURS

Les premiers jeux disponibles en réseau sur l'Internet étaient les jeux de société et les jeux de cartes, comme le backgammon et le bridge.

JOUEURS

Lorsque vous voulez jouer à des jeux de société ou à des jeux de cartes traditionnels sur l'Internet, il est aisé de trouver des adversaires pour commencer une partie. Les joueurs sont classés par niveau, ce qui facilite la sélection. Vous pouvez également organiser des parties avec des amis ou des membres de votre famille, même s'ils habitent à l'autre bout du monde.

JEUX DE SOCIÉTÉ

La plupart des gens considèrent qu'il est difficile de déplacer à l'écran des pièces sur un damier ou un échiquier. Pour éviter ce désagrément, placez un damier ou un échiquier devant votre ordinateur, déplacez-y les pièces et reproduisez les déplacements à l'écran.

JEUX TRADITIONNELS

BACKGAMMON

Les sites de backgammon sont nombreux sur l'Internet. Ils fournissent généralement des informations sur les parties de backgammon en réseau, les sites où elles ont lieu. Voici une page Web intéressante sur ce jeu :

perso.easynet.fr/~sergen/bg.htm

BRIDGE

Le bridge est l'un des jeux de cartes les plus populaires au monde. Vous pouvez apprendre ses règles et y jouer sur l'Internet. Les adversaires sont nombreux. Pour en savoir plus sur le bridge, rendez-vous sur le site Web suivant :

www.ffbridge.asso.fr

ÉCHECS

Les échecs sont l'un des plus anciens jeux du monde. L'Internet Chess Club fournit des informations sur le jeu et héberge plus de 60 000 parties par jour (www.chessclub.com). Parmi les sites francophones intéressants, citons celui-ci :

www.multimania.com/qsimon/

BELOTE

La belote est un jeu prisé sur l'Internet. Moins populaire que la Dame de pique (Hearts, en anglais), il remporte un franc succès dans l'espace francophone. Pour en savoir plus, visitez le site de Belote en ligne :

www.multimania.com/scripts/bol.htm

LOGICIELS DE JEU PAYANTS

Les logiciels développés par des éditeurs sont en vente sur la plupart des sites spécialisés. Bon nombre d'entre eux permettent de jouer en ligne, sur l'Internet.

LOGICIELS

Pour participer à un jeu sur l'Internet, chacun doit posséder une copie du logiciel sur son ordinateur. Les logiciels du commerce sont onéreux mais la plupart des éditeurs proposent leurs jeux en version d'évaluation sur le Web.

MATÉRIEL REQUIS

Certains jeux requièrent des interactions de la part de l'utilisateur par l'intermédiaire d'un joystick ou d'un gamepad. Il est parfois nécessaire de doter l'ordinateur de périphériques appropriés. Par exemple, certains logiciels fonctionnent mieux avec une carte graphique 3D. Avant d'acheter un jeu, consultez la liste des périphériques requis pour jouer dans des conditions optimales.

CONNEXION

Établir une connexion avec d'autres internautes est un jeu d'enfant. Il suffit pour cela d'ouvrir une session avec un ordinateur gérant les connexions entre joueurs.

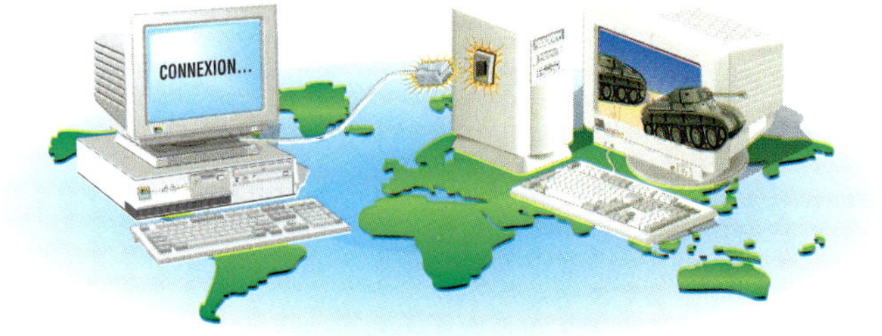

JEUX CÉLÈBRES

AGE OF EMPIRES

Il s'agit d'un jeu de stratégie couvrant une période de dix mille ans et permettant de réécrire l'histoire d'une civilisation. Pour en savoir plus :

www.microsoft.com/games/empires

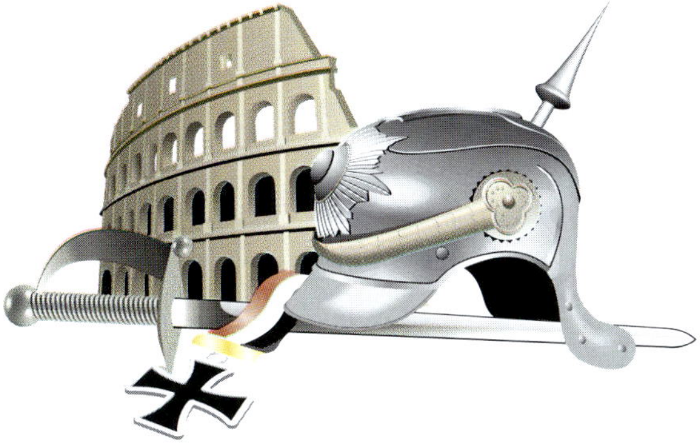

COMMAND & CONQUER

Ce jeu de stratégie militaire vous permet d'engager une partie en ligne avec un autre internaute. Pour plus d'informations sur Command & Conquer, visitez le site Web suivant :

www.westwood.com

JEDI KNIGHT : DARK FORCES II

Armé de votre épée laser, vous combattez les forces de l'Empire en tant que chevalier Jedi. Ce jeu accepte jusqu'à trois concurrents par partie. Pour en savoir plus, visitez le site suivant :

www.lucasarts.com/static/jk

NEED FOR SPEED : HIGH STAKES

Au volant d'une voiture de rêve, vous participez à des courses au réalisme surprenant. Vous avez le choix entre courir contre une autre personne ou vous lancer à sa poursuite comme shérif. Pour en savoir plus sur Need for Speed, visitez le site Web suivant :

www.needforspeed.com

Société ABC
Événements à venir
Jours Fériés
Fête annuelle
Société ABC
Service Comptabilité
Société ABC
Projets En cours
Fusion d'ABC
Activité internationale
Perspectives financières
Société ABC
Service des Ressources Humaines
Président

Intranets

Vous souhaitez en savoir plus sur les intranets ? Découvrez dans ce chapitre l'intranet, ses fonctionnalités, sa sécurité et plus encore.

INTRODUCTION AUX RÉSEAUX

Un réseau est un groupe d'ordinateurs connectés qui permettent à des personnes de partager des informations et des équipements.

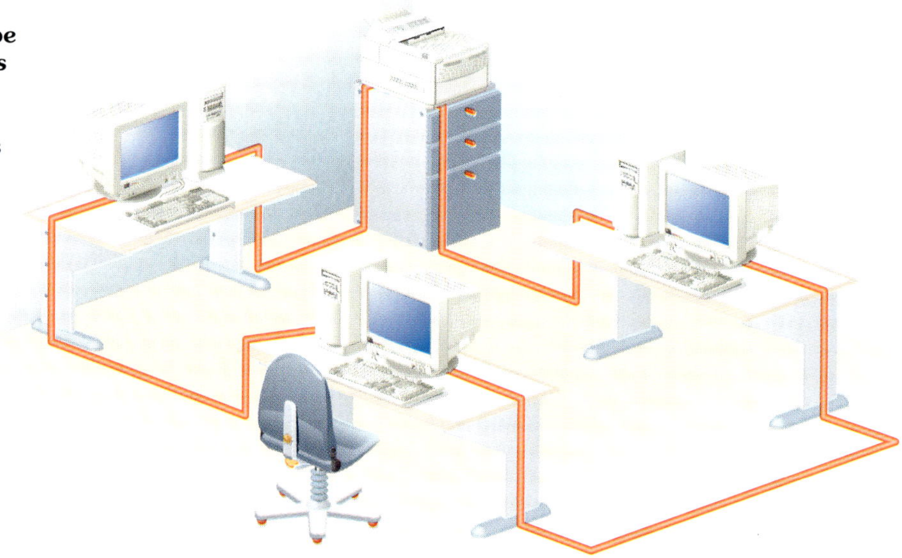

TYPES DE RÉSEAUX

RÉSEAU LOCAL

Un réseau local *(LAN)* est un réseau reliant des ordinateurs sur une petite étendue géographique, par exemple un immeuble.

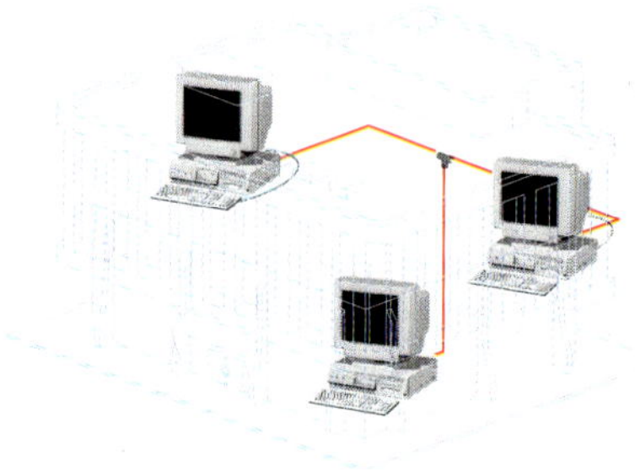

RÉSEAU ÉTENDU

Un réseau étendu *(WAN)* est un réseau connectant des ordinateurs sur une grande étendue géographique, par exemple, une ville ou un pays. L'Internet est un réseau étendu.

SYSTÈME D'EXPLOITATION DE RÉSEAU

Un système d'exploitation de réseau est conçu pour des ordinateurs puissants, appelés des serveurs réseau, afin de s'assurer que toutes les parties du réseau fonctionnent efficacement. Un système d'exploitation réseau permet à un serveur de réseau de stocker des programmes et des informations auxquels peuvent accéder les autres ordinateurs du réseau.

AVANTAGES D'UN RÉSEAU

TRAVAILLER HORS DU BUREAU

Lorsque vous êtes en voyage où à votre domicile, vous vous connectez au réseau de votre société pour échanger des messages et des fichiers.

AVANT LES RÉSEAUX

Avant l'apparition des réseaux, on utilisait les disquettes pour échanger des informations entre ordinateurs. Ce procédé appartient désormais au passé.

PARTAGER DES INFORMATIONS

Les réseaux facilitent le partage d'informations et de programmes. Vous échangez des documents, des courriers électroniques, des vidéos, des sons et des images.

PARTAGER DES ÉQUIPEMENTS

Les ordinateurs connectés à un réseau peuvent partager leurs équipements, par exemple une imprimante ou un modem.

ADMINISTRATEUR RÉSEAU

Un administrateur réseau gère le réseau et s'assure qu'il fonctionne correctement. L'administrateur réseau est parfois également appelé un gestionnaire de réseau, un gestionnaire de système informatique ou un administrateur système.

INTRODUCTION AUX INTRANETS

Un intranet est un réseau, semblable à l'Internet, à l'intérieur d'une société ou d'une organisation.

TECHNOLOGIE INTERNET

Les intranets transfèrent les informations sur le réseau en utilisant la même technologie que celle utilisée pour le transfert d'informations sur l'Internet. Cela permet aux intranets d'échanger facilement et rapidement des informations sur différents types de réseaux sans tenir compte du système d'exploitation utilisé sur chacun des réseaux.

SERVEURS

Les intranets utilisent des ordinateurs spéciaux, appelés des serveurs, pour contrôler la distribution des informations. Sur la plupart des intranets, on trouve un serveur par fonction intranet souhaitée. De nombreux serveurs intranets sont semblables aux serveurs utilisés sur l'Internet.

LOGICIEL

Le logiciel utilisé pour l'échange des informations sur un intranet, par exemple un navigateur Web ou un programme de messagerie, est le même que celui utilisé pour échanger des informations sur l'Internet. La plupart des logiciels nécessaires se trouvent dans les boutiques d'informatique ou sur l'Internet.

INFORMATIONS

La plupart des programmes permettent aux utilisateurs d'un intranet de fournir des informations sur leur propre ordinateur à d'autres utilisateurs. Par exemple, avant de partir en congés, un salarié peut créer une page Web personnelle pour les autres. Les informations de cette page peuvent indiquer ses jours d'absences ainsi que des numéros d'urgences.

EFFICACITÉ

Les intranets permettent aux employés d'une entreprise ou d'une organisation d'accéder rapidement et efficacement aux informations. Lorsque l'on accède facilement aux informations, cela augmente souvent la productivité des employés. Par exemple, les salariés peuvent obtenir le répertoire téléphonique sur l'intranet et n'ont pas à contacter de standardiste.

FONCTIONNALITÉS D'UN INTRANET

Les intranets possèdent de nombreuses fonctionnalités et services disponibles sur l'Internet.

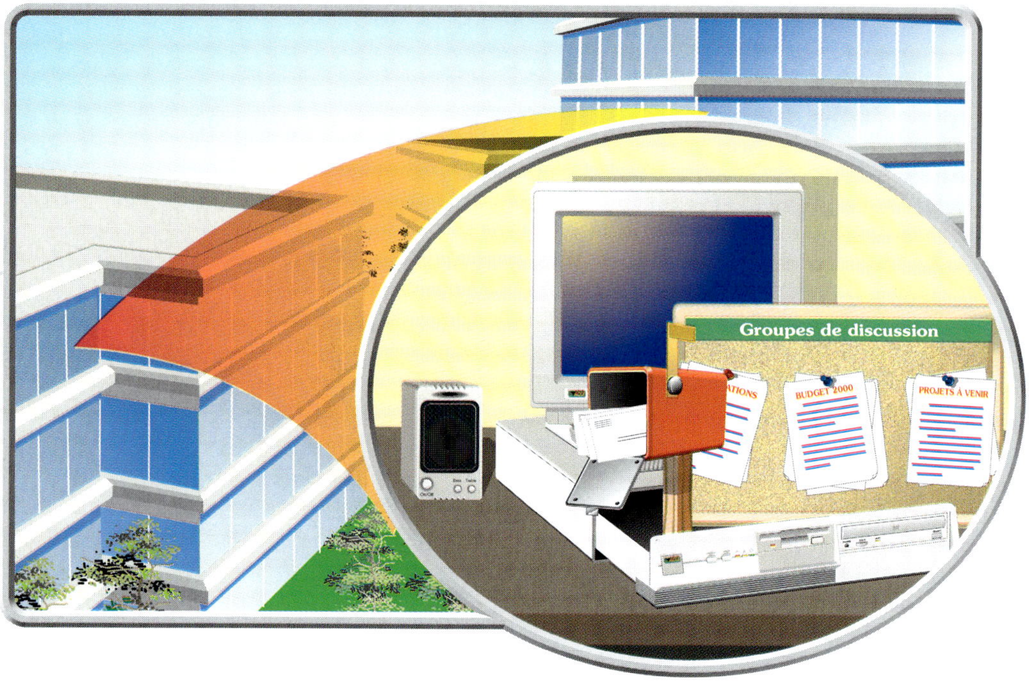

MULTIMÉDIA

Les informations sont transférées plus rapidement sur un intranet que sur l'Internet. Cela simplifie le transfert des fichiers vidéos et sonores qui demanderaient trop de temps sur l'Internet. Vous utilisez un intranet pour distribuer simplement des produits de démonstration et des vidéos de formation aux utilisateurs connectés à l'intranet.

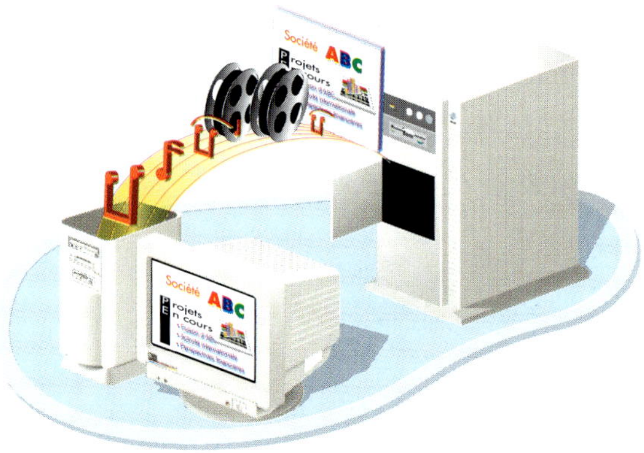

PARTAGE DE FICHIERS

Dans les entreprises, le partage de fichiers est l'une des principales motivations pour installer un intranet. Vous pouvez placer, sur un intranet, des documents qui ne sont pas affichés sur l'Internet, par exemple une procédure de travail ou un bulletin d'information interne.

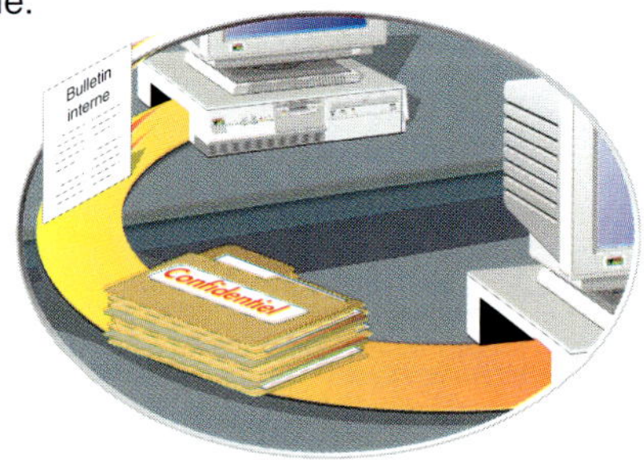

Les employés peuvent également utiliser un intranet pour mettre à jour des programmes ou en installer de nouveaux. Il est plus simple de transférer des programmes sur l'intranet que d'utiliser des disquettes ou des CD-ROM sur votre ordinateur.

COURRIER ÉLECTRONIQUE

Certaines entreprises utilisent des systèmes de messagerie qui permettent aux employés d'échanger uniquement de simples textes. Les intranets permettent d'utiliser les mêmes types de systèmes de messagerie que ceux trouvés sur l'Internet. Cela permet aux employés d'envoyer plus d'informations dans un message, par exemple, une feuille de calcul ou un document de traitement de texte.

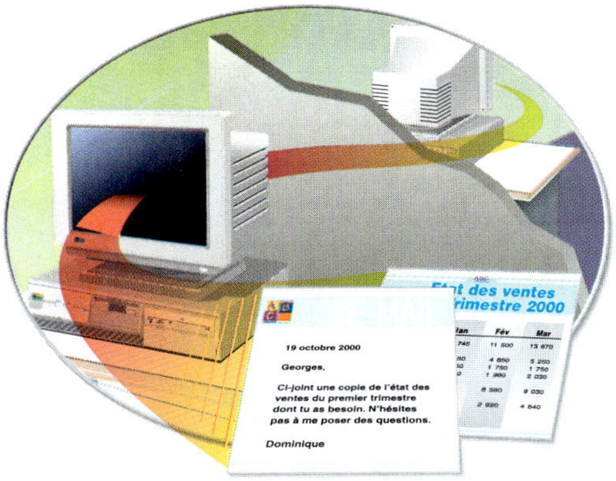

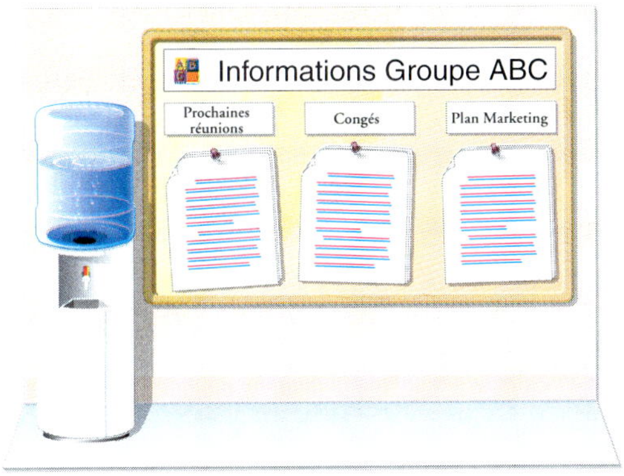

GROUPES DE DISCUSSION

De nombreuses entreprises utilisent des groupes de discussion semblables aux groupes de discussion Usenet que l'on trouve sur l'Internet. Les salariés utilisent ces groupes de discussion pour partager des informations sur leur société ou sur un projet précis. Les utilisateurs posent des questions ou envoient des mises à jours pour que les collaborateurs accèdent aux informations.

CONVERSATION

Les sociétés peuvent établir des canaux de conversation *(chat)*, ou des groupes, tels que ceux que l'on trouve sur l'Internet, afin de permettre aux employés de discuter efficacement d'un projet. Grâces aux conversations utilisant la vidéo, il est possible d'effectuer des réunions avec des personnes situées dans un autre bureau, voire un autre immeuble.

SITES WEB INTRANET

Les sites sur les systèmes Web intranet sont semblables aux sites que l'on trouve sur le World Wide Web.

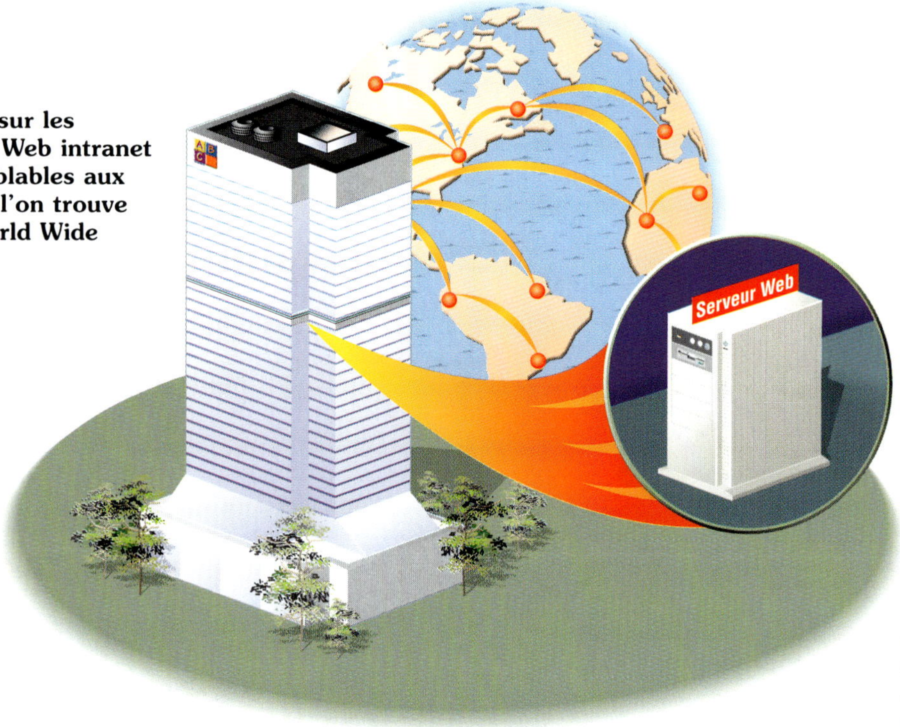

Les serveurs Web connectés à un réseau stockent les sites Web et gèrent le système Web intranet.

COMPATIBILITÉ

Un intranet est utile pour les sociétés qui possèdent différents types de réseau, par exemple des compatibles IBM et des Macintosh. N'importe quel ordinateur utilisant un navigateur Web peut accéder aux informations disponibles sur un site Web intranet.

SÉCURITÉ

De nombreuses sociétés possèdent un intranet également connecté à l'Internet. La plupart d'entre elles utilisent un ordinateur dédié pour sécuriser l'intranet afin que des utilisateurs de l'Internet n'accèdent pas aux informations de l'intranet. Si une personne de l'extérieur tente d'accéder à l'intranet, l'ordinateur de sécurité alerte l'administrateur réseau.

PAGES WEB DES EMPLOYÉS

Si les employés sont connectés à un intranet, ils peuvent facilement publier leurs propres pages Web. Ces pages Web peuvent contenir des informations tels que les numéros de téléphone du bureau, les projets en cours ou tout autre élément important pour d'autres salariés.

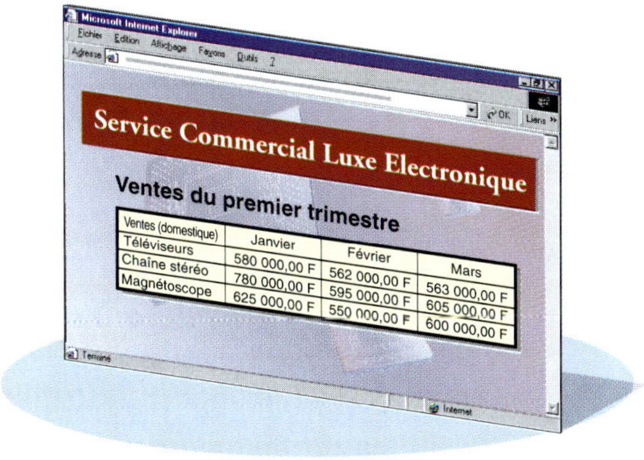

PAGES WEB DE SERVICES

Lorsqu'une entreprise possède un intranet, tous les services peuvent utiliser leurs propres pages Web pour afficher des informations. Par exemple, le service des ressources humaines peut afficher le règlement de la société et les emplois du temps. Le service commercial peut publier des pages Web indiquant les derniers chiffres des ventes.

CRÉATION DE PAGES WEB

Vous créez des pages Web pour un intranet en utilisant le même logiciel que pour créer des pages pour le World Wide Web. La plupart des traitements de texte, des tableurs et des programmes de base de données permettent d'enregistrer des documents en tant que pages Web. Il existe également de nombreux programmes conçus spécialement pour la création de pages Web.

LOGICIELS INTRANET

Pour installer un intranet, une société doit posséder un logiciel intranet. Il en existe de différents types.

LOGICIELS GRATUITS

Les logiciels disponibles sur l'Internet, par exemple les navigateurs Web, les lecteurs de News et les programmes de messagerie, peuvent s'utiliser sur l'intranet d'une société. La plupart de ces applications sont disponibles gratuitement sur l'Internet.

SUITES INTRANET

La plupart des logiciels intranet sont disponibles sous la forme d'un paquet réunissant plusieurs applications et appelée suite. Les suites intranet sont généralement constituées d'applications de messagerie, de base de donnée et de sécurité. Lorsque vous installez une suite, vous décidez des applications que vous utilisez et vous n'installez que celles-ci.

SUITE INTRANET CÉLÈBRES

NETSCAPE SUITESPOT

La société qui a créé Navigator, le navigateur Web, propose également un logiciel intranet appelé SuiteSpot. Ce dernier fournit de nombreuses fonctionnalités intranet. Vous trouverez des informations sur SuitSpot sur le site Web suivant :

www.netscape.com/suitespot

NOVELL NETWARE FOR SMALL BUSINES

NetWare for Small Business est une suite logicielle de Novell. Cette dernière contient des applications qui permettent de créer des bases de données et d'échanger du courrier électronique sur le réseau. Vous trouverez des informations sur NetWare for Small Business sur le site Web suivant :

www.novell.com/corp/intl/france/products_solutions/nwsb.html

MICROSOFT BACKOFFICE

Microsoft propose un ensemble de logiciels intranet appelés BackOffice. BackOffice contient des applications qui permettent d'organiser et de gérer facilement des sites Web de grande taille. Vous trouverez des informations sur BackOffice sur le site Web suivant :

www.microsoft.com/france/backoffice/default.asp

LOTUS DOMINO

Lotus Domino est connu officiellement sous le nom de Lotus Notes. Domino fournit de nombreuses applications qui facilitent les communications et le partage d'informations sur un intranet. Vous trouverez des informations sur Domino sur le site Web suivant :

www.lotus.fr/world/france47.nsf

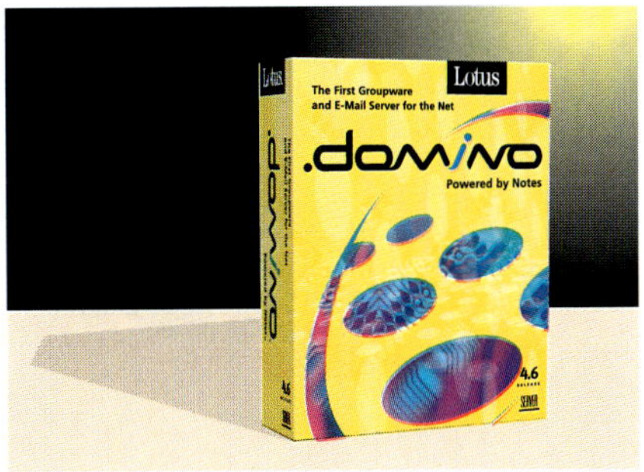

INTRANET ET SÉCURITÉ

De nombreuses entreprises possédant un intranet sont également connectées à l'Internet. Vous devez prendre garde lorsque vous connectez un ordinateur ou un réseau à l'Internet.

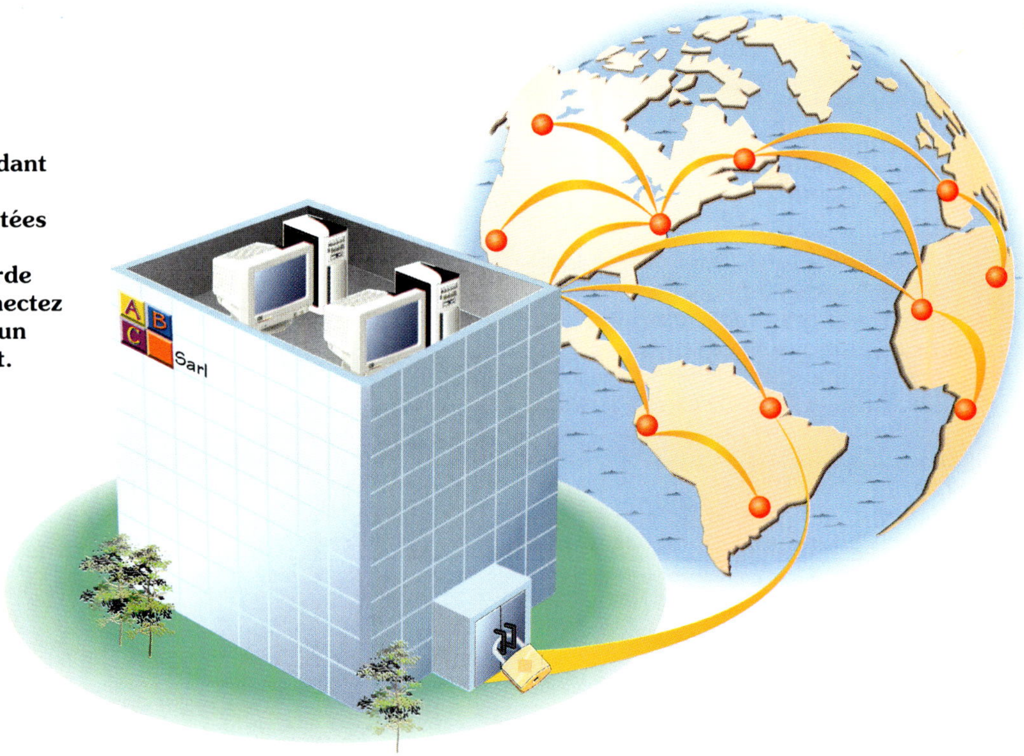

PARE-FEU

Un pare-feu *(firewall)* est un logiciel ou un ordinateur qui restreint le transit d'informations entre un intranet privé et l'Internet. De nombreuses entreprises utilisent un pare-feu pour éviter l'accès à l'intranet à des utilisateurs non-autorisés.

RESTRICTIONS D'ACCÈS

Des entreprises interdisent l'accès à certaines parties de l'Internet aux utilisateurs de leur intranet, par exemple, l'accès aux salles de conversation. Si une entreprise empêche l'accès aux sites Web du World Wide Web, les employés peuvent toujours consulter les informations disponibles sur le site Web de l'intranet.

MOTS DE PASSE

Certains services intranet, par exemple, les groupes de discussion, nécessitent la saisie d'un nom d'utilisateur et d'un mot de passe pour l'accès aux informations. Les noms d'utilisateur et les mots de passe assurent que des employés non autorisés ne consultent pas les informations confidentielles de la société.

MISES À JOUR DU SYSTÈME D'EXPLOITATION

Le système d'exploitation utilisé sur un intranet contient souvent des fonctions de sécurité pour protéger les informations. Les systèmes d'exploitation sont régulièrement mis à jour afin de prendre en compte les derniers problèmes de sécurité. L'administrateur réseau doit s'assurer que la dernière version d'un système d'exploitation est installée sur chacun des ordinateurs de l'intranet.

VIRUS

Un virus est un programme qui empêche le fonctionnement normal d'un ordinateur. Un virus peut causer toutes sortes de problèmes, par exemple, l'apparition d'un message perturbateur à l'écran ou la destruction d'informations sur le disque dur. La plupart des sociétés contrôle régulièrement chacun des ordinateurs connectés à un intranet pour détecter la présence de virus.

FOUILLONS LE PASSÉ
GUIDE DES FOUILLES ARCHÉOLOGIQUES
Ces pages ont pour objectif de vous donner une idée des progrès accomplis en matière de fouilles archéologiques. Fouillons le passé pour découvrir l'avenir !
Elles vous tiennent au courant des nouveaux sites ouverts et des découvertes de valeur qui y ont été faites. Les archéologues professionnels peuvent venir s'exprimer dans ces pages et nous commenter quelques découvertes d'exception récemment mises au jour.
Ce site d'informations archéologiques est divisé en cinq zones géographiques : Afrique, Europe, Océanie, Europe et Amérique. Vous pouvez choisir une région et parcourir les sites de fouilles archéologiques qui y sont répertoriés et sélectionner celui qui éveille votre curiosité.
Histoire
Ornithologie Club
Page d'accueil
ÉTAPE1
Animaux
Partez en vacances avec
Nous
Chez Mondial Évasion, nous faisons tout pour vous assurer des vacances inoubliables. Appelez-nous sans tarder !
Réservations
Excursions
Astuces
Meilleures destinations
Météo
Contactez-nous
Voyage
Grand voyage de découverte
• VOYAGES D'AVENTURE •
• Pêcher en Auvergne
• Rafting dans les Alpes
• Ecalade dans les Pyrénées
Sports

Sites Web à découvrir

Vous voulez visiter des sites utiles ? Ce chapitre vous présente une sélection d'adresses intéressantes à consulter.

AFFAIRE

Bottin.fr

Annuaire des entreprises françaises. Recherche par raison sociale, activité, ville, département ou région.

URL www.bottin.fr/

Kompass

Le Web des entreprises permet de trouver adresses, numéros de téléphone, fax et diverses informations sur une entreprise en France et dans le monde.

URL www.kompass.fr/

Europages

Annuaire européen des affaires. Recherche par raison sociale, produit ou service.

URL www.europages.com/home-fr.html

France Telecom

Produits et services pour améliorer votre confort à la maison, accroître votre efficacité dans l'entreprise et vous faciliter la vie en déplacement.

URL www.francetelecom.fr/vfrance/home/html4/index.html

EDF-GDF

Activités en France et à l'étranger. Toute une gamme de conseils et de services adaptés à vos besoins.

URL www.edf.fr/html/fr/index.html

Lagardère

Des hautes technologies à la communication, Lagardère réunit les talents et les expériences industrielles autour de deux grandes marques : Matra et Hachette.

URL www.lagardere.fr/

Dassault Industrie

Le groupe et ses domaines d'activités.
URL www.dassault-industries.fr/

Suez Lyonnaise des Eaux

L'un des leaders mondiaux des services collectifs de proximité. Eau, énergie, propreté et communication sont les quatre activités essentielles du groupe.
URL www.suez-lyonnaise-eaux.fr/

IBM France

Le géant de l'informatique propose aux internautes de passer en revue le large éventail de ses produits et services (micro-ordinateurs, logiciels, services, solutions Internet), de recevoir une documentation et même de passer des commandes directement.
URL www.fr.ibm.com/

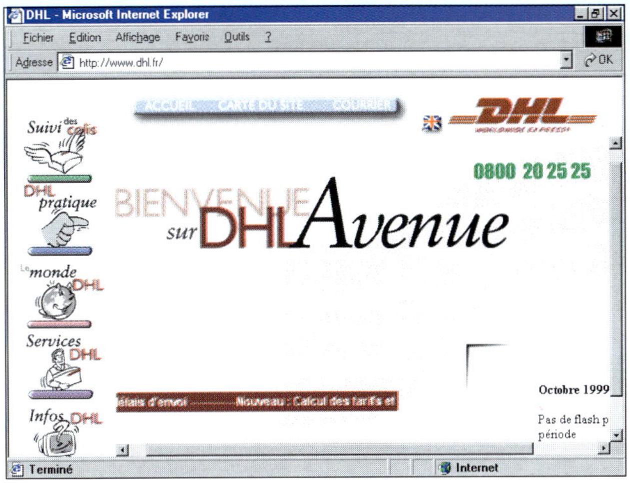

DHL

Achemine vos colis et vos documents dans tous les pays avec un suivi permanent.
URL www.dhl.fr

FedEx

Federal Express achemine tous vos colis, quel que soit le poids, dans le monde entier.
URL www.fedex.com

Greftel

L'information officielle économique et juridique sur les entreprises.
URL www.greftel.fr

Fédération des salons spécialisés

Liste des principaux salons en France et dans le monde. Vous pouvez obtenir directement des informations par courrier électronique et enregistrer votre participation à un salon spécifique.
URL salons.wcube.fr/fr/

A

ANIMAUX

Annuaire des éléveurs français

Ce site facilite les recherches pour toute personne désirant s'informer sur une race ou un élevage spécifique.

URL www.nord-france.com/elevage/

Animorama

Le site des animaux de compagnie. Vous y trouvez toutes les informations (élevage, dressage, manifestations et salons, vétérinaires, *etc.*) consacrées aux animaux familiers.

URL www.animorama.com/

Cetacea

Ce site est dédié aux baleines, dauphins et autres cétacés, avec beaucoup d'informations à caractère scientifique.

URL www.chez.com/cponcelet/cetacea/

Le monde des animaux

Informations sur les chiens, chats et autres animaux. Quelques petits trucs pour le dressage et des chroniques sur la santé de votre animal.

URL www.les-animaux.com/

Le magazine virtuel du monde animal

Événements de la vie des animaux domestiques et de leurs « maîtres » : reportages d'expositions et articles sur les races, conseils vétérinaires, annonces, et atelier d'art.

URL www.hit-zoo.com/hitzoofr2/index.htm

L'équipe Cousteau

L'équipe Cousteau. L'histoire de la Calypso, de son équipe, et des expéditions menées.

URL www.cousteau.org/

ART

France antiques

Ce site propose des adresses en France et en Europe des antiquaires, restaurateurs d'art, experts, salons et manifestations, et libraires.

URL www.franceantiq.fr/home_fr.htm

Annuart

L'annuaire du Web de l'art : l'art en général, la numismatique, les commissaires priseurs, la cote de l'art, les galeries, les musées, les artistes et un espace photo.

URL www.tout-savoir.com/annuart/

Artop

Vente en ligne de tableaux : 400 peintures à l'huile, aquarelles, pastels, sanguines, nu, marines, dessin, copies. Œuvres d'art de peintres d'Europe.

URL www.artop.tr/

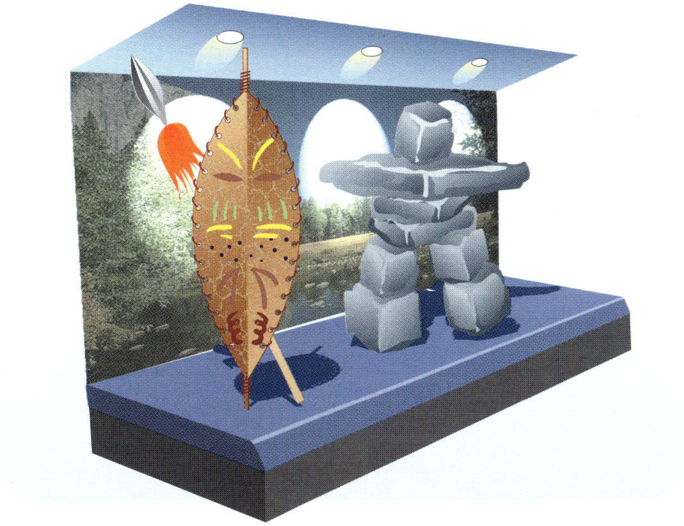

Officiel des arts

Toute l'actualité sur l'art, les galeries d'art en France, et les expositions en Europe. Les itinéraires virtuels vous conduisent aux quatre coins de France.

URL www.od-arts.com/

Artcult

Nombre impressionnant de news, articles, dossiers sur des peintres ou des mouvements artistiques, informations sur la cote des différents artistes et le résultat de toutes les ventes.

URL www.artcult.com

Gal@art : L'actualité des galeries d'art

Voilà enfin un site qui permet aux acheteurs et amateurs d'art de s'informer sur l'ensemble des expositions d'art en France, musées et galeries confondus.

URL www.galart.com

ADEC98

Annuaire du marché international de l'art (peinture, sculpture, dessin, estampes, photo, animation et tapisserie). Le site recense les résultats de vente d'œuvres.

URL www.adec.tm.fr

La gazette de l'Hotel Drouot

Agenda des prochaines ventes et résultats des enchères récentes. Un moteur de recherche permet d'accéder au programme d'une vente en particulier.

URL gazette-drouot.com

Art-Site

Galerie virtuelle d'exposition et de vente d'œuvres d'art contemporain : sculpture, photographie et peinture.

URL www.art-site.com/

ASTRONOMIE

Astrobale

Actualités du monde de l'espace : exploration du système solaire, missions vers Mars et informations sur le soleil, la lune, les comètes et les astéroïdes.

URL www.multimania.com/astrobale/

Astronomia

Introduction à l'astronomie en utilisant un contenu riche et pédagogique sur différents aspects de l'astronomie, dont les planètes, la conquête spatiale et les étoiles.

URL www.chris.belgavillage.be/astro/

Astronomie facile

Découverte de l'astronomie : saisons, histoire de la cartographie lunaire et quelques notions (années bissextiles, heure sidérale, âge de la lune).

URL cafe.rapidus.net/algauthi/

Photothèque planétaire d'Orsay

Présentation du laboratoire et images des missions Viking, Clémentine et Magellan.

URL fototek.geol.u-psud.fr/

Les plus belles photos de la NASA

Site proposant la vente de reproductions d'images de la NASA (posters, cartes murales ou postales, vidéos, *etc.*). Photothèque et vente en ligne.

URL www.spacephotos.com/

Au-delà de la Terre, l'espace

Site proposant des photographies et des informations sur l'espace, la terre, la lune, le système solaire, les galaxies et la conquête de l'espace.

URL www.chez.com/dios/Espace/Espacealpha.htm

Le Ciel et la Terre

Les origines du monde, numérisation d'atlas anciens, collection de textes et d'images sur l'univers.

URL www.bnf.fr/web-bnf/expos/ciel/index2.htm

Space News International

Magazine électronique entièrement consacré à l'astronomie, l'astronautique ainsi que tout ce qui a rapport avec l'espace.

URL www.sat-net.com/spnews/

BIOLOGIE

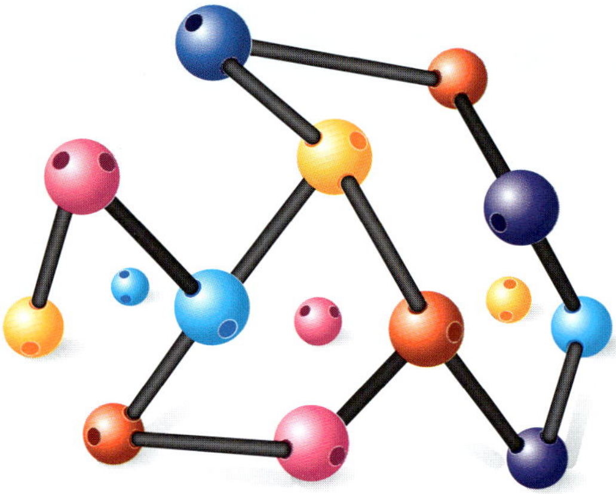

Bibliothèque en sciences biologiques

Site de l'université de Montréal contenant des ressources documentaires en biologie générale, en écologie et en ergonomie et sécurité du travail.

URL www.unites.uqam.ca/bib/thematique/sciences/biologie/bio4.htm

Bio-Presse

Site contenant des dizaines d'articles, d'illustrations, de jeux et d'activités pour apprendre le fonctionnement du corps humain.

URL www.mlink.net/~biopress/tablewww.html

Comité International de Bioéthique

Site du Comité International de Bioéthique (CIB) qui s'inscrit dans le cadre de la mission éthique de l'UNESCO.

URL www.unesco.org/ibc/fr/

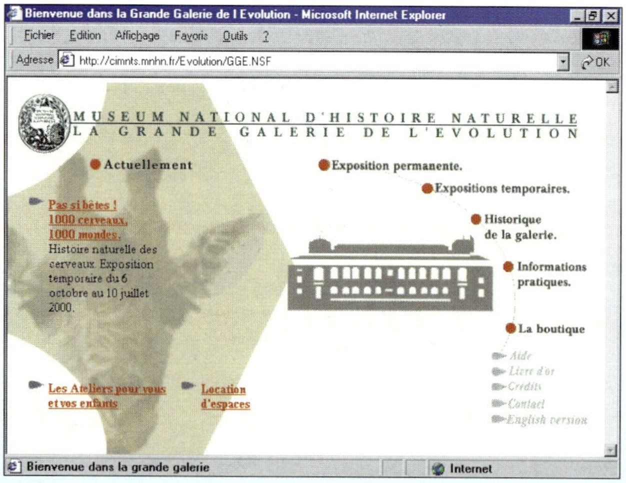

Coccinet

Découverte des racines grecques et latines de mots de biologie animale. Glossaire de biologie, photos de microscopie électronique et possibilité de télécharger des sons d'animaux.

URL ecole.le-village.com/Conccinet/Home.htm /

Infobiogen

Banque de données de biomolécules, génomes et maladies génétiques. Documentations sur l'informatique, la bioinformatique et la médecine.

URL www.infobiogen.fr

La grande galerie de l'évolution

Visite virtuelle de la galerie du Muséum National d'Histoire Naturelle qui permet de découvrir la classification et l'évolution des espèces.

URL cimnts.mnhn.fr/Evolution/GGE.NSF

L'espèce

On trouve deux bulletins d'informations et de vulgarisation scientifique sur les sciences et le cerveau : Les Dernières Nouvelles de l'espèce et Les Cerveaux associés.

URL www.lespece.com

Tous parents, tous différents

Visite virtuelle de l'exposition présentée au Musée de l'Homme à Paris, montrant les principaux résultats de la biologie des populations humaines actuelles.

URL anthropologie.unige.ch/TPTD/fr/index.html

Didacticiel de biologie végétale

Ce didacticiel, destiné aux étudiants, traite du programme de biologie végétale de première année du Deug «Sciences de Vie».

URL www.creaweb.fr/bv/

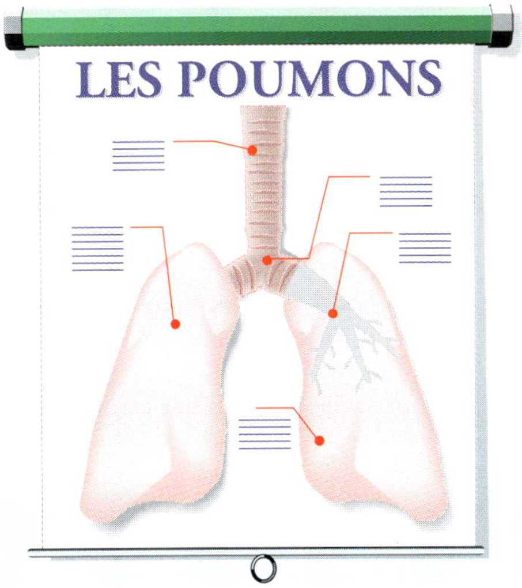

Kit virtuel de dissection de grenouille

Ce site propose un programme interactif de dissection virtuelle d'une grenouille afin de permettre l'enseignement de l'anatomie de la grenouille en cours de biologie.

URL george.lbl.gov/ITG.hm.pg.docs/dissect/french/dissect.html

Bibliothèque de chimie

Site de l'Université du Québec à Montréal contenant de nombreuses ressources documentaires en chimie.

URL www.unites.uqam.ca/bib/thematique/sciences/chimie/chimie.htm

C

CHIMIE

Chimie

Listes d'acides aminés, de matières plastiques, d'alcools et d'ions minéraux, chaleur massique, couples acide/base, méthodes et principes de séparation.

URL www.alyon.org/InfosTechniques/chimie/

Oligoéléments

Les apports dans l'alimentation, l'homéostasie et l'oligothérapie.

URL www.oligoelement.com/

Cyberchem

Principales réactions de chimie organique classées de A à Z.

URL www.ifrance.com/cyberchem/sommaire.html

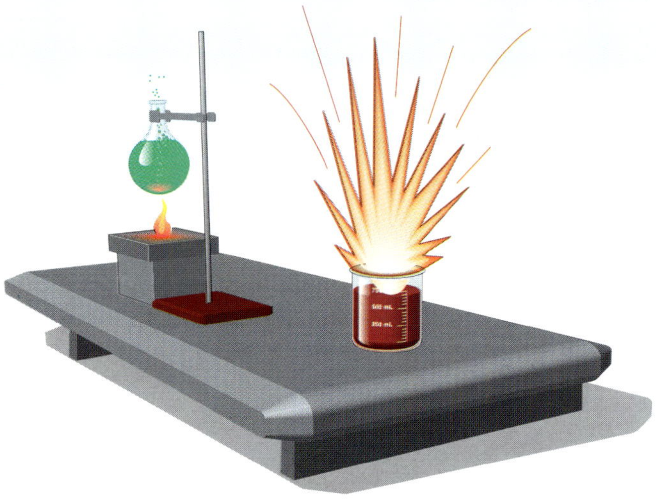

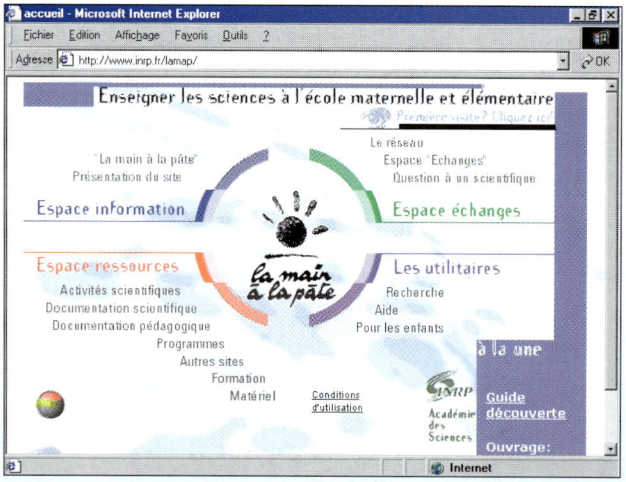

Histoire de la chimie

De l'antiquité à aujourd'hui. Biographies, portraits de chimistes et une liste des prix Nobel.

URL www.multimania.com/histoirechimie/

CNRS Département Sciences et Chimie

Présentation, lettre et programmes.

URL www.cnrs.fr/Chimie/

Elf Atochem

Chime fine, pétrochimie, chlorochimie et engrais.

URL www.elf-atochem.fr/

La Main à la pâte

Une opération de vulgarisation des sciences auprès des jeunes.

URL www.inrp.fr/lamap/

France Chimie

Le journal électronique des chimistes : actualités, emplois, innovations, *etc.*

URL www.france-chimie.com/accueil.htm

CINÉMA

AlloCiné

Programmes, séances des salles de cinéma et des films en France avec réservation de billets en ligne.

URL www.allocine.fr/

Ciné Guide Belgique

Programmes des salles en Belgique avec résumés, photos, heures des séances et liens vers Internet Movie Database.

URL cine.rendez-vous.be/

Ciné News

Le cinéma à travers son actualité, ses rumeurs et ses humeurs. Un site hebdomadaire destiné aux cinéphiles comme au grand public.

URL www.cinenews.net/

Lumière

Regard sur le cinéma au travers d'une quinzaine de rubriques et ouvert à toutes les contributions.

URL www.lumiere.org/

Ecran noir

Nouvelles, box-office, stars, sorties et archives.

URL www.ecran-noir.com/sommaire.htm

Charlie Chaplin

Biographie, filmographie et citations.

URL www.moselle-est.com/Divers/chaplin/chaplin.htm

Anniversaires

Pour connaître les dates anniversaire de vos stars préférées.

URL www.multimania.com/anniversaires/

1001 bandes annonces

Bandes annonces de films internationaux en Quick Time, en RealPlayer ou en MPEG.

URL www.ifrance.com/1001ba/

Cinéplus

Site spécialisé dans la vente d'affiche de cinéma par l'Internet.

URL www.cineplus.com/

Cinefil

Pour connaître, en France, en Belgique ou en Suisse, l'horaire et la salle du film que vous souhaitez voir.

URL www.cst.cvf.fr/cinefil/

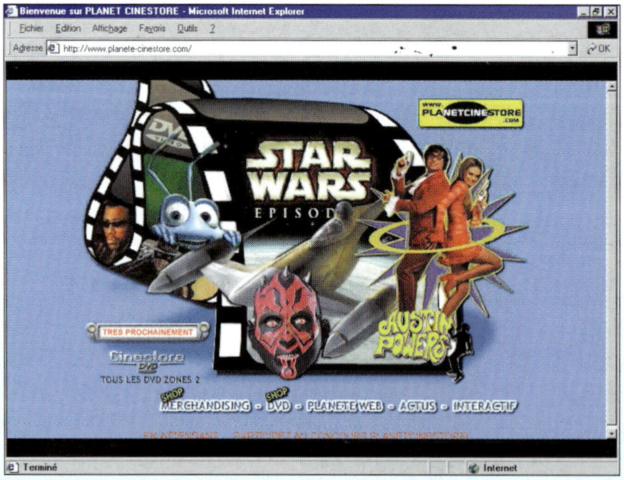

Planet'cinéstore

Le web des passionnés de cinéma, série TV, dessins animés.

URL www.planete-cinestore.com/

Première

Presque toutes les rubriques du mensuel : actualité du cinéma, critiques, box-office, tournages et agendas de films.

URL www.premiere.fr/

Titanic-Fan-France

Pour tous les fans, l'annuaire des sites francophones sur Titanic : le film, le bateau et les acteurs.

URL www.titanic-fan-france.com/

Woody Allen

Ses films résumés, Woody et le jazz, interview et biographie.

URL www.multimania.com/allen/html/index.html

Jean Gabin

Biographie, filmographie, bibliographie, extraits de films.

URL myweb.worldnet.net/~vanstee/gabin/index.html

Le monde de Luc Besson

Luc Besson, du « Grand bleu » au « Cinquième élément », chronique hebdomadaire sur le cinéma.

URL perso.wanadoo.fr/vguilbert/

Center of special effects

Les effets spéciaux, les sociétés qui les réalisent, la retouche d'images.

URL www.multimania.com/ilmer/

Trax Zone

Les musiques de films et leurs compositeurs. Actualité, critiques, dossiers, forum de discussion.

URL www.traxzone.com/

CULTURE

Culture Kiosque – La culture en mouvement

Magazine et calendrier artistique et culturel : art, archéologie, danse, musique classique, opéra, jazz, cinéma et gastronomie.

URL www.culturekiosque.com

Art in Europe

Agenda des festivals et expositions artistiques en Europe, classés par domaine artistique : peinture, gravure, arts anciens, festivals.

URL www.artineurope.com/fr/indexfr.htm

Unesco - La liste du Patrimoine mondial

Présentation du Patrimoine mondial : Le Grand Canyon retrace 2 milliards d'années d'histoire de la planète, les îles Galapagos ont inspiré Charles Darwin dans sa théorie de l'évolution, *etc.*

URL www.unesco.org/whc/fr/patrimoi.htm

Itinéraires du patrimoine

Patrimoine architectural, objets d'art. Les multiples facettes du patrimoine des régions de France.

URL www.culture.fr/culture/inventai/itiinv/itiinv.htm

Festivals Live – L'essentiel des grands festivals des cinq continents

Festivals, événements culturels et expositions dans le monde. Recherche des informations sur plus de 600 festivals, par date, thème et localisation.

URL www.worldmedia.fr/festivals/fre/index.html

Afric Network

Afric Network (AFnet) présente le continent africain dans les domaines de l'art, de la culture (parler le wolof), de l'histoire, de la civilisation, de l'économie, du tourisme, *etc.*

URL www.afric-network.fr/

BD Paradisio

Bandes déssinées francophone : biographies de dessinateurs et auteurs, événements BD, festivals, expos, dossiers, élection du meilleur dessinateur et du meilleur site BD, des inédits.

URL www.bdparadisio.com

36 DegreeZ

Web-zine consacré à plusieurs média : cinéma, télévision, presse et musique. Possibilité de recevoir le magazine par courrier électronique.

URL www.citeweb.net/degreez/

AFAA

Site de l'Association française d'action artistique. Donne des informations sur les échanges artistiques.

URL www.afaa.asso.fr/

Artouaibe

Ce site des artistes parisiens informe sur les spectacles et les artistes. Il offre également aux artistes l'hébergement des pages Web.

URL www.netculture.net/~artouaibe/

DANSE

Off Jazz Danse

Danse jazz, claquettes, ballet classique et danse contemporaine : histoire, terminologie, stages, documentations et vidéos.

URL www.offjazz.com/index1f.html

CRN

Le cercle des amis de Rudolf Noureev, biographie du danseur et bourse d'échange des collectionneurs.

URL www.logaccess.com/noureev/index1.htm

House et Techno

Consacré aux néophytes désirant connaître les origines de cette musique et les grandes lignes de son évolution.

URL www.chez.com/bpoupon/

Hot Salsa

Histoire de la salsa, calendriers des concerts, lieux, musiciens, danseuses et petites annonces.

URL www.chez.com/hotsalsa/

Samba en France

Pour pratiquer la samba en France (percussions et danse de rue). Agenda des carnavals, festivals et carnet d'adresses.

URL www.multimania.com/batucada/en-france/

Danse à Paris

Les dates, les lieux et les photos commentées pour danser le rock, le lindy hop, le jive et autres danses assimilées swing dans la capitale.

URL www.danse-a-2.com/Paris/

Opéra de Paris

La programmation du Palais Garnier et de l'Opéra Bastille, et les modalités de réservation.

URL www.opera-de-paris.fr/

EDUCATION

CNDP

Site du Centre National de Documentation Pédagogique, destiné aux enseignants, présente ses activités et met en ligne des documents pédagogiques.

URL www.cndp.fr/

Enseignant magazine

Ce site propose un espace de dialogue, des ressources pédagogiques, des adresses pour enseigner et un sommaire de la version papier du magazine.

URL www.ens-mag.com/

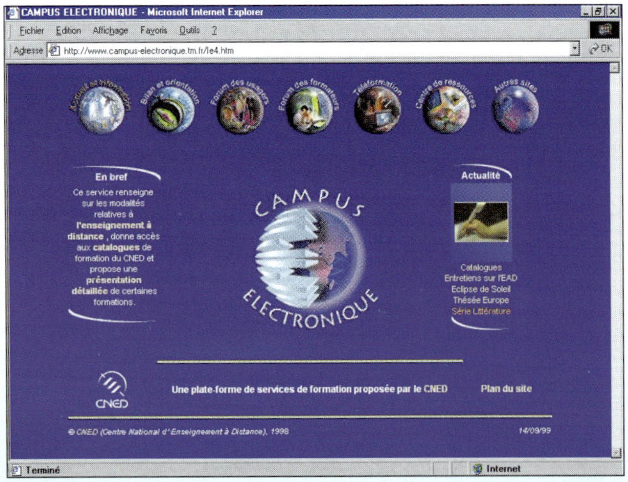

Campus électronique

Plate-forme de services de formation proposée par le CNED (Centre National d'Enseignement à Distance) : tests d'auto-évaluation, conseils d'orientation, *etc.*

URL www.campus-electronique.tm.fr/

Ça se passe ici

Ce site propose le téléchargement de fiches de travail pour les niveaux scolaires collège, lycée et post-bac.

URL perso.wanadoo.fr/guilaurence/

Francopholiste

Ce site du CRU (Comité Réseau des Universités) recense les listes de diffusion francophone.

URL www.cru.fr/listes/pedagogie.html

Ministère de l'Éducation Nationale, de la Recherche et de la Technologie

Ce site propose les sources d'informations pour connaître le système éducatif français, les directives éducatives et les rapports gouvernementaux.

URL www.education.gouv.fr/

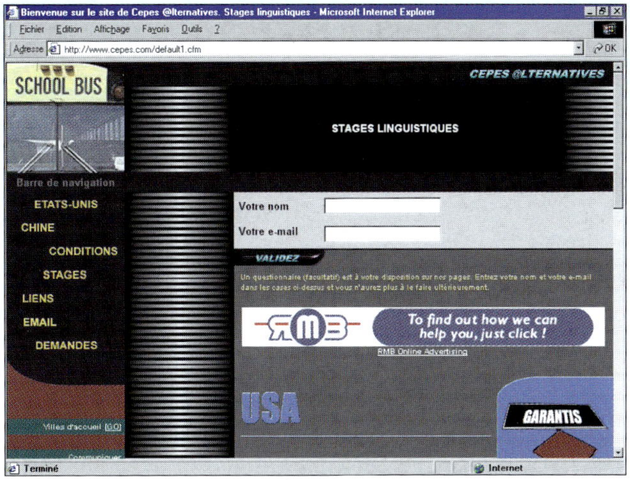

DEF

CEPES Alternatives

Organisation de stages linguistiques et de séjours d'études dans des universités américaines, chinoises ou dans des écoles prestigieuses en Espagne ou en Amérique du sud.

URL www.cepes.com/

Étudier au Québec

Étudier au Québec a pour objectif de promouvoir à l'étranger le secteur québécois de l'éducation et de la formation.

URL www.eduquebec.gouv.qc.ca/

Etudier.com

Base de données de près de 5 000 établissements scolaires et permettant une recherche par critères.

URL www.etudier.com/

Cyber Campus

Propose une sélection de sites web pour étudiants, avec des infos pratiques, des conseils pour l'orientation scolaire, et la Charte des Grandes Écoles.

URL cyber-campus.fdbd.fr/index.shtml

AFS Vivre sans frontière

AFS organise des séjours linguistiques de longue durée. Le site permet de consulter la liste des pays, les familles d'accueil bénévoles, les règles de l'association et les tarifs.

URL www.afs-fr.org/

ALFA / ALPE

Présente les services des associations ALFA (organisation de séjours linguistiques) et ALPE (séjours au pair).

URL assoc.wanadoo.fr/fm.assoc/

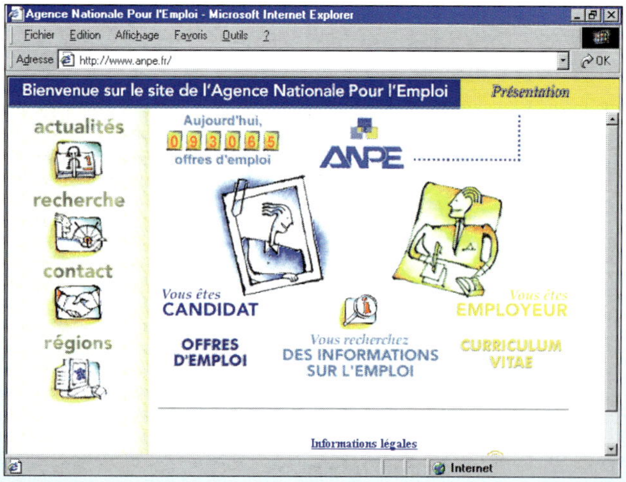

EMPLOI

ANPE

Tous les renseignements pour les candidats et les employeurs (offres d'emploi, services et aides, démarches pour s'inscrire...)

URL www.anpe.fr/

APEC

De nombreuses offres d'emplois, des offres de formations pour les cadres sont présentées.

URL www.apec.asso.fr/

Emploi Web

Pages d'offres, dépôts de CV, forums d'offres et demandes, travail à l'étranger, intérim, DRH, conseils, graphologie, *etc.*

URL www.emploiweb.com/

Cadresonline

Des conseils pour réaliser un CV, des tests d'auto-évaluation et un espace recruteur sont proposés.

URL www.cadresonline.com/

Réseau Europeen pour l'Emploi

Pour les employeurs (recruter un indépendant, trouver un stagiaire), les travailleurs indépendants (trouver des offres de service) et la recherche d'emploi en Europe (offres d'emploi, publication de CV).

URL www.reseau.org/emploi/

Monster

Vous pouvez recevoir les offres qui vous correspondent par e-mail, gérer vos lettres de motivation, archiver vos candidatures, créer et modifier à souhait votre CV.

URL www.monster.fr/

CadreEmploi

180 cabinets de recrutements, différents supports de presse et des agences de communication pour l'emploi.

URL www.cadremploi.fr/

Jobs & Adverts

Premier site européen de recherche d'emploi sur Internet : nombreuses offres d'emploi françaises et internationales datant de moins de 4 semaines.

URL www.jobpilot.fr/

Idclic

Information sur les carrières offertes au Québec et à l'organisation de la vie étudiante.

URL idclic.collegebdeb.qc.ca/

PAC

Le plus important site d'annonces classées sur Internet au Québec.

URL www.lespac.com/

Cyber Emploi

Conseils pratiques (CV, lettres de motivation, entretiens d'embauche), et bonnes adresses pour lire les offres d'emploi, et faire héberger son CV.

URL cyber-emploi-centre.com

E F

ENFANTS

Au-Pair-Box

Pour tous ceux qui sont à la recherche d'une jeune fille au pair ou d'une famille d'accueil.

URL www.au-pair-box.com/

Mad Services

Agence mettant du personnel à disposition pour du baby sitting, du soutien scolaire, des goûters d'anniversaire et des animations pour particuliers et professionnels.

URL membres.tripod.fr/madservices/

Club Loisir Vacances

Spécialiste des séjours de vacances pour enfants et adolescents de 6 à 17 ans : séjour linguistique, classe découverte, mini-séjour, colonie de vacances.

URL www.clubvacances.com/

Contacts

Stages et séjours linguistiques à l'étranger pour les jeunes de 8 à 18 ans.

URL www.contacts.org/

Après l'école

Exercises et rappels de cours pour remotiver et aider les enfants. Chaque enfant dispose de son programme personnel suivant ses lacunes et son centre d'intérêt.

URL www.apreslecole.fr/

Aprep

Cours particuliers, donnés par des professeurs en exercice ou des maîtres auxiliaires, dans toute la France pour les élèves du CP au bac+3.

URL www.aprep.fr/

DJAnimation

Un clown ou un magicien pour animer vos fêtes, goûters d'anniversaire ou cérémonies.

URL djanimation.free.fr/

Explorado

Site interactif pour les enfants : histoires, jeux, activités de découverte de la nature et de l'environnement.

URL www.explorado.org/francais/index.htm

Graffiti

Exemples et idées d'animations pour les enfants.

URL www.cvm.qc.ca/gmaisonneuve/accueil.htm

La librairie enfantine

Littérature enfantine : contes, poèmes, nouvelles et jeux.

URL alain.digiovanni.free.fr/

FINANCE/ÉCONOMIE

Journal des finances

Conseils sur les sociétés cotées et informations sur l'évolution des marchés destinées aux actionnaires individuels.

URL www.journaldesfinances.com/

Finance Net

Annuaire de la finance : 2 000 sites financiers internationaux sont classés par thèmes et par pays.

URL www.finance-net.com/

Top Finance

Simulateur de portefeuille, cotations, graphiques, et échanges de conseils *via* le dialogue en direct.

URL www.topfinance.com/

Le quotidien du boursier

Pour tous ceux qui ont des actions en Bourse : conseils de placement et liste de sites financiers à découvrir.

URL www.boursier.com/

La Bourse de Paris

Évolution des indices des différents marchés, palmarès des valeurs, introductions, dernières opérations financières, et informations sur les sociétés cotées.

URL www.bourse-de-paris.fr

La Bourse de Montréal

Visitez le parquet virtuel où vous obtiendrez des informations de première main. Indices des marchés, valeurs, introductions, opérations financières, et sociétés cotées.

URL www.bdm.org/

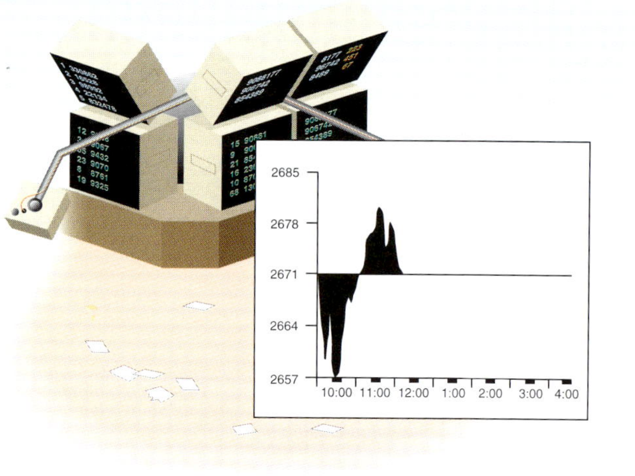

COB

La Commission des Opérations en Bourse veille au bon fonctionnement des marchés financiers. Nombreux liens sur des organismes financiers.

URL www.cob.fr/

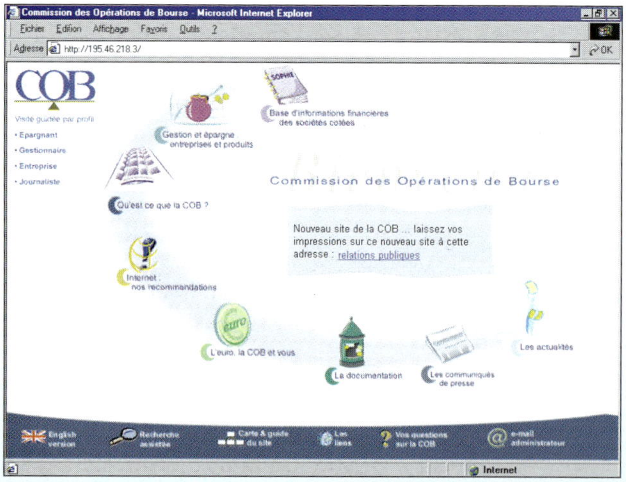

Capitaux

Les capitaux en France : banques, bourse, création d'entreprise, petites annonces financières et dossiers spéciaux.

URL www.capitaux.com/

Banque de France

Nombreuses informations sur l'argent et ses lois, l'Union monétaire et l'euro, l'histoire des billets.

URL www.banque-france.fr/

GASTRONOMIE

Gourmetseeker

Annuaire de sites gastronomiques avec moteur de recherche.

URL www.gourmetseeker.com/

Saveurs du monde

Recettes classées par ingrédients et petits secrets pour vous aider à réussir les grands plats. Également une « épicerie ethnique » et un lexique culinaire.

URL saveurs.sympatico.ca

Guide Gault et Millau

Guide des restaurants, bistrots et hôtels. Également au menu, les bonnes et mauvaises adresses, et des « tours de main » à appliquer sans hésiter.

URL www.gaultmillau.fr

ABC des trucs

Mille et une astuces pour réussir des plats plus légers, plus économiques ou plus rapides.

URL pages.infinit.net/laventur/

La bonne cuisine de A à Z

Pour les gourmets, le livre de cuisine électronique. De nombreuses recettes classées par rubriques.

URL www.multimania.com/cuisine/index-frame.htm

La clé de la cave

Des vins à des tarifs raisonnables, et des idées de cadeaux sur ce site. Également, constitutions de cave pour débutant, amateur averti, expert.

URL la-cle-de-la-cave.com

Château on line

Propose un vaste de choix de vins de France et du monde provenant directement des propriétés et des négociants.

URL www.chateau-online.com

Le gourmet

À la découverte du patrimoine gastronomique français. Des recettes traditionnelles et de bons produits du terroir.

URL www.le-gourmet.com/

Végétarime.Org

Informations sur la philosophie du végétarien, le vocabulaire utilisé, les organisations, les restaurants, les ouvrages, et les conseils éclairés en nutrition biologique.

URL arrs.envirolink.org/francoveg/

Choco-club

Découvrez les secrets sur la fabrication du chocolat, son histoire, les recettes, les bonnes adresses et les nouvelles saveurs.

URL www.choco-club.com/

World Wine Web

L'encyclopédie mondiale du vin.

URL www.winevin.com

La passion des abeilles

Le miel et ses bienfaits.

URL home.nordnet.fr/~jdreumont/

European Gastronomy

Trucs et astuces, recettes européennes, les épices, la cuisine aphrodisiaque et la cave à vins.

URL www.eurogastronomy.com/

La cuisine juive

Répertoire de recettes de cuisine.

URL members.xoom.com/kosherfood/index.htm

Réception France

Recettes des Grands Chefs de France en RealVideo G2.

URL www.receptionfrance.com/sommaire.htm

La librairie gourmande

Librairie spécialisée dans les livres de gastronomie. Possibilité d'acheter en ligne.

URL www.librairie-gourmande.fr/

Vins et gastronomie de Bourgogne

Pour mieux connaître les vins et la gastronomie de Bourgogne.

URL www.bvg-bourgogne.fr/

Europe gastronomie

Des idées de cadeaux, des produits de qualité et une présentation originale.

URL www2.promofrance.com/egastronomie/

CHA

Site consacré au thé, donne un historique et des conseils de préparation.

URL www.miroir.com/the/

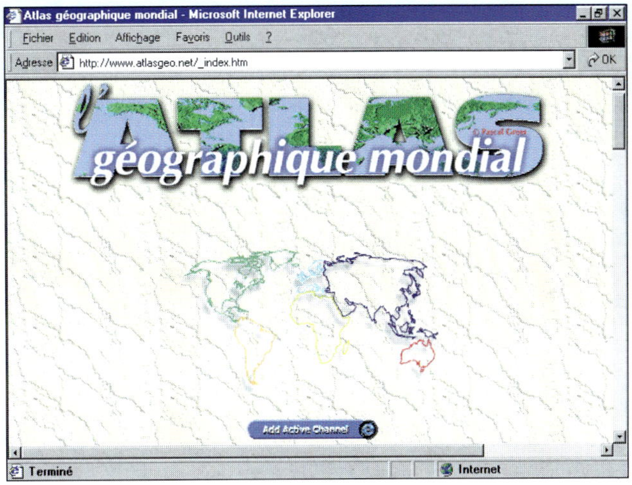

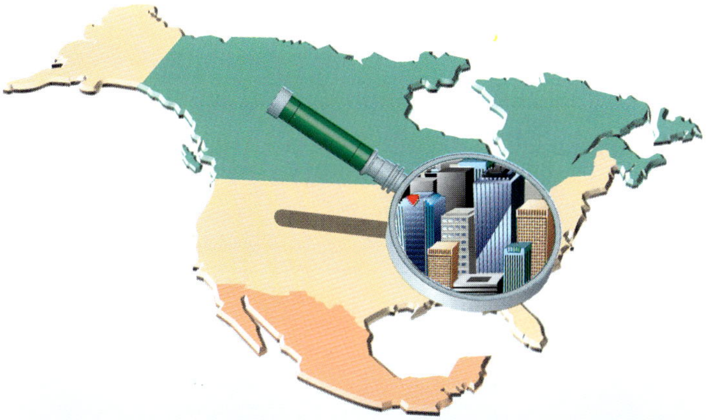

GÉOGRAPHIE

Cybergeo

Une revue électronique consacrée à la géographie.

URL www.cybergeo.presse.fr

Geographie.net

Pour les amateurs de géographie : expositions, actualités, atlas, services et bibliographie.

URL www.chez.com/geographienet/

Atlas géographique mondial

Site d'information sur les pays du monde entier.

URL www.atlasgeo.net/_index.htm

Explore

Ce site propose des articles sur les volcans, les séismes, le monde animal, le système solaire, la terre et plus encore.

URL www3.sympatico.ca/marg.youville2/explore.html

PCL Map Collection

Plus de 230 000 cartes de toutes les parties du monde.

URL www.lib.utexas.edu/Libs/PCL/Map_collection

Map Machine

La Map Machine du prestigieux National Geographic permet de télécharger des cartes étonnantes : cartes politiques et physiques en nombreux formats.

URL www.nationalgeographic.com/resou

Les états en chiffre

Les données de base pour 233 états et territoires.

URL www.refer.org/divers/villette/

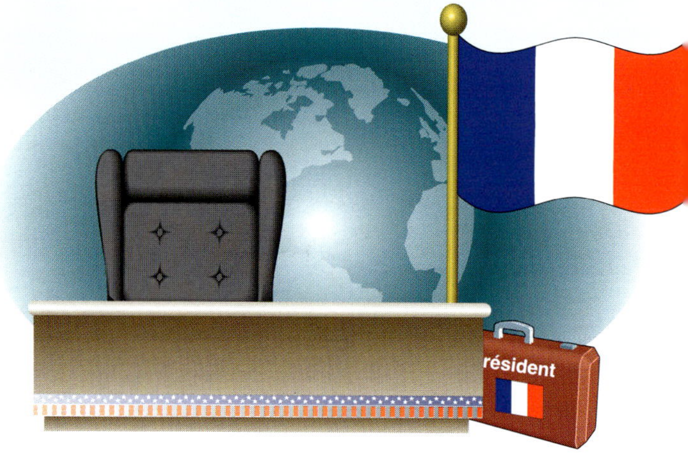

GOUVERNEMENTS/INSTITUTIONS

L'Elysée

Les institutions, le Président, la France et l'Europe, les communiqués du Conseil des ministres et le magazine de l'actualité présidentielle.

URL www.elysee.fr/

Premier Ministre

Actualité politique, dossiers en cours, activités du Premier Ministre et ses discours.

URL www.premier-ministre.gouv.fr/

Assemblée Nationale

Projets de loi, rapports, compte rendu des débats en séance ou en commission et textes de loi votés.

URL www.assemblee-nationale.fr/0index.html

Le Sénat

Histoire, fonctionnement, débats. Ce site retransmet en direct les séances du Sénat.

URL www.senat.fr/

Parlement européen

Information sur les activités du Parlement européen, ses organes et ses groupes politiques. Retrouvez les journaux officiels et les textes de loi.

URL www.europarl.eu.int

Ministère des Affaires Étrangères

Découvrez la France en Europe et dans le monde, l'espace culturel, les archives diplomatiques et les informations pratiques.

URL www.france.diplomatie.fr/

Ministère de l'Intérieur

La police nationale, l'administration française, la sécurité civile, les démarches administratives, les concours et les emplois.

URL www.interieur.gouv.fr/

Ministère de la Défense

Actualités, carrières et emplois, le patrimoine militaire, le service national et sa réforme.

URL www.defense.gouv.fr/

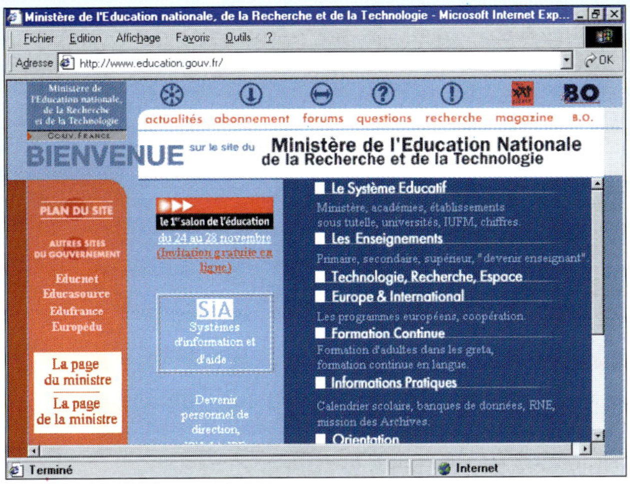

Ministère de l'Economie et des Finances

Les finances à votre service.

URL www.finances.gouv.fr/

Ministère de l'Éducation Nationale

L'Éducation et le défi des nouvelles technologies.

URL www.education .gouv.fr/

Ministère de l'Équipement, des transports et du Logement

L'autoroute de l'information sur les équipements, les transports et le logement en France.

URL http://www.equipement.gouv.fr/

Ministère de la Justice

Actualités, projets de loi, discours du garde des Sceaux, chiffres-clés et guide pratique de la justice.

URL http://www.justice.gouv.fr/

Gourvernement du Canada

Renseignement sur le Canada (carte), le gouvernement du Canada, ses programmes et services. Accès aux sites des ministères et organismes canadiens présents sur le Web.

URL www.canada.gc.ca/

Belgium Federal Government

Informations sur l'état fédéral belge, une présentation du pays, un guide de l'administration fédérale, des informations sur l'euro, l'Union européenne et la monarchie belge.

URL www.belgium.fgov.be/

Swiss Government

Répertoire officiel des sites Internet du secteur public suisse, banque de données des cantons et des villes.

URL www.gov.ch/welcome.htm

HISTOIRE

Histoire de France

L'histoire de France de Vercingétorix à nos jours, retrace la grande et la petite histoire de la France depuis la Gaule antique.

URL perso.wanadoo.fr/roger.castelain

La France pittoresque

La France et ses côtés pittoresques et insolites : traditions, mœurs et coutumes, villes et villages, légendes, faune, flore, produits du terroir.

URL www.france-pittoresque.com

Musée virtuel de la Nouvelle-France

Édité par le Musée canadien des civilisations, ce site retrace en détail la période des explorations et de la colonisation du Canada par les Français pendant le XVIIe s.

URL www.mvnf.civilisations.ca

Archéobase

Le point de départ de vos recherches historiques : nombreux liens en archéologie, histoire, histoire de l'art, patrimoine, musées, et application des technologies nouvelles.

URL www.multimania.com/archeobase/

Moyen-Âge et société médiévale

Parcourez le Moyen-Âge sous toutes ses facettes.

URL www.bochaton.4in.com/medieval/medieval.htm

History Channel

Ressources sur l'histoire mondiale, de l'Antiquité à nos jours. Ce site publie un quizz pour tester ses connaissances en histoire.

URL www.historychannel.com

People'century 1900-1999

Rétrospective historique des événements et personnalités du XXe s.

URL www.pbs.org/wgbh/peoplescentury

GHI

Les Capétiens

Biographie des rois de la dynastie et arbre généalogique.

URL www.multimania.com/nexus98/

1914-1918 La Grande Guerre

Archives, photos, témoignages inédits, tout sur la première guerre mondiale.

URL www.multimania.com/greatwar/

L'Algérie, 10 ans de guerre non dite

Le dossier de l'Express sur l'Algérie.

URL www.lexpress.fr/editorial/dossiers/algerie/ouverture.htm

Historel

Évolution des principaux courants spirituels au travers des âges, des rois et des époques.

URL members.aol.com/historel/

HUMOUR

Chez.com Humour

Des citations drôles, des jeux de mot, aussi bien en anglais qu'en français. Une façon originale d'apprendre l'une et l'autre langue.

URL www.chez.com/humourfrancoanglais

Humour.com

Un réseau de plus de 60 sites sur l'humour, au Québec principalement. Constamment mis à jour : la blague du jour, la pensée de la semaine.

URL www.humour.com

Pages d'humour à Mario

Une liste des 100 meilleurs sites d'humour en français.

URL www.odyssee.net/~mcordeau/lienshum.htm

Humour en direct

Humour en direct, le seul site à ajouter vos blagues en direct.

URL Humourqc.com/online/

Au bon fou rire

Site de blagues, proverbes, citations, histoires drôles, devinettes. Plus de 4 000 blagues en tout genre, classées par thèmes.

URL www.maisonnier.com/tim/blague

Blagues.net

Répertoire de blagues pour tous les goûts.

URL www.blagues.net/

Blagu-ha-part

Site consacré uniquement à la compilation des meilleurs gags du web.

URL surf.to/blagu-ha-part

IMMOBILIER/LOGEMENT

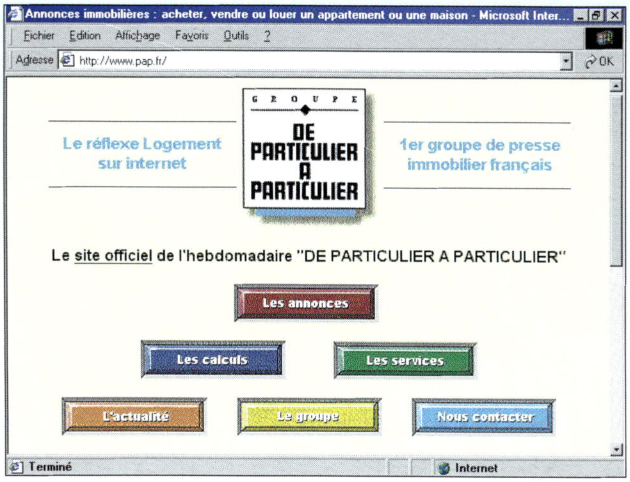

De particulier à particulier

Les transactions immobilières sans intermédiaire.

URL www.pap.fr

Se loger

Consultation gratuite de plusieurs milliers d'annonces d'agences immobilières.

URL www.seloger.com

Demeures de France

Châteaux, manoirs, maisons, appartements, péniches et terrains de charmes, à vendre en France.

URL www.demeures.com/

1,2,3 Immo

Ce site bénéficie d'un moteur de recherche qui permet d'affiner sa recherche parmi les annonces proposées.

URL www.123immo.com/

FNAIM

Offres de locations, de ventes et de résidences de vacances par l'ensemble du réseau FNAIM (7 000 agences immobilières).

URL www.fnaim.fr/

CentralPart

Vente et achat de biens immobliers : annonces de particuliers, affichées avec photos.

URL www.centralpart.com/netconcept.shtml

L'immobilier des notaires

Biens à vendre par les notaires français et annuaire des notaires en France.

URL www.immobilier-notaires.presse.fr/

Annuaire de l'immobilier neuf

Programmes immobiliers neufs à Paris et en France : appartements, maisons, terrains à bâtir.

URL www.annuaire-immobilier.com/

ADELE

Offre de logements pour étudiants dans toute la France, réservation en ligne et proposition d'investissement.

URL www.adele.org/

AACCREDIT

Financement et prêts immobiliers aux particuliers : taux, nouveaux prêts et renégociation des prêts existants.

URL www.aaccredit.com/

Cofigesp

Conseil et assistance dans les démarches nécessaires à la réalisation d'une opération d'investissement immobilier.

URL www.cofigesp.com/

Visitenet

Le point de rencontre numéro 1 sur le net entre propriétaires, locataires et acheteurs.

URL visitenet.sympatico.ca/

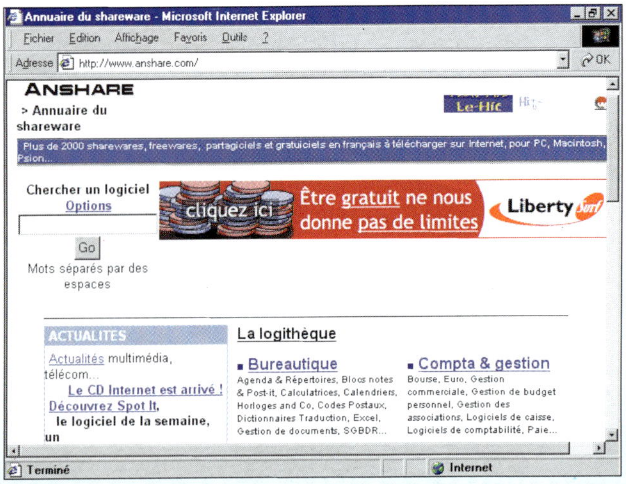

INFORMATIQUE

Annuaire du shareware

Annuaire de logiciels sharewares et freewares français accessibles sur l'Internet. Les programmes sont classés par thème.

URL www.anshare.com/

Giga Troc

Petites annonces gratuites dans différents pays francophones, concernant le matériel informatique, les logiciels et les ordinateurs.

URL www.gigatroc.com/

Choisir son PC

Nombreux renseignements sur les différents éléments d'un PC afin de les choisir pour monter un nouveau PC ou faire évoluer une machine existante.

URL www.multimania.com/kirin/

Gravure de CD-ROM

Technologie, réponses aux problèmes courants, comment graver des données audio et vidéo, choix de logiciels et matériels, etc.

URL perso.wanadoo.fr/marc.kergomard/gravure.html

Guide de l'amélioration du PC

Entièrement dédié à l'amélioration et à la mise à jour du PC pas à pas et en images.

URL www.multimania.com/upgrade/index.htm

WinZip

Le site Web du célèbre programme de compression pour Windows.

URL www.winzip.com

Microsoft

Le site de la société se trouvant derrière Windows, pour être au courant de ce que Bill Gates prépare !

URL www.microsoft.com/france

JEUX

Jeux en ligne

Puzzle, tetris, morpion, solitaire, cube puissance 4, warp et autres.

URL www.icinet.com/jeux/

Jeuxvideo.com

Critiques de jeux, astuces et jeux à télécharger. Base de données des trucs et astuces pour PC et consoles. Liste des meilleures ventes de jeux vidéo.

URL www.jeuxvideo.com/

Jeux interactifs sur le Web

Une collection de jeux interactifs : jouez depuis votre navigateur.

URL www.multimania.com/fmaire/jeux

Cryo Interactive

Monde virtuel en 3D, jeux, support technique, vente en ligne et nouveautés à paraître.

URL www.cryo-interactive.com/

Joystick

Version électronique du magazine : actualités, archive des critiques publiées, démos et patch de certains jeux. Possibilité de jouer en réseau.

URL www.joystick.fr/

Gamelog

Articles sur les dernières nouveautés des éditeurs, achats en ligne, démos à télécharger, patchs, et tous les trucs et astuces.

URL www.gamelog.com/

Netgammon

Possibilité de télécharger le programme, de jouer en direct et de bavarder avec son adversaire.

URL www.netgammon.com/fr/index.htm

LITTÉRATURE

Le roi Arthur et les chevaliers de la Table ronde

Tout sur la légende du roi Arthur, des sources du mythe jusqu'à la visite du château de Tintagel.

URL www.multimania.com/pfv/graalhome.shtml

Société Sherlock Holmes de France

Le site d'une association dont le but est de rassembler toutes les personnes morales ou physiques qui s'intéressent au personnage de Sir Arthur Conan Doyle.

URL www.sshf.com/

Belles-lettres africaines

Site de découverte des littératures africaines. Textes en français écrit par des femmes écrivains d'origine africaine.

URL www.arts.uwa.edu.au/AFLIT/FEMEChome.html

Bibliothèque Nationale de France

Ce site offre des informations sur la bibliothèque, des actualités culturelles et des expositions virtuelles.

URL www.bnf.fr

Artotal

Sélection de sites sur la littérature, maisons d'édition et bibliothèques.

URL www.artotal.com/litt/litt.htm

Pl@net Book Search

Annuaire spécialisé dans la recherche de tous les sites francophones ayant trait à la littérature.

URL www.planet4u.com/book/search/

Litteria

Répertoire de sites des éditeurs francophones et de liens vers des rubriques littéraires de la presse et de la télévision francophones.

URL members.aol.com/litteralia/

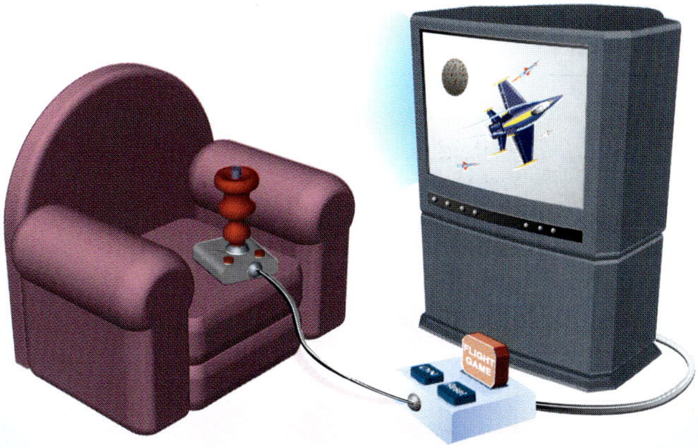

LOISIRS

Pariscope

Informations sur la capitale et ses attractions, diurnes et nocturnes : boîtes de nuit, cabarets, cinémas, théâtres et expositions.

URL www.pariscope.fr/

The Fêtard

Espace interactif francophone pour savoir où, quand et avec qui faire la fête : agenda de soirées, adresses de bars, karaokés et discothèques.

URL www.fetard.com

AlloK7

Location et vente de cassettes vidéo. Livraison à domicile pour les parisiens.

URL www.allok7.com/

Stamp on the Net

Centre de ressources sur la philatélie mondiale: philatélie suisse, internationale, et conseils pratiques.

URL www.stamps.ch/francais/f_home.html

L'Arche aux collections

Donner sa place à chaque collection, officielle, insolite ou virtuelle, voilà le but de ce site.

URL www.chez.com/arche/

SNELAC

Découvrez les Parcs d'attractions et à thèmes, les parcs floraux, les parcs animaliers, les parcs aquatiques, les sites historiques et les sites naturels de France.

URL www.snelac.com

MOTEURS DE RECHERCHE

AltaVista

Vous pouvez lancer des recherches rapides dans des millions de pages Web et des milliers de groupes de discussion.

URL www.altavista.com/fr

Excite

Excite propose un système de chaînes, similaire à celles de la télévision, répartissant l'information en grandes catégories.

URL Fr.excite.com

HotBot

Moteur de recherche en anglais, permettant de trouver des pages Web contenant des sons, des images, des vidéos.

URL www.hotbot.com

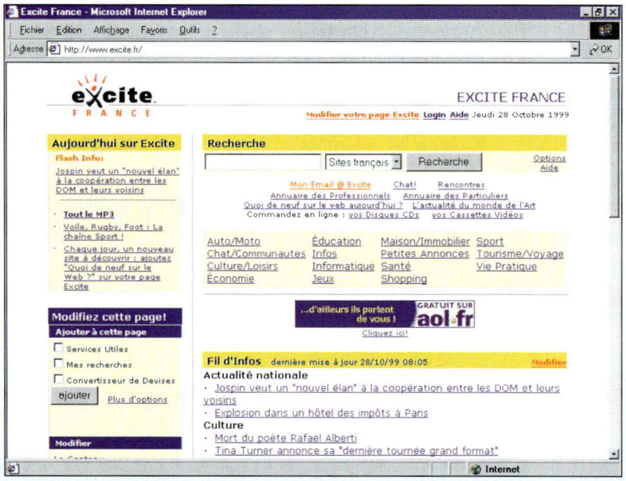

Infoseek

Outil de recherche qui couvre le Web, les groupes de discussion et les adresses de courrier électronique.

URL www.infoseek.com/fr

Lycos

Outil de recherche qui opère sur l'ensemble du Web ou sur la seule partie francophone.

URL www.Lycos.fr

Yahoo!

Outil de recherche le plus utilisé. Yahoo! fournit un guide très complet du monde en ligne.

URL www.yahoo.fr

Voilà

Recherche par mots clés sur plus de cinq millions de pages Web. Possibilité de parcourir des groupes de discussion ou des dépêches de l'AFP.

URL www.voila.fr

Sympatico

Nombreux raccourcis vers l'information disponible, structurés selon les principaux centres d'intérêts des internautes canadiens.

URL www2.sympatico.ca

Nomade

Moteur de recherche qui propose une recherche par mots clés ainsi qu'un annuaire de catégories.

URL www.nomade.fr

WebWatch

Moteur de recherche de l'Internet belge qui permet des recherches par mots clés et par catégories.

URL www.webwatch.be/fr/

La toile du Québec

Répertoire des sites Web québécois. Outil de recherche pour aider à retrouver l'informations désirée.

URL www.toile.qc.ca

Swiss Search

Moteur de recherche consacré uniquement à l'Internet suisse et proposant des interfaces en plusieurs langues.

URL www.search.ch

Adresses E-mail

Outil permettant de rechercher l'adresse e-mail d'une personne.

URL www.adressesemail.voila.fr

MUSÉE

La Bibliothèque Nationale de France

Actualités culturelles, informations pratiques, informations professionnelles, et surtout le guide des catalogues.

URL www.bnf.fr/

Centre Georges Pompidou

Tout sur le centre : informations, actualités, musée, bibliothèques.

URL www.centrepompidou.fr/

Château de Versailles

À la rencontre des lieux, des personnages. La vie d'hier et d'aujourd'hui, l'aperçu des chefs-d'œuvres.

URL www.chateauversailles.fr/

Museum National d'Histoire Naturelle

Trésors issus de la nature et de l'homme : des objets racontent les forces qui génèrent, forment et soutiennent la diversité naturelle et culturelle.

URL www.mnhn.fr/

Cité de la musique

Visitez le musée de la musique, la programmation des concerts et des autres manifestations.

URL www.cite-musique.fr/francais/index.htm

Les monuments en France

Voyagez parmi les monuments nationaux. Comment louer un monument pour des séminaires ou des réceptions.

URL www.monuments-france.fr/

Musée d'Orsay

Informations sur les expositions permanentes et temporaires.

URL www.musee-orsay.fr

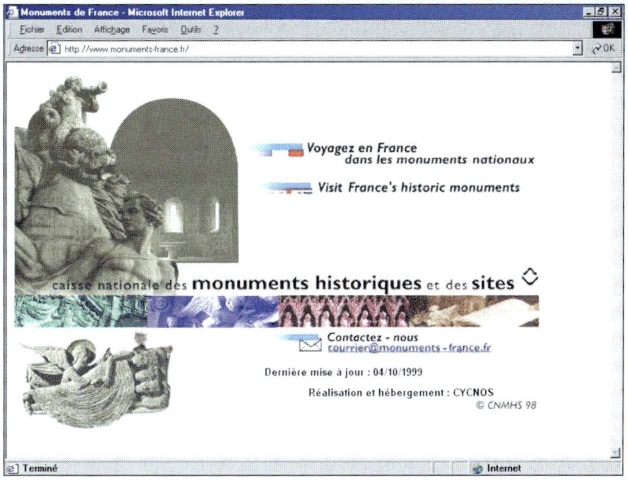

Musée du Louvre

Actualité du musée, collections permanentes, activités, expositions temporaires, publications, achat de billet en ligne et la librairie-boutique.

URL www.louvre.fr/

Musée des Beaux-Arts du Canada

Le musée des Beaux-Arts canadien possède des peintures d'art canadien, contemporain, européen.

URL national.gallery.ca

Musexpo

Guide des musées et expositions en France, et des principaux musées étrangers.

URL musexpo.com

France Miniature

Les plus beaux monuments français à l'échelle du 1/30e.

URL www.franceminiature.com

Musée Royaux des beaux arts de Belgique

Histoire des musées, collections, expositions temporaires, bibliothèque et catalogue en ligne.

URL www.fine-arts-museum.be/fr/info.htm

Archives Nationales du Canada

Textes, photographies, films, cartes, vidéos, livres, peintures, illustrations et documents gouvernementaux.

URL www.archives.ca/

Musée d'ethnographie de Neuchâtel

L'histoire, les collections, les expositions et les publications d'un Musée pratiquant ironie et esprit critique.

URL www.ne.ch/neuchatel/men/menu.htm

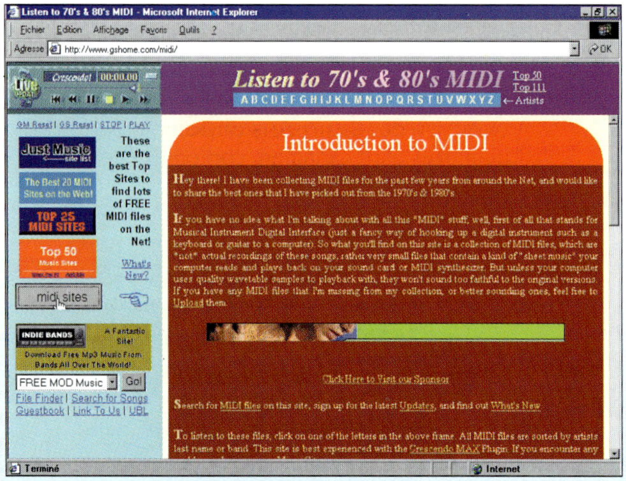

MUSIQUE

CDNOW

Acheter vos CD sur le Web (USA). Plus de 400 000 références en ligne. La Mecque du CD audio avec des prix attractifs.

URL www.cdnow.com

MP3.com

De la musique gratuite au format MP3 en toute légalité. Une sélection très importante de chansons gratuites dans plus de 200 genres musicaux. Le premier site de musique numérique téléchargeable.

URL www.mp3.com

Gshome

Des fichiers au format Midi ou karaoke. Plus de 1 700 fichiers midi classic, rock, pop, disco, *etc.*

URL www.gshome.com/midi/

All MIDI

Archives midi des années 60 à 90. Du rock et du pop classé par artiste, de Abba à ZZ Top. Facile et rapide à télécharger.

URL all-midi.net/60s-90s/

Members.xoom

Des fichiers au format Karaoke.

URL members.xoom.com/Manicle/home.htm

Spinner

La radio sur Internet. Des centaines de programmes de radio pour tous les goûts : acid jazz, Gospel, blues.

URL www.spinner.com

Tout sur la musique

Un site pour les fans et les pros !

URL www.hitsquad.com/smm/

Guitarsite

Le site des guitaristes.

URL www.guitarsite.com

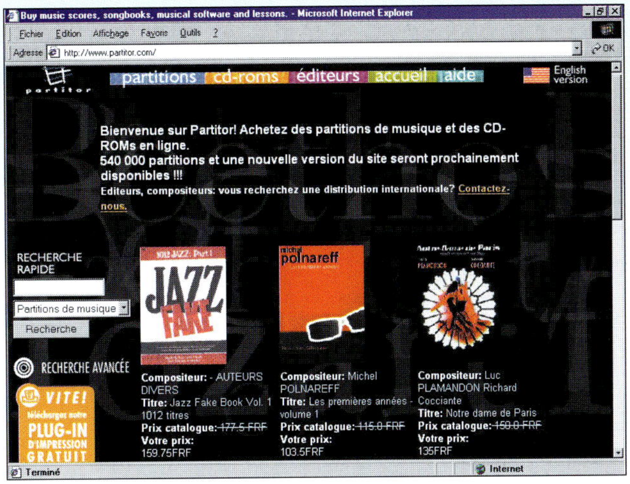

JLM

Guitar-Online

Méthodes et cours de guitare en ligne. Démonstrations à consulter ou à télécharger.

URL www.guitar-online.com

Partitor

Vente en ligne de partitions et de méthodes. Recherche par titre, compositeur ou instrument. Possibilité d'écouter et de visualiser une partition avant de la commander.

URL www.partitor.com/

Jazz OnLine

Le magazine on line de tous les branchés du jazz. Des chroniques de disques avec extraits en Real Audio.

URL www.jazzonln.com/

PRESSE

Elle

Mode, beauté, charme, style et volupté : retrouvez la version électronique quotidienne de l'hebdomadaire

URL www.elle.fr/

Paris Match

Consultation des archives de l'hebdo, classées par rubrique depuis mai 1996, et de l'actualité de la semaine.

URL www.parismatch.com/

Première

Le magazine du cinéma : fiches à collectionner, critiques, histoires de tournage, et bandes annonces de films exclusives en quicktime.

URL www.premiere.fr/

01 Informatique

Actualité informatique du jour, nombreux dossiers archivés et retrouvables par dates ou thémes, et offres d'emploi.

URL www.01-informatique.com

Joystick

Présente le monde des jeux vidéo d'aventure, d'action, de simulation, de stratégie et de rôles : nouveautés, critiques, démos à tester, *etc*.

URL www.joystick.fr/

Le monde Informatique

La presse quotidienne informatique.

URL www.lmi.fr

Le journal de Montréal

Édition en ligne du quotidien francophone le plus lu en Amérique du Nord.

URL www.journaldemontreal.com

Le soir

Les nouvelles de Belgique et du monde en ligne.

URL www.lesoir.be

Libération

Les dossiers du Web, le quotidien, le cahier multimédia et les galeries.

URL www.liberation.fr/

Le Parisien

L'actualité à Paris et dans les départements d'Île-de-France : politique, économie, sports, services, santé et loisirs.

URL www.leparisien.fr/

Les Echos

Plate-forme d'information économique et financière française pour surveiller l'actualité de ses concurrents.

URL www.lesechos.fr

RADIO

Guide de la Radio et des Médias - COMFM

Tous les sites des médias diffusant en direct sur l'Internet.

URL www.comfm.fr

Radio Actu – L'esprit FM

Radio Actu propose des informations sur le monde de la radio francophone.

URL www.radioactu.com

RFI - Radio France Internationale

Radio France Internationale diffuse ses programmes d'information et magazines, en direct ou en différé, en français, anglais, espagnol, portugais ou chinois.

URL www.rfi.fr

FranceLink : Portail francophone

Diffusion en ligne de programmes de stations de radios françaises : RFI, Europe 1, France Culture ou RTL, au format Xing StreamWorks ou realaudio.

URL www.francelink.com

France-Info : le direct

Ce site permet de recevoir France Info en direct.

URL www.radio-france.fr/chaines/france-info/direct/

VOX : Le premier animateur virtuel

Présente les hits du monde entier avant leur sortie en France et permet de demander des disques et dédicaces.

URL www.vox.fm

Radio Days : A Soundbite history

Histoire et archives de programmes de radios américaines des années 1930-1960.

URL www.otr.com

RELIGION

Centre de consultation sur les nouvelles religions

Un lieu d'information sur le phénomène spirituel et le religieux.

URL www.religion.qc.ca/

Bouddhisme et bouddhisme tibétain

L'origine du bouddhisme et son évolution, le bouddhisme tibétain, ses écoles, et une galerie d'art.

URL www.geocities.com/Athens/Oracle/6860/

Bibliorama

Texte intégral, cartes et études bibliques. Un espace de témoignages chrétiens.

URL www.bibliorama.com/

Voyage en terre d'Oc : le catharisme

Encyclopédie interactive sur l'histoire des cathares, secte hérétique du Moyen Age implantée dès le XIe siècle dans le midi de la France (Carcassonne, Montségur, Peyrepertuse, Quéribus, ...).

URL www.cathares.org/sommaire.html

The WWW Bible Gateway

La Bible en ligne dans son intégralité, en plusieurs langues (dont le français) et dans plusieurs versions.

URL bible.gospelcom.net/bible

Catholiens.org

La chaîne des sites chrétiens catholiques francophones.

URL www.catholiens.org/index.asp

Communauté Online

Ressources pour la communauté juive en France. Forum, petites annonces, culture, antisémitisme, éducation, Israël, yiddish, *etc.*

URL www.col.fr/

Al-Islam

Un grand site générique sur l'Islam : croyances, pratique, histoire, enseignement de cette religion.

URL www.al-islam.org/

SANTÉ

Caducee

Répertoire de sites référencés par spécialité.

URL www.caducee.net/

Global Medic

Solutions en ligne de santé et de bien-être : encyclopédie pratique, guide des médicaments. Vous pouvez aussi effectuer un check-up en ligne.

URL www.globalmedic.com/fr/index-fr.htm

Medisite

Catalogue de sites médicaux francophones, liste des hôpitaux par spécialité, cliniques, pharmacies, conseils hygiéno-diététiques (tabac, alimentation, mal de dos), *etc.*

URL www.medisite.fr/

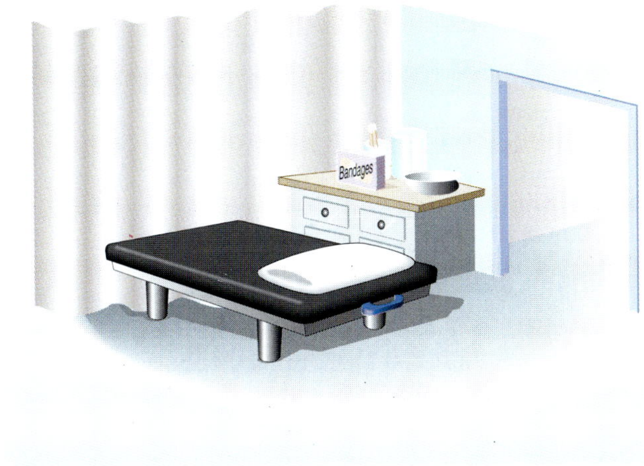

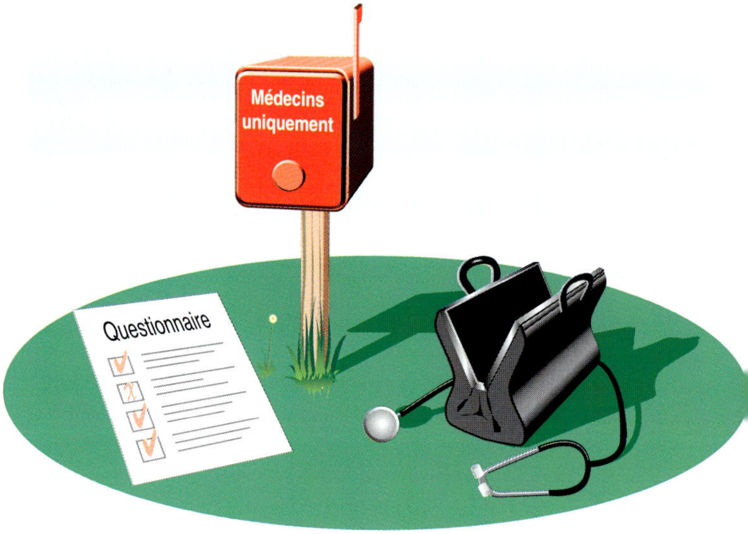

Santé Web

Médecin virtuel pour se renseigner sur un trouble, une affection, une maladie, une intervention chirurgicale.

URL www.santeweb.com/

Allergonet

Les maladies allergiques : recommandations, articles de la presse médicale, dates de congrès, calendriers polliniques, études épidémiologiques dans le monde.

URL www.allergonet.com/

Thalasso Guide

Guide de la thalassothérapie en France : histoire (utilisation de l'eau de mer, climat marin), soins dispensés, liste des centres.

URL www.thalasso-france.com/

Bio Vert

Site des produits bio, naturels et du bien-être : alimentation biologique, diététique et naturelle, restaurants, marchés, salons, végétarisme, *etc.*

URL www.biovert.com/

Médecine douce

Annuaire des médecines douces. Recherche par activité (praticien, magasin, formation, *etc.*), ou par discipline (acupuncture, homéopathie, *etc.*).

URL www.naturmed.com/

Nutrition Santé

Les problèmes de nutrition et les conseils de diététique sont abordés sur le cholestérol, les lipides, les acides gras, le goût et les saveurs.

URL www.nutrition-sante.com/

SHOPPING

Alapage

Tous les livres, CD-ROM jeux, DVD vidéos, musiques classiques, musiques Pop-Jazz-Rock.

URL www.alapage.com/

Telemarket

C'est toutes vos courses au quotidien en direct, livrées à domicile et à l'heure de votre choix.

URL www.telemarket.fr/tmk/index.htm

Acheter Moins Cher

Annuaire de produits en ligne, doublé d'un guide d'achat comparatif.

URL www.acheter-moins-cher.com/

Promoselect

Promotions, bonnes affaires et achats moins cher sur l'Internet.

URL www.promosoldes.com/

Choix.com

Faites vos courses sur ce site : réseau d'hypermarchés et supermarchés en ligne avec livraison à domicile.

URL www.choix.com/

Amazon.com

Site le plus complet en matière de livres et musiques. Possibilité d'écouter des extraits musicaux avec Real Player.

URL www.amazon.com

iBazar

Premier site de ventes aux enchères entre particuliers.

URL www.ibazar.com/

123achat

Le guide des achats en ligne.

URL www.123achat.com

RS

BOL

La librairie sur Internet.
URL www.bol.fr

CD Mail

CD audio, DVD, Vinyl, cassette, minidisc, CD-ROM jeux, toutes les sorties CD sur le marché français.
URL www.cdmail.fr/

Eat Online

Commande et livraison du repas de son choix : traditionnel, asiatique, italien, gastronomique, exotique.
URL www.eatonline.fr/

Le Palais des thés

Catalogue de thés en vrac et conditionnés, d'objets liés à cette boisson.
URL www.le-palais-des-thes.fr/fre/index.cgi

SPORT

Carrefour du rugby

Actualité du rugby en texte et en son.
URL www.carrefour-rugby.com/

Fédération française de Rugby

L'histoire, l'actualité, les compétitions, l'équipe de France et les règles du jeu.
URL www.ffr.fr/sommaire.htm

Fédération française de football

Histoire, actualité, compétitions, coupe du monde 98.
URL www.fff.fr/

Annuaire Internet des sports en France

Le sport en France. Les organismes officiels, les fédérations : unisports olympiques, non olympiques, multisports, clubs, fournisseurs.
URL www.mistralc.com/sports-fr

Fédération française d'équitation

Le calendrier des manifestations, biographie des cavaliers français, la boutique et la liste des clubs.

URL www.ffe.com/

Haras Nationaux

Les haras nationaux, les métiers du cheval, les races et les compétitions.

URL www.institut-cheval.fr/

F1-Live

Retransmission des séances d'essais des Grands Prix de F1 en direct, suivi de l'actualité, pilotes, équipes, circuits, statistiques et forum.

URL www.f1-live.com/FR/

Fédération française de natation

La natation course, la natation synchronisée, le plongeon, l'eau libre, le water-polo et la natation des maîtres.

URL www.ffnatation.org/

Fédération française de Tennis

Actualités, événements, licences, compétitions, tournois, métiers du tennis et le tennis dans les régions.

URL www.fft.fr/

Fédération française de cyclisme

Historique, activités, calendrier des courses et manifestations.

URL www.ffc.fr/indexn.htm

Fédération française d'athlétisme

Calendrier des compétitions, statistiques, records, boutique.

URL www.athle.org/

Sportnet

Retransmission d'événements sportifs en RealAudio. Actualité sportive quotidienne, interviews.

URL www.tvsport.net/

Sport24.Com

L'actualité sportive quotidienne : football, rugby, tennis, basket, athlétisme, sport automobile, *etc.*

URL www.sport24.com/

Golfway

L'actualité du golf des circuits européen et américain, biographie et classement des joueurs, statistiques, règles et principes du golf, programmes TV et petites annonces.

URL www.golfway.com/

OpenGreen

Annuaire des golfs français. Parcours virtuels, histoires drôles golfiques, formules de jeu et liste de diffusion.

URL www.opengreen.com/

Fédération française de boxe

Comités régionaux, petites annonces, formations, actualité, structures nationales, classements et vie des clubs.

URL perso.wanadoo.fr/ffb/

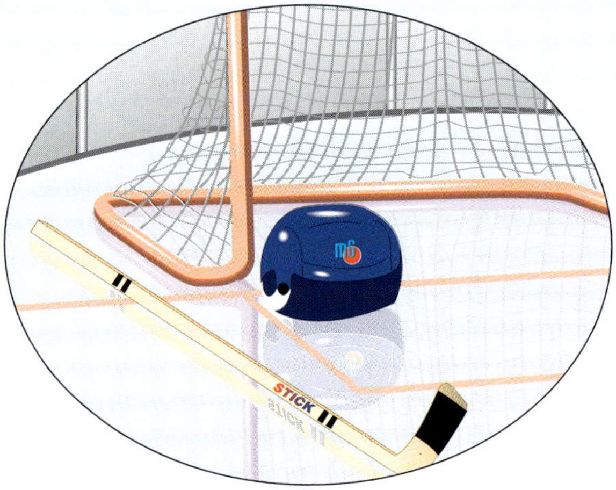

La pratique du judo

Quelques principes du Judo illustrés par des GIF animés.

URL www.multimania.com/phlepage/

Fédération monegasque de bobsleighet de skeleton

Activités, historique, championnat du monde de poussée et section bobsleigh de l'AS Monaco.

URL www.bobsleigh.monte-carlo.mc/

Rally-Live

Le championnat du monde des rallyes. Actualités et classements au quotidien.

URL www.rally-live.com/

Les 24h du mans

Un grand classique de la compétition automobile et moto : résultats, informations pratiques, statistiques, manifestations, *etc.*

URL www.24h-le-mans.com/

Musée olympique de Lausanne

Visite du musée : vidéothèque, bibliothèque, centre d'études olympiques, expositions temporaires. Donne également des informations pour se rendre au musée.

URL www.olympic.org/flat/museum/index.html

Agir contre le dopage

Site sur la prévention et l'information sur le dopage. Contient des listes de médicaments, des rapports officiels et des témoignages.

URL www.fair-play.org/dopage/

Guide de prévention sportive et de lutte contre le dopage

Site d'information du ministère de la jeunesse et des sports, avec un dossier complet sur le problème du dopage dans le sport.

URL www.jeunesse-sports.gouv.fr/malette/som.htm

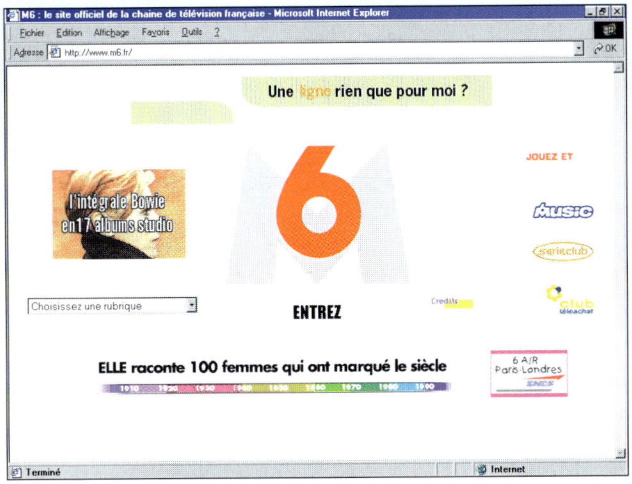

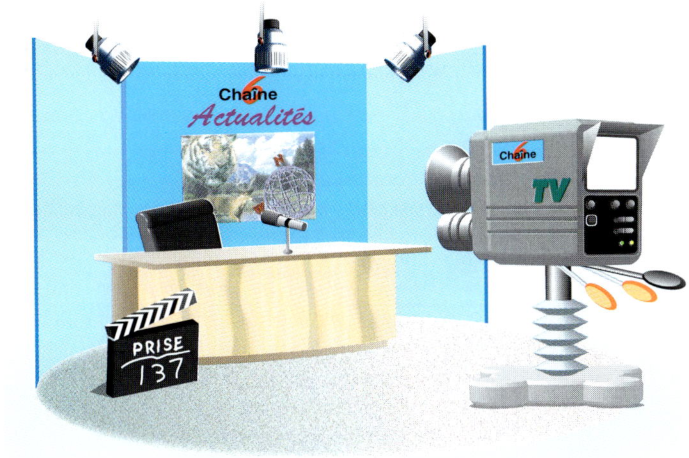

TÉLÉVISION

TVBourse

Plate-forme de production et de diffusion de programmes de télévision, consacrés à la finance.

URL www.canalweb.net/tvbsite/

M6

Site officiel de la chaîne de télévision française.

URL www.m6.fr/

FR3

France 3, télévision française de la curiosité et de la proximité.

URL www.france3.fr/

La cinquième

Chaîne du savoir, de la formation et de l'emploi.

URL www.lacinquieme.fr/

ARTE

Arte, chaîne de télévision européenne de création.

URL www.lasept-arte.fr/

TF1

Résumé de l'actualité de TF1 et programmes en ligne.

URL www.tf1.fr/

Canal Plus

Nombreuses rubriques : actualité, sport, *etc.*

URL www.cplus.fr

France 2

Présentation de France 2 et de sa programmation. Diffusion des actualités en direct.

URL www.france2.fr/

LCI

La Chaine Info, en direct sur Internet grâce à RealVideo.

URL infos.tf1.fr/lci_live/index.html

RTBF

Toute l'information belge, internationale, politique, économique, sociale ou sportive.

URL www.rtbf.be

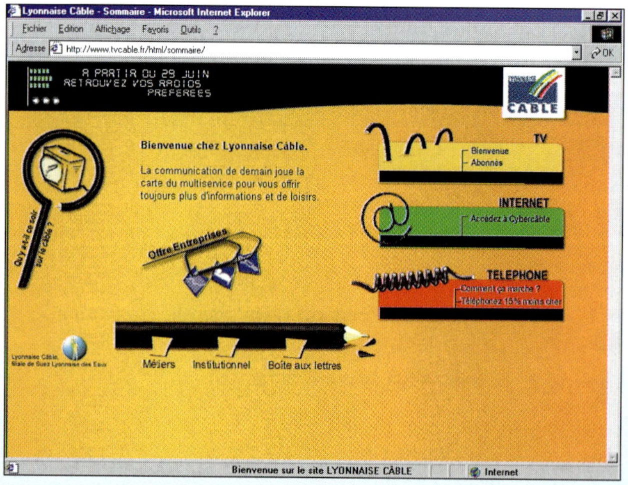

TV5

La télévision internationale de langue française, est diffusée à travers le monde grâce à 6 satellites avec une programmation spécifique à chaque région.

URL www.tv5.org/quecan/

TVCâble

Pour tout savoir sur le câble : explications techniques, descriptif des chaînes, services, formules d'abonnement et tarifs.

URL www.tvcable.fr/html/sommaire/

La vérité est ici

Site personnel sur la série X-File, réalisé par un fan pour des fans.

URL xfiles.iftouch.net/

Série Club

Site de la chaîne spécialisée dans les séries, avec des informations sur la programmation et sur les séries diffusées.

URL www.serieclub.fr/

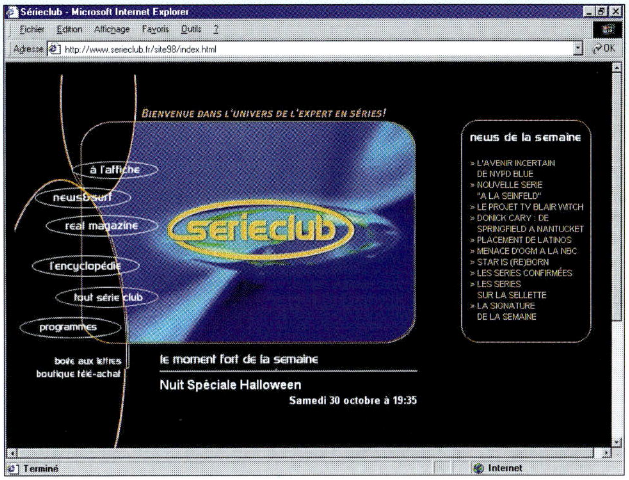

Friends

Ce site personnel donne les scripts originaux des différentes saisons de la série Friends.

URL perso.libertysurf.fr/maximep/friends/scripts.htm

Canal Satellite

Toute l'actualité et les programmes du bouquet numérique de télévision.

URL www.canalsatellite.fr/

TPS

Programmes et informations utiles aux abonnées de TPS.

URL www.tps.fr/

Le Caméléon

Site personnel sur la série. Possibilité de télécharger les thèmes musicaux, des photos et des résumés des épisodes.

URL www.home.ch/~spaw3831/

Généséries

Pour écouter les génériques de séries TV.

URL www.fortunecity.com/lavendar/manwood/312/

The Seinfeld Chronicles

Site sur la série Seinfield avec des photos, un guide des neuf saisons ou encore une liste de fans.

URL http://www.chez.com/seinfeld/

THÉÂTRE

CEAD

Site du centre de création et de promotions des auteurs dramatiques québécois.

URL global.globale.net/~cead/

La revue du théâtre

Chroniques et critiques de théâtre, café-théâtre, spectacles de marionnettes et chanson française.

URL www.geocities.com/Broadway/1116/

Monde théâtre

Annuaire de sites Web des compagnies/organismes de théâtre au Canada et à travers le monde francophone.

URL www.magi.com/~dchartra/theat.htm

Té@tr@l

Permet de découvrir le monde du théâtre, et donne un guide des pièces à l'affiche à Paris et en Ile-de-France.

URL www.multimania.com/theatral/

Big Bang Théâtre

Site de Big Bang Théâtre, un des lieux phares du festival d'Avignon.

URL www.le-bigbang.com/accueil.htm

La Comédie-française

Informations sur les spectacles de la saison en cours, archives et historique du théâtre.

URL www.comedie-francaise.fr/

Théâtre du Chatelet

Permet de consulter le programme, de réserver des places et de connaître l'historique du théâtre du Chatelet.

URL www.chatelet-theatre.com/

Ecole Florent

Site du Cours Florent, renseigne sur les conditions d'admission, le cycle d'étude et fournit des actualités sur l'école.

URL www.ecole-florent.fr/

VIE PRATIQUE

Chez-Vous

Le guide du service à domicile pour les parisiens (restauration, fêtes, loisirs, enfants, maisons).

URL www.chez-vous.com/

Union Fédérale du Consommateur

Découvrez son histoire, ses positions, les dossiers chauds, le traitement des litiges, sa capacité à ester en justice et son centre d'essais comparatifs.

URL www.quechoisir.org/

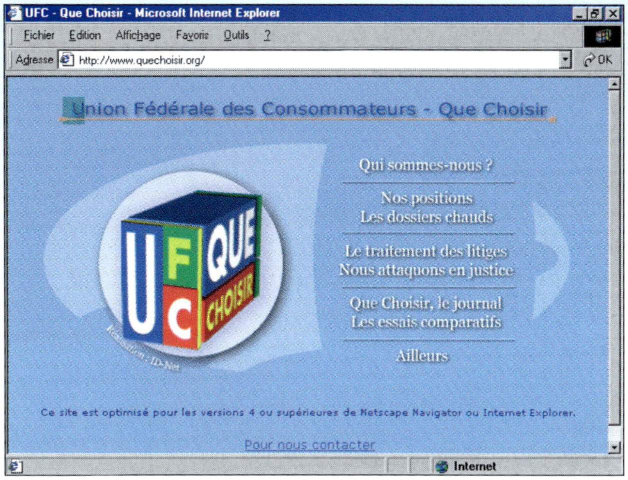

SOS-Net

Dossier pratique et juridique sur le traitement du surendettement des particuliers : l'état de surendettement, la commission, le plan conventionnel de redressement, la procédure.

URL sos-net.eu.org/surendett/

Cybercards

Envoi de cartes personnalisées : impression et expédition de la carte à votre destinataire (version payante) ou transmission en ligne (option gratuite).

URL www.greetingscards.com/

Euroteam

Groupe européen de déménagement national et international, garde-meubles, archivage et entreposage haute-sécurité. Annuaire des différents sièges et demande de devis en ligne.

URL www.euroteam-group.com/

Bedouk online

Sélection d'établissements pour séminaires, congrès, conférences en France et dans le monde.

URL www.bedouk.com/

Le Particulier

Vos droits au quotidien.

URL www.leparticulier.fr/

Météo France

Carte des prévisions en France, en Europe et dans le monde. Lexique sur tous les termes météorologiques.

URL www.meteo.fr/

MétéoMédia

Météo pour le Canada et le Québec. Permet d'avoir des prévisions sur plusieurs jours.

URL www2.sympatico.ca/meteo/qc.html

Pages Zoom

Les « Les Pages Zoom sur Internet » proposent des fonctions diverses de recherche d'abonnés.

URL www.pagesjaunes.fr

Cérémonie

Toutes les adresses en France et en Belgique pour organiser un mariage, une réception, un séminaire ou un banquet.

URL www.ceremonie.com/

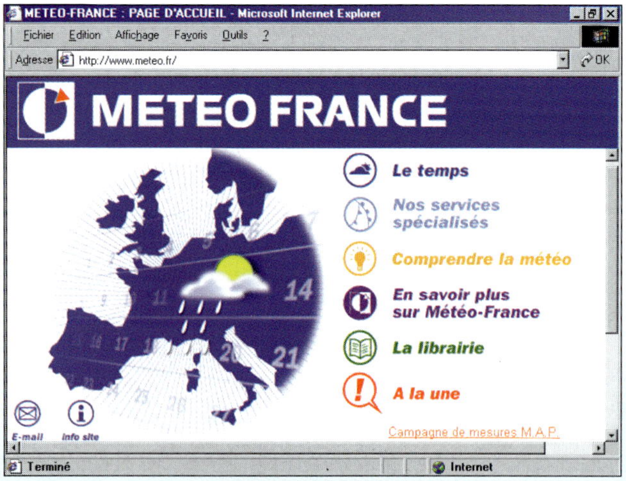

Leroy Merlin

Des conseils pratiques pour le bricolage et l'actualité des magasins.

URL www.leroymerlin.fr

Admifrance

Annuaire officiel des administrations françaises et guide de vos droits et des démarches à suivre.

URL www.admifrance.gouv.fr

Avocat-on-line

Ce site propose des réponses concrètes sur des questions juridiques fréquentes de la vie quotidienne.

URL www.murielle-cahen.com/version4/indexdhtml.htm

MAI

Adopter un enfant à l'étranger : démarches à accomplir, organismes français habilités, informations générales sur le droit et les pratiques en vigueur, adresses utiles.

URL www.diplomatie.fr/MAI/index.html

ADMR

Association nationale du service à domicile : service de téléassistance aux personnes âgées 24h/24 et 7j/7.

URL www.pageszoom.com/admr-filien

URSSAF

Informations pratiques à l'intention des cotisants, entreprises, travailleurs indépendants et employeurs familiaux.

URL www.urssaf.fr/

Le médiateur de la république

Intervient dans les litiges opposant les particuliers ou les personnes morales à une administration, un service public ou une collectivité locale.

URL www.mediateur-de-la-republique.fr/

Baoom

Actualités des fêtes en France. Associations et conseils.

URL www.baoom.com/

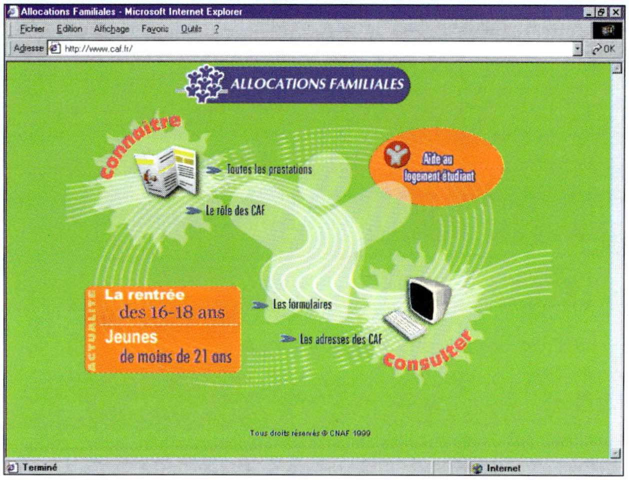

Caisse des Allocations Familiales

Rôle des CAF, prestations, interventions, actualités (un dossier sur l'Euro), adresses de toutes les CAF en France, formulaires à télécharger.

URL www.caf.fr/

Utilnet

6 grandes rubriques : achetez ou vendez votre voiture, trouvez ou proposez un emploi, voyagez sans mauvaises surprises, cuisinez malin au quotidien, prenez votre santé en main et rencontres sur le Net.

URL www.utilnet.fr/index.shtml

VOITURE

L'Argus

L'information automobile en France depuis 1927 : cote officielle, caractéristiques, options et prix d'un véhicule.

URL www.argusauto.com/

V

La centrale

Annonces, services, nouveautés chez les constructeurs, et prix de votre nouvelle vignette.

URL www.lacentrale.fr

Occasion Online

Des milliers de véhicules en direct : voitures neuves à prix occasion.

URL www.occasion-online.com/

Motocasion

Le spécialiste de la moto d'occassion : annonces avec photos.

URL motocasion.tm.fr/

Auto-bilan

Tout ce que vous devez savoir pour passer votre contrôle technique vite et bien.

URL www.auto bilan.com/

Rent a car

Location de voitures et d'utilitaires. Réservez directement votre véhicule sur ce site.

URL www.rentacar.fr/wrcar/debut.ow

ADA Location de voitures

Adresses près de chez vous, tarifs, conditions et réservation d'un véhicule.

URL www.ada-sa.fr/

AlloStop

Met en rapport des automobilistes disposant de places dans leur véhicule avec des passagers qui acceptent de participer aux frais de route.

URL pcb.ecritel.fr/allostop/welcome.html

HOLL Auto

Acheter une voiture neuve moins chère par rapport aux tarifs français.

URL www.hollauto.com/

Harley-Davidson

Tout sur la Harley : concessionnaires, gamme, accessoires, vêtements, et comment intégrer l'organisation Harley-Davidson Inc.

URL www.harley-davidson.fr/

First Classic Car location

Louez une voiture de rêve (berline, voiture de collection, cabriolet) pour un mariage, un séminaire ou une grande occasion.

URL www.allnet.fr/first/index.html

VIP

Voitures de prestige (Rolls Royces, Jaguar, Ferrari, Bentley et même un taxi Londonien) à louer avec chauffeur pour cérémonies, affaires.

URL www.vip-paris.com/vip/Home_Limousine.html

Citroën

Tout sur les modèles de voiture de la marque, jeux, *etc.*

URL www.citroen.fr

Peugeot

Informations sur les modèles, histoire de la marque.

URL www.peugeot.fr

Renault

Actualité sur les produits de la marque, réseau occasion, *etc.*

URL www.renault.fr

STV

V

VOYAGES

RATP

Itinéraires conseillés, plans (métro, autobus, tramway, RER), services (horaires, abonnements, animaux, aides techniques, accès aux aéroports).

URL www.ratp.fr/

SNCF

Tarifs, horaires, réductions, informations, fret, tout y est pour préparer son voyage en France ou à l'étranger.

URL www.sncf.fr/

Air France

Tarifs, horaires et achats en ligne pour tous vols au départ de la France, informations en temps réel sur les vols, vols à prix réduits, métiers d'Air France et offres d'emploi.

URL www.airfrance.fr/

ITI

Ce site propose un itinéraire conseillé (express, sans péage,...) pour tous vos déplacements en France et en Europe.

URL www.iti.fr

Covoiturage

Pour mettre en contact conducteurs et passagers voulant effectuer en commun un trajet.

URL www.covoiturage.com/

Degriftour

Le soldeur des invendus du voyage. Spécialiste de la réservation de dernière minute.

URL www.degriftour.fr/

Reductour

Les vacances en direct, à prix réduit, toute l'année.

URL www.reductour.fr/

Club méditérannée

Découvrez les stages, les villages et les calendriers de départ. Dansez avec les G.O. sur les musiques de l'été.

URL www.clubmed.fr/

Gites de France

Le site national officiel des Gîtes de France, premier réseau mondial d'hébergement chez l'habitant.

URL www.gites-de-france.fr/

Relais & chateaux

Plus de quatre cents châteaux, maisons de campagne et restaurants unis par la célèbre règle des cinq " C ": Caractère, Charme, Courtoisie, Calme et Cuisine.

URL www.relaischateaux.fr/default-fr.html

Nouvelles Frontières

Le site permet de trouver des idées de voyages et propose une sélection de ses produits phares.

URL www.nouvelles-frontieres.fr

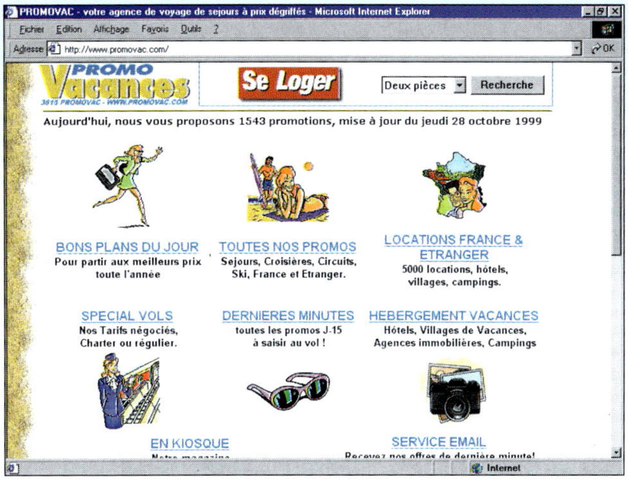

La bourse des vols

Pour mieux préparer votre voyage : formalités de départ, contraintes sanitaires, ambassades et consulats, conseils pratiques, géographie et monnaie, climat et météo.

URL www.bourse-des-vols.com/

Cash & go Travel

Les meilleures promotions en vols réguliers, sur 1 000 destinations.

URL www.cashgotravel.com/

Promovac

Votre agence de voyage à prix dégriffés.

URL www.promovac.com/

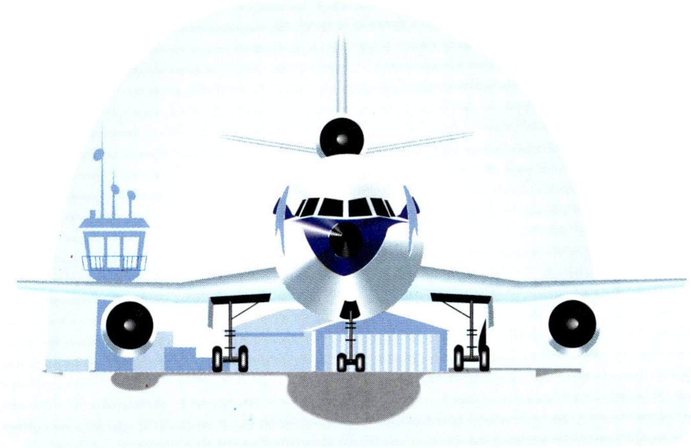

Tourisme en France

Informations touristiques et sélection de séjours insolites pour découvrir la France.

URL www.tourisme.fr/

INDEX

M

T

Y

Autorisations

AltaVista

Digital, AltaVista et le logo AltaVista sont des marques de Digital Equipment Corporation.

Reproductions avec autorisation.

Apple Computer

Macintosh est une marque déposée d'Apple Computer, Inc. aux USA et dans d'autres pays. La reproduction d'écrans est autorisée par Apple Computer, Inc.

Ask Jeeves

Ask Jeeves est une marque déposée de Ask Jeeves, Inc.

Cyber Patrol

© 1998 The Learning Company, Inc.

Deja.com

Avec l'autorisation de Deja.Com™.

Dell

Dell computer est autorisé par Dell Corporation.

Excite

Copyright ©1995-99 Excite, Inc. Tous droits réservés.

Ipswitch

Copyright 1991-1999, Ipswitch, Inc.

Lotus

© 1999 Lotus Development Corporation. Autorisation de Lotus Development Corporation. Lotus est une marque déposée de Lotus Development Corporation.

Microsoft

Écrans reproduits avec l'autorisation de Microsoft Corporation. Reproduction d'une boîte d'emballage de logiciel autorisée par Microsoft Corporation.

Netscape

Copyright Netscape Communications Corporation, 1999. Tous droits réservés. Netscape, Netscape Navigator et le logo Netscape sont des marques déposées de Netscape aux USA et dans d'autres pays.

Novell

Boîte d'emballage de Netware Small Business, © 1993-1999 Novell, Inc. Tous droits réservés. Reproduction et utilisation autorisées.

RealNetworks

Copyright © 1995-1999 RealNetworks, Inc. Tous droits réservés. RealNetworks, RealAudio, RealVideo, RealSystel, RealPlayer, RealJukebox, et autres noms ou logos sont des marques ou des marques déposées de RealNetworks, Inc.

Yahoo!

Texte et iconographie copyright © 1996 par Yahoo!, Inc. Tous droits réservés. Yahoo! et le logo Yahoo! sont des marques de Yahoo!, Inc.

Nous remercions aussi les auteurs des sites suivants pour la reproduction d'écran.

24 Heures du Mans
1914-1918 La Grande Guerre
Ada
Agence Nationale Pour l'Emploi
All MIDI
Allo Ciné
AlloK7
Anshare
Astronomie facile
Atlas géographique mondial
Au-Pair-Box
BD Paradisio
Big Bang théâtre
Bio Vert
Blagues.net
Caisse des Allocations Familiales
Caisse Nationale des Monuments Historiques et des Sites
Campus électronique
CEPES Alternatives
Centre de consultation sur les Nouvelles Religions
Château de Versailles
Ciel et Terre
Comission des Opérations en Bourse
De particulier à particulier
DHL
Didacticiel de biologie végétale
EDF
Elle
Explorado
Excite
Fédération Française de Rugby
Fédération Française de Natation
Femmes écrivains et littérature africaine francophone

DClic
Bazar
euxvidéo.com
a grande galerie de l'évolution
a Main à la pâte
e Gourmet
e magazine virtuel du monde animal
Ainistère de l'Education Nationale
)fficiel des arts
)ff Jazz Danse
A6
Aédisite
Aétéo France
'artitor

Peugeot
Planet'cinéstore
Promo Vacances
Que Choisir
Radio Actu
Réductour
Saveurs du Monde
Sénat
Série club
Swiss Governments
Sympatico
Trax Zone
TVCâble

'UTILISATEURS SATISFAITS !

First Interactive

Windows 98 Plus Fort !
c'est simple
5 0010 2 — 139 F

Windows 95
c'est simple
65 0333 8 — 129 F

Windows 95 Plus fort !
c'est simple
65 0366 8 — 129 F

Windows 98
c'est simple édition gold
65 0585 3 — 199 F

Débuter en Micro
c'est simple édition gold
65 0586 1 — 199 F

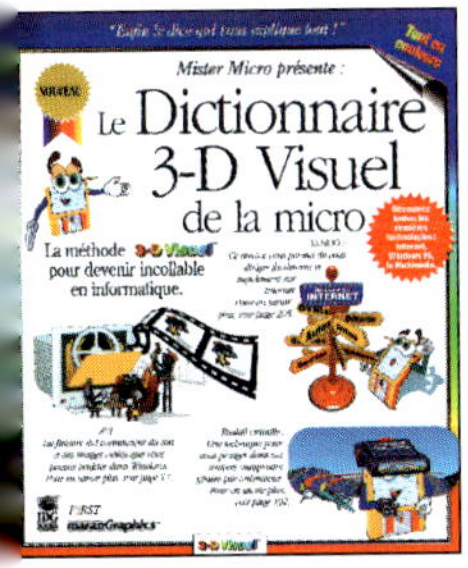

Le Dictionnaire
3D Visuel de la micro
55 0373 4 — 129 F

La Micro
c'est simple
65 0346 0 — 129 F

Internet et le WWW
c'est simple
65 0579 6 — 139 F

Créer des pages Web
c'est simple
65 0587 9 — 139 F

Les pages Couleurs
Internet
65 0388 2 — 159 F

NOS DERNIÈRES NOUVEAUTÉS : www.efirst.com

'UTILISATEURS SATISFAITS !

First Interactive

MAÎTRISER

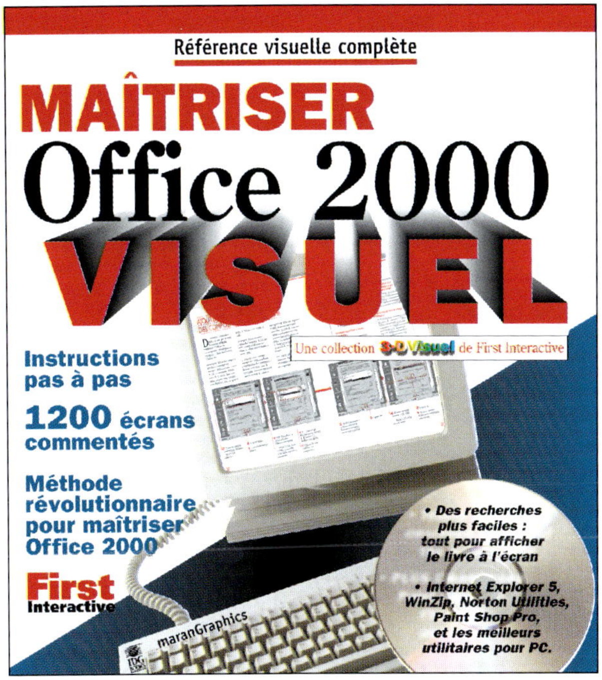

Maîtriser Office 2000

65 0045 8 — 199 F

Maîtriser Windows 98

65 0001 1 — 199 F

Maîtriser Windows 95

65 0437 7 — 199 F

Maîtriser Office 97

65 0003 7 — 199 F

Maîtriser Photoshop 5

65 0058 1 — 199 F

ET BIENTÔT !

Maîtriser Word 2000

NOS DERNIÈRES NOUVEAUTÉS : **www.efirst.com**

Apprendre l'Internet et le World Wide Web

Pour connaître les nouvelles parutions dans vos collections favorites, retournez votre **Fiche Lecteur** et recevez gratuitement le catalogue **Livres d'informatique** des Éditions **First Interactive**.

À mon avis, "Apprendre l'Internet et le World Wide Web" est

❑ Excellent ❑ Moyen
❑ Satisfaisant ❑ Insuffisant

Ce que je préfère dans ce livre

____
____
____
____

Mes suggestions pour l'améliorer

____
____
____
____

En informatique, je me considère comme

❑ Débutant ❑ Expérimenté
❑ Initié ❑ Professionnel

J'utilise l'ordinateur

❑ Au bureau ❑ À l'école
❑ À la maison ❑ Autre : ____________

Mes logiciels favoris

❑ Traitement de texte
❑ Tableur
❑ Base de données
❑ Graphisme et PAO
❑ Internet et Web
❑ Communications et réseaux
❑ Langage de programmation
❑ Autre : ____________

J'utilise

❑ Windows 95
❑ Windows 98
❑ Windows NT
❑ Windows 2000 et Mac OS
❑ Autre : ____________

Nom ____________
Prénom ____________
Adresse ____________
Rue ____________
Code postal ____________ Ville ____________
Pays ____________

J'ai vraiment adoré ce livre !
Vous pouvez citer mon témoignage dans vos documents promotionnels. Voici mon numéro de téléphone en journée : ____________

Fiche Lecteur à découper ou à photocopier.
Adresse au verso.

Achevé d'imprimer par Mateu Cromo S.A.
40.729 – Mai 2000